그림책으로 시작하는
사회정서교육

그림책으로 시작하는 사회정서교육

초판 1쇄 발행 2025년 9월 10일

지은이 | 그림책사랑교사모임
발행인 | 최윤서
편집장 | 이경혜
디자인 | 김수경
마케팅 지원 | 최수정
펴낸 곳 | ㈜교육과실천
저자 강의·도서 구입 | 02-2264-7775
인쇄 | 031-945-6554 두성 P&L
일원화 구입처 | 031-407-6368 ㈜태양서적
등록 | 2020년 2월 3일 제2020-000024호
주소 | 서울특별시 중구 창경궁로 18-1 동림비즈센터 505호

ISBN 979-11-91724-92-9 (13370)
정가 22,000원

저작권법에 따라 한국 내에서 보호를 받는 저작물이므로 무단 전재 및 복제를 금합니다.
저자 강의 및 도서 문의는 교육과실천 02-2264-7775로 연락 주십시오.

그림책으로 시작하는
사회정서교육

― 아이 마음 건강 돌봄 프로젝트 ―

그림책사랑교사모임 지음

마음 건강 이해

마음 건강 문제 인식과 관리

자기 인식

Social
Emotional
Learning

공동체 가치 인식과 관리

자기 조절

관계 인식과 관리

• **차례**

들어가며 　　　　　　　　　　　　　　　　　　　　—7

1부. 마음 건강의 이해

1. 사회정서역량 찾기　　　　　　　　　—17
2. 마음 개념　　　　　　　　　　　　　—27
3. 마음 건강의 개념과 중요성　　　　　　—36
4. 마음 건강 관리　　　　　　　　　　　—45

2부. 자기 인식

1. 자신의 생각, 감정, 행동의 인식과 이해 1　—57
2. 자신의 생각, 감정, 행동의 인식과 이해 2　—65
3. 자기 효능감　　　　　　　　　　　　—74
4. 스트레스 인식　　　　　　　　　　　—82
5. 강점과 약점 인식　　　　　　　　　　—89

3부. 자기 조절

1. 자기 조절력 향상 — 101
2. 스트레스 조절하기 — 110
3. 마음챙김 훈련 — 118
4. 개인적 목표와 과제 설정하고 추진하기 — 127
5. 부정적 감정에 대처하기 1 — 135
6. 부정적 감정에 대처하기 2 — 144
7. 부정적 감정에 대처하기 3 — 152

4부. 관계 인식과 관계 관리

1. 경청 및 공감하기 — 163
2. 다양성의 수용 — 171
3. 대인 관계 기술 1 — 180
4. 대인 관계 기술 2 — 188
5. 대인 관계 기술 3 — 195
6. 자기주장 및 의사소통의 기술 1 — 205
7. 자기주장 및 의사소통의 기술 2 — 214
8. 갈등 해결 — 223

5부. 공동체 가치의 인식과 관리

1. 협력하기 — 233
2. 규칙 준수 — 242
3. 문제 확인 및 해결 — 250
4. 정당하지 않은 압력에 대응하기 — 259
5. 책임감 — 267
6. 사회적 측면에서의 자기 성찰 — 276
7. 소속감 — 285
8. 주도성 — 292

6부. 마음 건강 문제의 인식과 관리

1. 마음 건강 문제의 이해와 대처 — 303
2. 중독 — 311
3. 자해 — 320
4. 우울증 – 정신 질환을 대하는 적절한 태도 — 330
5. 자살 예방 — 339

참고 자료 — 348

◦ 들어가며

그림책 사회정서교육으로
마음이 건강하고 사람들과 조화롭게 어울리는
아이로 자라길 바라며

사회정서교육의 도입과 필요성

'한국형 사회정서교육 프로그램'이 개발·보급되며 2025학년부터 전국 초중고 학교에서 학교 교육과정과 연계하여 프로그램을 운영하게 되었다. 한국형 사회정서교육은 학생들의 긍정적인 성장과 정신 건강 증진을 목표로 사회정서역량을 강화하는 체계적인 학교 기반 교육이다. 한국형 사회정서교육은 전인 교육의 일환으로, 학생 자신이 삶의 주인이 되며 다양한 사회정서적 덕목 학습과 정신 건강 인식 향상을 통해 개인의 잠재력을 최대한 발휘하고, 사회 구성원으로 다른 사람들과 조화롭게 생활하도록 하는 데 그 목적이 있다.

'사회정서역량'이란 자신의 감정과 행동을 이해하고 조절하며, 다른 사람과 건강한 관계를 맺고 갈등을 효과적으로 해결해 나갈 수 있는 지식, 태도, 기술을 말한다. 이러한 역량은 학생들이 개인과 사회 공동체 일원으로 책임 있고 건강하게 살아가는 데 필수적이며, 포괄적인 삶의 기술이라 할 수 있다. 다시 말해, 사회정서역량은 주변의 타인들과 우호적인 관계를 유지하고 공동의 목표를 위해 협력할 수 있는 능력으로, 우리나라의 사회·문화적 특성을 반영하여 자기 인식과 조절, 관계 인식과 관리, 공동체 가치 및 정신 건강 문제의 인식과 관리 역량을 포함한다.

급변하는 사회 환경, 코로나19 영향 등 심리 내외적 요인들로 학생들의 정신 건강이 취약해지고 있으며, 특히 우리나라 학생들의 낮은 행복감과 정신 건강 관련 문제는 우려할 수준이다. 2011년 이후 청소년기 사망 원인 1위가 자살이며, 최근 수년간 청소년 자살은 지속적으로 증가하는 추세다. 또한 2023년 교육부와 질병관리청이 실시한 '청소년 건강행태 조사'에 따르면, 중고등학생의 26%가 최근 1년 내 우울감을 경험하였으며 13.5%는 자살을 생각했다고 한다. 이러한 결과는 모든 학생이 자신의 감정과 정신 건강 상태를 이해하고 관리하며, 정신 건강에 어려움이 있을 때 적절하게 도움을 받을 수 있도록 하는 보편 교육으로서의 예방 교육을 강화할 필요성을 높이는 근거가 된다.

요컨대 시대적, 사회·문화적 요구에 따라 학교 교육은 학교 적응, 스트레스 관리, 동기 및 인내력 강화, 사회 기술 증진, 공동체 의식 등 사회정서역량을 높이는 교육을 지속적이고 체계적으로 실시하도록 요구받는 것이다.

2000년을 전후로 OECD 등 국제기구와 세계 각국에서는 학생들의 교육, 심리 사회적 문제, 정신 건강 문제를 해결하기 위해 각 국가의 사회 여건에 맞는 사회정서 성장과 정신 건강 향상을 위한 교육을 적극적으로 제안하고 있다. 또한 사회정서교육의 긍정적인 효과가 입증되면서 사회정서교육의 개념과 체계를 선도적으로 개발한 미국, 영국, 유럽 연합, 싱가포르 등 여러 나라에서 사회정서교육을 학교 교육에 적극적으로 도입하고 있다.

대표적인 예가 미국의 '사회정서학습(Social and Emotional Learning, SEL)'이다. 1990년대 이후 미국에서는 학업 성취뿐 아니라 정서적·사회적 기술도 학생들의 성공에 필수적이라는 인식이 확산되면서, 학교 폭력, 학업 스트레스, 정신 건강 문제 증가에 대한 대응책으로 SEL의 중요성이 부각되었다.

SEL은 다섯 가지 핵심 역량으로 구성된다. 자기 인식(Self-Awareness), 자기 조절(Self-Management), 사회적 인식(Social Awareness), 관계 기술(Relationship Skills), 책임 있는 의사 결정(Responsible Decision-Making)이다. 이들 역량을 길러 학생들의 전인적인 발달을 도모하고 있다. SEL 프로그램이 학업 성적 향상, 행동

■ CASEL's SEL Framwork

출처_casel.org

문제 감소, 긍정적·사회적 행동 증가에 효과적이라는 연구 결과가 축적되면서 2010년대 이후 미연방 정부 및 주 정부 차원의 정책적 지원도 증가하였다.

사회정서교육 프로그램 내용

한국형 사회정서교육 프로그램은 구성원 개인과 집단의 가치를 동시에 강조하는 우리나라의 높은 공동체 의식과 문화적 특성을 고려하여,

자기(self), 관계(relationship), 공동체(community), 마음 건강(mental health)의 네 가지 교육 영역으로 나누고, 자기 인식, 자기 조절, 관계 인식, 관계 관리, 공동체 가치의 인식과 관리, 마음 건강 문제의 인식과 관리의 여섯 가지 핵심 역량으로 구성되었다.

    교육부는 학생들의 발달 특성을 반영하여 초등학교 저학년(1~2학년), 초등학교 중·고학년(3~6학년), 중학교, 고등학교의 학교급별 프로그램을 개발하였다. 각 프로그램은 6차시로 구성되며, 학생들이 습득해야 할 사회정서 핵심 역량과 학습 목표 및 교육 내용을 제시하고 있다. 여기에 사회정서교육을 시행하고 있는 해외 국가들의 프로그램 내용 특성, 국제기구에서 제안하는 미래 인재상과 사회정서역량, 국내 조사 연구에서 나타난 학생들이 함양해야 할 자기 인식, 자기 조절 기술 및 스트레스와 정신 건강 관리 능력 증진 기술들을 검토하여 학습 목표와 내용을 구성하였다. 학교급별 프로그램 개관과 교사용 지도서 및 수업 자료가 '함께학교(www.togetherschool.go.kr)' 플랫폼에 탑재되어 있으니 활용할 수 있다.

■ 한국형 사회정서교육 영역 및 핵심 역량

출처_교육부 블로그

■ 한국형 사회정서교육 프로그램 개관

차시	사회정서 교육 영역	핵심 역량	학습 목표	교육 내용
1	마음 건강	사회정서 역량의 이해	한국형 사회정서역량의 의미를 알고 설명할 수 있다.	• 한국형 사회정서역량 이해 • 6차시 교육 소개
2	자기	자기 인식	감정을 중심으로 자신의 신체 및 행동 반응을 알고 자기 인식 수준을 높이려는 태도를 가진다.	• 감정과 신체, 행동 반응과의 연결성 인식 • 자신의 고유성에 대한 이해
3	자기	자기 조절	일상 속 다양한 장면에서 효과적으로 자기 조절을 할 수 있다.	• 감정에 대한 조절 기술 • 복합적이고 강렬한 감정 및 스트레스 대처 기술
4	대인 관계	관계 인식과 관계 관리	대인 관계에 필요한 소통 및 대처 기술을 습득한다.	• 자기 주장 및 의사소통 기술 • 긍정적인 대인 관계 기술
5	공동체	공동체 가치의 인식과 관리	나와 이웃의 소중함을 이해하고 공동체의 소중한 가치를 지키기 위한 역량을 함양한다.	• 소속감, 자긍심, 공동체 가치 • 규칙 준수, 공정함, 책임감, 협력하기, 공동체 문제 해결 및 기여
6	마음 건강	마음 건강 문제의 인식과 관리	마음 건강 문제가 있을 때 도움을 요청하는 방법을 알 수 있다.	• 마음 건강 문제의 이해와 대처 • 도움 요청하기

그림책으로 열어 가는 사회정서교육

　교육부에서는 사회정서교육 프로그램을 학교급별, 차시별로 지도안과 활동지를 제공하고, 그 안에 관련 도서와 동영상 참고 자료도 제시한다. 되도록 모든 교사가 교과 수업 및 창의적 체험 활동, 방과후 프로그램 운영 등 학교 교육과정과 연계하여 다양한 방법으로 운영하도록 권하고 있다. 예를 들어 범교과 학습 '안전·건강'의 세부 주제인 '생명 존중 및 자살 예방 교육'이나 '학교 폭력 예방 교육' 활동과 연계하여 학교 폭력 예방 효과를 강화하고 사회정서역량을 높일 수 있다. 프로그램 확대를 위해 초등학교에서는 늘봄학교 맞춤형 프로그램이나 학교 자율 시간과 연계, 중학교에서는 자유학기 주제 선택 활동 시간과 연계, 고등학교에서는 고교학점제 공강 시간 및 수능 이후 학년 말 기간과 연계하여 운영할 것을 예시로 제안한다. 많이 알려진 다양한 인성 교육이나 어울림 프로그램 등 기존의 유사 교육 프로그램과 융합하여 운영하는 것도 방법이 될 수 있다. 그렇다고 주어진 지도안대로 고정된 틀 안에서 수업을 해야 하는 것은 아니다. 학교 상황과 학교 및 교사 교육과정을 고려하여 유연하게 활용하되 지속적이고 체계적으로 운영하면 된다.

교육부와 각 시도 교육청에서 여러 가지 자료를 준비하여 도움을 주려고 하고 있지만, 사회정서교육 수업이 처음 진행되다 보니 현장 선생님들은 여러 가지로 어려움을 느끼시리라 예상한다. 그런 선생님들에게 그림책으로 사회정서교육에 접근해 볼 것을 추천하고 싶다.

그림책은 소재와 주제가 다양해서 사회정서 핵심 역량의 구성 요인을 포함하는 책을 어렵지 않게 찾을 수 있다. 그림책은 선생님들에게 진입 장벽이 낮아도 강력한 효과를 내는 매력적인 매개체이며, 학생들에게는 친숙한 학습 도구다. 그림책을 통해 작품 속 등장인물이 겪는 마음속 갈등과 어려움에 공감하고, 다른 사람과의 관계 및 공동체에서 발생하는 문제의 해결 방법과 슬기로운 사회적 기술을 배울 수 있다. 또한, 그동안 수업 시간에 다루지 않은 주제인 정신 건강과 정신 질환을 바르게 이해하고 잘 관리할 수 있도록 그림책이 물꼬를 터줄 수 있다.

■ 한국형 사회정서교육의 핵심 역량과 구성 요인

영역	핵심 역량	구성 요인
자기	자기 인식	자신의 생각, 감정, 행동의 인식과 이해, 스트레스 인식, 감정과 약점 인식, 자기 효능감 등
	자기 관리	마음챙김 훈련, 부정적 생각과 감정에 대처하기, 스트레스 조절하기, 자기 조절력 향상, 개인적 목표/과제 설정 및 추진 등
관계	관계 인식	타인의 생각, 감정, 행동의 존중, 공감하기, 다양성의 수용 등
	관계 관리	자기 주장 및 의사소통의 기술, 대인 관계 기술, 갈등 해결 등
공동체	공동체 가치의 인식 및 관리	사회적 측면에서의 자기 성찰, 소속감, 책임감, 주도성, 협력하기, 규칙 준수, 정당하지 않은 압력에 대응하기(방관자가 되지 않기), 문제 확인 및 해결 등
마음 건강	정신 건강 인식 및 관리	정신 건강 이해와 관리, 정신 질환 이해와 대처, 정신 질환을 대하는 적절한 태도(낙인 감소), 자해 및 자살 예방, 정신 건강 관련 지원 및 도움 요청 등

출처_「한국형 사회정서 성장 지원 모델 마련 연구」 서완석 외

　이 책에 제시된 그림책은 사회정서교육의 핵심 역량과 그 구성 요인이 그림책 전반에 포함되어 있거나 부분적으로 활용할 만한 가치가 있는 도서로 선정하였다. 주제별로 그림책을 읽고 생각과 경험을 나누며 질문에 대해 깊이 있게 탐구한다.
　그림책을 읽은 뒤에는 교실에서 쉽게 적용할 수 있는 다양한 전략과 수업 방법을 연결하여 사회정서역량을 기를 수 있도록 프로그램을 구성

하였다. 모든 학교급에 부합하는 하나의 프로그램을 만든다는 건 사실 불가능함을 인정하며, 이 책에서는 주로 초등학교 위주의 수업 계획안과 사례를 제시하였음을 일러 둔다.

아무리 좋은 수업 설계안도 우리 반 학생들의 특성이나 학급 상황과 어울리지 않는다면 효과가 없다. 선생님들의 소양과 전문성을 발휘하여 한국형 사회정서교육 프로그램과 적절하게 융합하여 활용하면 좋겠다.
아무쪼록 이 책을 만난 선생님들이 그림책으로 학생들의 마음에 울림을 주고 행동 변화를 가져올 수 있는 뜻깊은 사회정서교육을 실시할 수 있길 바란다. 그림책 사회정서교육으로 마음이 건강하고 사람들과 조화롭게 어울리며 포용력 있는 아이들로 잘 성장할 수 있길 기대한다.

그림책을 사랑하는 마음을 담아
그림책사랑교사모임

— 1부 —

마음 건강의 이해

마음 건강 이해

마음 건강 문제 인식과 관리

자기 인식

Social Emotional Learning

공동체 가치 인식과 관리

자기 조절

관계 인식과 관리

1. 사회정서역량 찾기

한국형 사회정서교육 프로그램은 자기(self), 관계(relationship), 공동체(community), 마음 건강(mental health)의 네 가지 사회정서 영역과, 자기 인식, 자기 관리, 관계 인식, 관계 관리, 공동체 가치의 인식 및 관리, 정신 건강 문제의 인식 및 관리 등 여섯 가지 핵심 역량으로 구성되어 있다. 고등학생 시기는 학업 스트레스, 진로 고민, 복잡한 친구 관계 등 정말 많은 감정들을 마주하게 된다. 이때 자기 마음을 잘 이해하고 다스리는 법, 친구들과 건강하게 소통하고 협력하는 방법을 배우는 것은 중요하다. 사회정서역량 수업은 이러한 감정적 어려움을 슬기롭게 헤쳐 나가고, 학생들 스스로 문제를 해결하는 힘을 길러 줄 수 있는 삶의 기술이다.

아이들은 단순히 공부만 잘하는 것을 넘어 미래에 어떤 상황을 만나든 긍정적으로 대처하고 행복하게 살아갈 수 있는 단단한 마음 근육을 키울 필요가 있다. 따라서 고등학생이 정서적 자기 이해와 관계 능력을 기르고, 일상생활과 학습 과정에서 책임감 있는 의사결정을 할 수 있도록 돕는 것이 중요하다. 이를 위해 여섯 가지 사회정서 핵심 역량이 무엇인지, 왜 필요한지를 그림책으로 이해하고 경험하는 수업을 진행하였다. 그림책 활용 수업은 학생의 전인적 성장을 지원하며, 교실 현장에서 한국형 사회정서역량이 자리 잡을 수 있도록 이끌어 가는 디딤돌이 될 것이다.

그림책 『내마음 ㅅㅅㅎ』
김지영, 사계절, 2021

마음에 관한 여러 감정을 초성 글자를 퀴즈처럼 구성하고 산뜻한 색감으로 표현하여 자연스럽게 탐색하게 한다. 자신의 기분 변화를 단어로 표현하고 이해하도록 돕는다.

그림책 『마음먹기』
자현 글, 차영경 그림, 달그림, 2020

마음을 계란에 빗대어 매일 다양한 방식으로 요리하는 모습을 보여 준다. "마음을 먹는다."는 표현에서 알 수 있듯, 스스로 마음을 어떻게 다룰지 선택할 수 있음을 깨닫게 한다.

그림책 『이까짓 거!』
박현주, 이야기꽃, 2019

비 오는 하굣길, 우산도 마중 나올 사람도 없는 아이가 자존심 때문에 함께 가자는 친구 부모님의 제안도 거절하지만, 같은 처지의 친구를 보며 용기 내어 빗속으로 뛰어드는 성장 이야기다.

그림책 『핑!』
아니 카스티요, 박소연 옮김, 달리, 2020

'핑'과 '퐁'이라는 탁구에 비유해 소통의 주고받음을 풀어 낸 책이다. 우리는 예상치 못한 퐁에 실망하거나 배우고 정서적 성장을 경험한다. 관계에서 균형 감각도 중요함을 전한다.

그림책 『빨간 벽』
브리타 테켄트럽, 김서정 옮김, 봄봄, 2018

작은 생쥐가 높고 붉은 벽을 마주한 후 느끼는 두려움과 호기심, 용기를 말한다. 벽 너머 무엇이 있을지 모르지만, 주인공은 '희망과 가능성'으로 받아들이며 한 걸음 내디딘다.

그림책 『꽃을 선물할게』
강경수, 창비, 2018

거미줄에 걸린 무당벌레는 지나가는 곰에게 구조를 부탁하지만 곰은 '자연의 법칙'을 핑계로 도와주지 않는다. 작은 행동의 의미와, 처한 입장마다 이해관계가 다름을 알고, 다각도로 상황을 바라보는 태도, 생태계 논리, 인간의 도덕적 책임에 관해 생각하게 된다.

그림책 『하루거리』
김휘훈, 그림책공작소, 2020

부모를 잃고 더부살이하며 고된 삶을 견디던 순자는 결국 몸이 무너진다. 여러 방식으로 순자의 병을 치료하려 애쓴 친구들의 관심과 따뜻한 응원이 병마보다 강한 치유제가 된다.

위의 그림책들은 정서적 자기 인식, 관계 형성, 용기와 회복력, 균형 있는 소통, 공감과 연대, 책임 있는 선택 등 사회정서적 역량을 키우는 데 도움이 된다. 그림책의 비유와 이야기 형식은 학생들이 정서적 개념을 덜 부담스럽게 받아들일 수 있는 소중한 장치다. 감정과 생각, 자신이 느끼는 정서의 언어화를 통해 학생들은 내면을 들여다보고 타인을 이해하게 된다. 개인의 행동이 공동체와 사회에 미치는 영향에 관해 함께 토의하며, 두려움을 극복하거나 스스로 결정하는 경험을 함으로써 자존감과 심리적 회복 탄력성도 기를 수 있다. 또한, 이런 수업으로 내면화된 정서적 안정감과 심리적 지지는 학생들로 하여금 학교생활에 대한 몰입도를 높이고 자기 효능감, 긍정적 학습 경험을 제공한다.

수업 사례

1. 사회정서역량을 이해하고 생각 카드와 연결 짓기

먼저, 학생들이 한국형 사회정서역량이 무엇인지 이해할 수 있도록 간략히 내용을 전달한다. 모둠별로 생각 카드*를 펼쳐 놓고 자신이 생각하는 사회정서역량과 카드 이미지를 찾아 서로 연결 짓게 한다. 연결한 다음에는 그 이유에 관해 생각을 나누며 한국형 사회정서역량이 무엇인지 구체적으로 이해하게 한다. 이때 50장의 이미지(생각 카드)는 학생들이 쉽게 말할 수 없는 자신의 감정이나 내면의 이야기, 마음 상태, 서로의 상

* 스쿨 토리(https://www.schooltory.net)

황을 간접적으로 알아보는 소통 도구가 된다.

자기 인식 : 자신의 고유성 이해하기	자기 조절 : 감정, 스트레스 조절하기	공동체 가치의 인식 및 관리 : 협력, 문제 해결에 기여
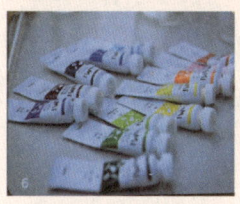		
"'나는 어떤 색깔일까?' 나의 감정, 성격이랑 어울리는 색깔을 찾아보면 나를 더 잘 이해하게 될 것 같다."	"불꽃을 바라보면서 집중하게 된다. 내 안의 분노, 스트레스가 조금 줄어들 것 같은 생각이 든다."	"서로 끌어 주는 장면을 보면서, 다른 사람이 나를 도와주듯 '사람은 혼자보다 함께일 때 더 잘할 수 있다.'는 말을 실감하게 된다."

사진이나 이미지를 사회정서역량 찾기 활동과 연결하는 것은 단순한 이미지 감상이 아니라, 학생들이 자신의 감정과 생각을 시각적으로 깨닫고 이야기로 발전시키는 경험을 하기 위함이다. 한 장의 사진은 내 안에 있던 감정을 불러일으키고, 이미지에 대해 '어떤 감정이 드는지', '왜 그런지' 질문하며 자기를 인식하고 감정을 알아차리는 도구가 된다. 또한 추상적인 개념을 시각적 현상으로 구체화해 주고, 공동체나 상황 속에서 자신의 위치를 이해하게 도울 수 있다.

2. 그림책 읽고 이야기 나누기

모둠별로 그림책을 선정한다. 그림책을 함께 읽으면서 등장인물의 감정 변화와 상황에 주목하고 짝과 함께 질문을 생성하며 하브루타 토론을 한다.

"이 장면에서 주인공은 어떤 기분이 들었을까?", "왜 그런 감정을 느꼈을까?"라는 질문으로 시작하여, 인물의 상황이나 감정을 자신의 경험과 연결하도록 "만약 나라면 어떤 감정을 느낄까?"와 같은 질문으로 유도한다. 그림책을 통해 자기 인식, 자기 조절, 관계 인식, 관계 관리, 공동체 가치 인식, 마음 건강 인식에 대한 이해가 깊어지도록 대화를 이어 가며 토의한다.

깊이 있는 활동을 위한 질문

1. 『내마음 ㅅㅅㅎ』처럼 오늘 나의 감정은 어떤 글자로 표현할까? 이유는 무엇일까?
2. 『마음먹기』에서처럼 마음을 '요리'할 수 있다면, 오늘의 나를 어떻게 '요리'하고 싶을까?
3. 『이까짓 거!』처럼 내게 닥친 시련에 작은 도전을 해 본 경험이 있나? 그때 기분은 어떠했을까?
4. 내가 던진 '핑'에 상대는 어떤 '퐁'을 보냈나? 그 '퐁'은 나에게 어떤 의미였을까?
5. 『꽃을 선물할게』에서 곰과 무당벌레의 서로 다른 입장 차이를 어떻게 느꼈나?
6. 『빨간 벽』처럼 두려움을 마주할 때, 나는 스스로를 어떻게 다독일까?
7. 『하루거리』에서 친구들의 돌봄은 왜 중요할까?
8. 두려움이나 어려운 감정을 마주할 때, 나는 어떻게 다시 일어서려 할까?
9. 이 그림책들을 통해 배우고 싶은 사회정서역량은 무엇일까? 그 역량을 어떻게 실생활에 적용할 수 있을까?
10. 앞으로 나의 마음을 어떻게 '요리'하고, '표현'하고, '지지'받으며 살아가고 싶은가?

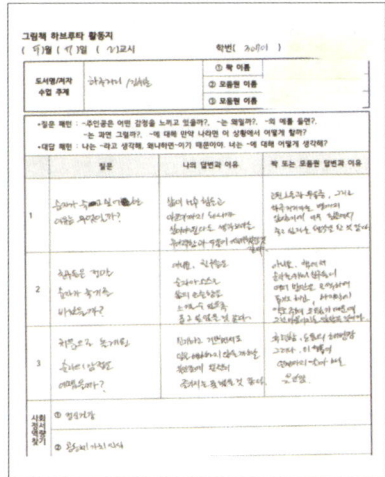
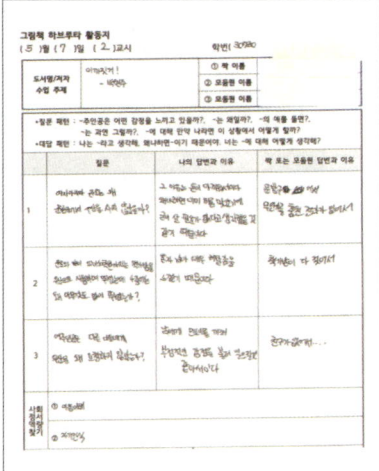

3. 선정한 그림책에서 사회정서역량 찾기

 그림책 토론을 통해 자신의 경험과 연결하고 실생활에 적용하는 과정을 거치며, 학생들은 감정 인식, 조절, 소통, 공감, 책임 그리고 심리적 회복력까지, 사회정서역량을 자발적으로 경험하고 내면화할 수 있다. 이는 단순한 '읽기'가 아니라, 자신의 삶 속에서 직접 활용 가능한 정서적 언어력을 키우고, 감정을 스스로 돌보고, 관계 속에서 공감과 책임을 직접 체험하는 역량 개발을 가능하게 하는 활동이다.

 이 활동을 하기 전에 학생들에게 미리 안내할 사항은, 한 권의 그림책에서 여러 가지 사회정서역량을 찾을 수 있다는 점이다. 그림책은 글과 그림의 상호 작용으로 이루어진 창의적 예술 매체로, 매우 다층적이고 복합적 의미를 내포하고 있기 때문이다. 따라서 한 권의 그림책에서 여러 가지 사회정서역량을 함께 찾아볼 수 있다.

사회정서역량	의미	해당 그림책 & 설명
자기 인식	자신의 감정, 생각 이해	『내마음 ㅅㅅㅎ』 초성 퀴즈로 감정 이름 붙이기 『마음먹기』 내 마음 상태 인식하기
자기 조절	감정, 행동 조절	『이까짓 거!』 두려운 상황에서 스스로 용기 선택 『마음먹기』 요리하듯 마음을 다루는 선택 『빨간 벽』 두려움 직면한 후 용기 있는 선택
관계 인식	타인의 감정, 입장 이해	『핑!』 상대 반응에 귀 기울이며 감정 읽기 『꽃을 선물할게』 곰과 무당벌레 간 입장 공감
관계 관리	긍정적 소통, 갈등 해결	『핑!』 표현과 수용의 균형과 소통 『꽃을 선물할게』 설득과 협력 과정
공동체 가치의 인식 및 관리	공동체 일원으로 책임감	『꽃을 선물할게』 생태계 속 역할과 책임 『하루거리』 친구의 돌봄으로 함께 극복
마음 건강의 인식과 관리	정서 상태 점검, 회복력 강화	『하루거리』 정서적 지지로 치유 경험 『빨간 벽』 두려움 직면한 후 성장 경험

4. 모둠 내에서 토의한 내용을 공유하고 상호 피드백하기

　모둠별 대화를 공유하기 전에 교사는 먼저 '공감', '존중', '응원'의 대화 규칙을 알려 준다. 규칙이 명확하게 제시되면 학생들은 '말해도 괜찮다.'는 믿음을 갖게 되고, 이에 따라 자신의 의견과 감정을 솔직히 표현할 수 있다. 이러한 규칙은 학생들이 자신의 말과 행동에 책임을 지도록 유도하며, 자신과 상대를 돌아보고 감정을 조절하도록 도와주는 효과도 있다.
　그림책과 사회정서역량을 연결하면서 그 이유를 토의하는 과정에서 궁금한 게 있으면 "그때 어떤 마음이었어?" 하고 조심스럽게 물어보기도 하고, "나는 이렇게 해 봤어!"라며 자신의 경험도 나눈다. 자신이 느긴 점을 말하고 친구 반응을 들으며 감정이나 생각을 더 깊이 이해하게 된다. 어떤 경우에는 친구의 나눔을 통해 자신이 놓친 시각과 관점을 알게 되고, 스스로 돌아보는 힘이 생긴다. 이 과정에서 서로의 차이를 인정하고, 함께 배우는 분위기가 만들어진다.

토론 후 내용을 공유하고 피드백하는 활동은 단순한 의견 나눔이 아니라, 학생들이 자신과 타인을 이해하고, 다양한 관점에서 의미를 재구성해 가며 공동의 사고를 확장시키는 핵심 활동이다.

글을 마무리하며

여러 해 그림책 토론 수업을 해 왔지만 '사회정서 핵심 역량'이라는 교육적 개념과 교사의 의도를 학생들에게 먼저 펼쳐서 보여 주고 수업을 한 것은 처음이라 교사인 나부터 살짝 어색했다. 그러나 학생들은 교실 안에서 사회정서역량 교육이 필요하다는 데 동의하였고 곧바로 그림책에 몰입했다. 너도나도 "나도 그랬는데!", "이럴 땐 진짜 속상해!" 하고 마음을 열기 시작했다. 덕분에 교실은 왁자지껄 웃음꽃이 피기도 하고 때론 진지한 고민을 나누는 공간이 되었다. 그림책 『이까짓 거!』로 토론하던 한 학생은 그림책 제목을 보자마자 무거운 돌덩어리가 내려간 듯 마음의 병이 치유된 것 같다고도 했다. 그림책 속 이야기가 거울이 되어 자신의 마음을 들여다보고, 친구 마음도 이해하게 되면서 서로 더 가까워졌다고도 했다.

한두 차시 수업만으로 학생들이 여섯 가지 사회정서 핵심 역량을 모두 이해하리라 기대하기는 어렵다. 그러나 그림책을 통해 친구들과 서로 질문하고 이야기를 나누며 한결 자신을 다독이게 되었고, 친구들에게도 쉽게 다가갈 수 있었다고 토로했다. 어떤 학생은 등장인물의 상황에 자신을 투영하며 '아, 나만 이런 게 아니었구나!' 하고 위로를 받았다고도 했다. 그림책이 우리 아이들이 쉽게 보여 주지 않던 마음을 살짝 열어 보여 주는 '문'이 되었음을 다시금 확인할 수 있었다.

마음 건강 영역 - 마음 건강의 이해 핵심 역량
2. 마음 개념

   '마음 건강'이란 용어는 '정신 건강(mental health)'의 다른 표현이다. 세계보건기구(WHO)는 정신 건강을 '일상적인 삶의 스트레스에 잘 대처하고 자기 능력을 제대로 인지해 실현할 수 있으며, 생산적으로 일하고 지역 사회에도 긍정적으로 기여할 수 있는 정신적 웰빙 상태'로 정의한다. 흔히 '마음 건강'이라고 하면 질병 또는 질환을 떠올리거나 상담이나 약물 치료 같은 전문적인 관리가 필요한 것으로 생각하기 마련이지만, 이는 단지 마음 건강의 한 측면에 불과하다. 마음 건강은 의학적으로 치료가 필요한 사람뿐 아니라 모든 사람이 미리 돌보면서 악화가 되지 않도록 예방하고 증진할 수 있도록 노력하는 것이다.[*]

   사회정서교육의 목표인 '행복한 생활'을 위해서는 몸 건강도 중요하고 건강한 마음을 갖는 것 또한 중요하다.[**] 그러므로 마음을 건강하게

---

[*] 「나를 찾는 마음여행(초등학생을 위한 마음 여행 일지) 초등 교사 가이드」 2쪽 참고, 유니세프 (2024)
[**] 「한국형 사회정서교육 프로그램(초등 저학년용) 교사용 지도서」 24쪽 참고, 교육부·한국교육환경보호원(2024)

관리하기 위해서는 우선 마음에 관심을 가지고, 내 마음을 들여다보며 마음 상태를 올바르게 인식하는 활동이 선행되어야 한다.

> **그림책 『내 마음은』**
> 코리나 루켄, 김세실 옮김, 나는별, 2019
>
> '내 마음은 창문과 같아서 때론 닫히기도 하고 때론 열리기도 한다.'며, 마음을 구체적인 사물들에 비유하여 마음의 개념에 관해 깊이 생각해 보게 한다. 아름다운 그림과 시적인 표현이 눈과 마음을 즐겁게 해 주며, 내 마음을 인식하고 조절할 수 있는 건 바로 나 자신이라는 사실을 알게 해 주는 그림책이다.

『내 마음은』은 마음을 닫히기도 하고 열리기도 하는 창문에 비유하여 구체적 이미지를 떠올릴 수 있게 해 준다. 또, 마음은 꽃병처럼 '쨍그랑' 깨지기도 하고, 다친 마음은 나을 수도 있다고 한다. 그림책 속 주인공처럼 내 마음이 '쨍그랑' 깨졌던 날은 언제였는지, 나의 마음이 창문처럼 꼭꼭 닫힌 적은 언제였는지, 그때 꽁꽁 닫힌 마음은 어떻게 열리게 되었는지 등 나의 경험과 삶을 적용한 심도 있는 이야기를 나누기에도 좋다.

수업에서는 그림책에 나오는 마음에 관한 표현을 색깔로 나타내는 활동을 통해 다양한 마음에 관해 생각과 느낌을 나누어 보고, 내 마음을 나만의 색깔과 그림으로 표현해 친구들과 함께 놀이하며 내가 생각하는 마음의 개념을 정의 내려 본다. 이를 통해 학생들이 추상적인 마음을 구체적인 색깔과 모양으로 떠올려 형상화하며 자신만의 개념을 정의하고, 그림책 마지막 장면에 제시된 '나의 마음을 열고 닫는 것은 바로 나에게 달려 있다.'라는 문장의 의미를 되새겨 자신의 마음을 주체적으로 조절하고 통제할 수 있기를 기대한다.

1. 그림책 읽고 이야기 나누기

『내 마음은』은 시처럼 간결하고 함축적인 문장으로 쓰여 있다. 표지 그림을 살펴보며 제목을 유추해 보고, 제목을 확인한 뒤에는 어떤 내용이 펼쳐질지 상상해 보게 한다.

앞 면지에는 표지의 아이보다 조금 더 자란 아이가 조금 더 자란 식물을 화분에 옮겨 심는 모습이 나오는데, 이를 통해 앞으로 전개될 내용에 조금 더 쉽게 접근할 수도 있다. 처음에는 교사가 시를 읊듯 천천히 글을 읽어 주고 학생들은 그림에 집중하도록 한다. 그런 다음 그림의 의미를 파헤쳐 보면서 깊이 있는 활동을 위한 질문들을 나눌 수 있다. 또, 모든 장면마다 숨겨져 있는 하트 모양 숨은그림찾기를 하는 재미도 더할 수 있다. 마지막 문장인 '마음을 열고 닫는 것은 바로'에 이어지는 문장은 교사가 읽어 주지 말고 학생들이 상상력을 발휘해 직접 완성해 보게 하는 것 또한 그림책의 매력에 더 빠져들도록 이끄는 방법이다.

깊이 있는 활동을 위한 질문

1. 내 마음은 왜 창문, 미끄럼틀, 얼룩, 물웅덩이, 담, 그림자라고 했을까?
2. 내 마음이 쨍그랑 깨진 날이 있었나? 쨍그랑 깨졌던 마음은 어떻게 해서 나았나?
3. 내 마음이 낫도록 도움을 준 사람은 누구였고, 어떻게 도와줬나?
4. 내 마음의 나무를 잘 가꾸기 위해 나는 어떤 노력을 할 수 있을까?
5. 만약 내 마음의 창문이 닫히는 날이 온다면 나는 어떻게 그 창문을 다시 열 수 있을까?

6. '마음을 열고 닫는 것은 바로 나에게 달려 있어요.'라는 마지막 문장을 내 생활 속에서 어떻게 적용할 수 있을까?

2. '마음 색깔이 궁금해' 놀이

1) 마음 색깔 밸런스 게임

짝과 함께 TV 화면에 제시된 그림책에 나오는 마음에 관한 표현을 읽고, 두 색깔 중 순간적으로 떠오르는 색깔을 선택해 동시에 말하는 밸런스 게임을 한다. 예를 들어, 화면에 '내 마음은 창문'과 '흰색 대 노랑'이 제시되면, '내 마음은 창문'이라는 글을 읽고 떠오르는 마음과 감정에 어울리는 색깔을 보기 중에서 선택해 선생님이 "하나, 둘, 셋"을 외치면 짝과 마주 보고 동시에 "흰색" 또는 "노랑"이라고 말한다. 계속해서 그림책에 나오는 마음에 관한 표현을 보고 같은 방식으로 놀이한다.

밸런스 게임을 통해 마음과 감정을 색깔로 표현할 때 지나치게 고민할 필요 없이 직관적으로 떠오르는 색깔을 선택하게 함으로써, 학생들의 마음과 감정을 색깔과 연결하는 사고를 유연하게 만들어 줄 수 있다.

■ 마음 색깔 밸런스 게임

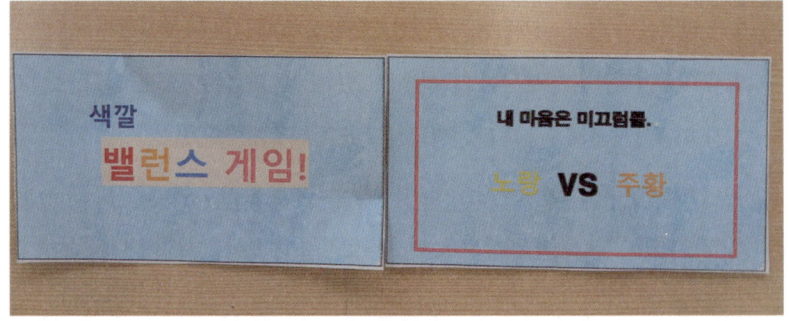

2) 마음 색깔 공감 놀이

모둠별 준비물 : 여러 가지 색깔 종이컵, 마음에 관한 표현 카드 세트

그림책에 나오는 마음에 관한 표현이 쓰인 카드를 보고 그 문장에 나타난 마음에 어울리는 색깔 종이컵에 카드를 넣는 '마음 색깔 공감 놀이'를 진행한다.

모둠별로 그림책에 나오는 마음에 관한 표현이 쓰인 카드 한 세트와 흰색, 노랑, 분홍, 주황, 연두, 초록, 빨강, 보라, 갈색, 검정 색깔 종이컵을 나눠 준다. 책상 위에 색깔 종이컵과 문장 카드를 나란히 펼쳐 놓는다. 한 명씩 순서대로 카드 한 장을 뽑아 카드에 쓰인 문장을 읽고 "나는 ~ 색깔이 떠올라."라고 말한다. 다른 친구들이 "나도 그렇게 생각해."라고 모두 동의하면 바로 해당 색깔 종이컵에 카드를 넣는다. 만약 다르게 생각하는 친구들이 있으면 의견을 잘 들어 본 뒤 동의하는 친구들이 많은 색깔을 선택한다. 예를 들어, '내 마음에 먹구름이 끼고 세찬 비바람이 칠 때가 있어.'라는 문장을 읽고 "나는 검은색이 떠올라."라고 말할 때 친구들이 모두 "나도 그래."라고 동의하면 카드를 검은색 종이컵에 넣는다. 그런데 "나는 회색이 떠올라."라고 말하는 친구가 있으면 "검은색이라고 생각하는 사람 손 들어 봐.", "회색이라고 생각하는 사람 손 들어 봐." 하고 물어서 친구들이 많이 선택한 색깔로 정하고 그 색깔 종이컵에 카드를 넣는다.

각 모둠이 마음에 관한 표현 카드를 색깔 종이컵에 모두 넣으면, 모둠별로 함께 확인한다. 점수를 주지 않고 확인만 하는 방식과 점수를 주는 방식을 운영할 수 있는데, 점수를 준다면 승패에 연연하지 않도록 다양한 방식으로 점수를 주며 활동 참여에 의의를 두도록 안내할 필요가 있

다. 예를 들어 한 모둠이 노란색 종이컵 속 표현 카드를 읽으면, 같은 선택을 한 모둠은 "우리도!"라고 말하며 손을 든다. 이때 손을 든 모둠의 숫자는 '공감' 점수가 되며, 서로 마음이 통했다는 의미라고 말해 준다. 똑같은 색깔을 선택한 모둠이 없으면 '창의' 점수 1점을 받는다. 확인이 모두 끝나면 마음이나 감정에 대한 느낌은 서로 같을 수도 있고 다를 수도 있지만 모두의 마음과 감정은 소중하다고 말해 주고, 열심히 참여한 모두를 위해 손뼉을 치며 활동을 마무리한다.

■ 색깔 종이컵과 마음에 관한 표현 카드   ■ 마음 색깔 공감 놀이 모둠 활동

3. '내 마음을 맞혀 봐' 놀이

준비물 : 하트 타공 카드

나의 마음을 들여다보고 다양한 마음의 변화를 이해하며 올바르게 인식하기 위해 내 마음 맞히기 놀이를 진행한다. 그림책의 창문, 미끄럼틀처럼 내 마음을 나타내 주는 것은 무엇인지, 그렇게 생각하는 이유는 무엇인지 생각해 보는 시간을 가진 뒤, 하트 모양 타공 카드 속지에 그림과 초성, 정답을 적어 모둠 친구들과 함께 2단계 맞히기 놀이를 진행한다.

> **카드 만들기(활동 사진 참조)**
>
> ① A4 용지를 가로로 3등분하고 끝부분을 손으로 살짝 눌러 표시한다.
> ② 그중 1/3은 잘라서 속지로 사용하고, 나머지 2/3는 대문 접기로 접어 끝을 조금 겹치게 한 뒤 풀로 붙여 카드 봉투를 만든다.
> ③ 카드 봉투를 가로로 반 접고 앞면을 하트 모양으로 위아래 1.5cm 여유를 두고 잘라 낸다. (하트 모양 점착 메모지를 대고 하면 쉽게 오릴 수 있다.)
> ④ 속지를 가로로 4등분해 접은 뒤 왼쪽 끝 면에 정답을 쓰고, 가운데 두 면에 걸쳐 내 마음을 나타내는 그림을 크게 그리고, 오른쪽 끝 면에는 초성 힌트를 쓴다.

모둠 친구끼리 문제를 낼 순서를 정한다. 1단계는 하트 구멍으로 보이는 색깔과 일부 그림을 보여 주고 "내 마음을 맞혀 봐."라고 제안한다. 그러면 나머지 친구들이 돌아가며 "네 마음은 ~색, ~같아."라고 대답한다. 1단계에서 모두 맞히지 못하면, 2단계로 카드 속지를 조금 꺼내 마지막 면의 초성 힌트를 보여 준다. 1단계의 그림 힌트와 2단계의 초성 힌트를 보고 정답을 유추해 맞혀 본다. 모두 맞히지 못하거나 정답을 맞혔을 경우, 카드 속지를 완전히 꺼내서 보여 주며 "내 마음은 ~색 ~(이)야. 왜냐하면 ~처럼 ~(하)니까."로 말하게 한다. 다른 모둠 친구들과도 한 명씩

■ 하트 타공 카드 앞면　　■ 카드 속지　　■ 카드 봉투 뒷면

속지를 끼운 모습

정답, 그림, 초성 힌트 적기

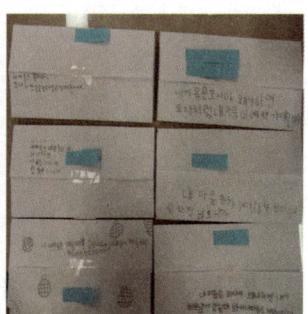
"내 마음은 ~야. ~처럼 ~(하)니까."

또는 두 명씩 자리를 옮겨 가며 놀이를 진행하면, 마음에 관한 깊이 있고 다양한 인식 형성에 도움을 줄 수 있다.

4. '내 마음을 알려 줄게' 네 박자 놀이

그림책 읽고 이야기 나누기, '마음 색깔이 궁금해' 놀이, '내 마음을 맞혀 봐' 놀이를 하며 나의 마음과 친구들의 마음에 대한 인식의 폭을 넓혔다면 이제 내 마음에 대한 정의 내리기 네 박자 놀이를 진행한다. 네 박자 동작이 서툴거나 박자에 맞춰 말하기 어려워하는 친구들은 교사가 개별로 지도해 주고 모둠별로 연습해 보게 한 뒤 전체 활동으로 이어 진행하면, 부끄러움을 많이 타거나 서툰 학생들이 자신감을 얻고 실수가 줄어든다. 박자를 놓치거나 조금 느리더라도 이해해 주고, 틀리면 다시 할 수 있는 허용적인 분위기를 조성한다.

네 박자 놀이의 동작은 '양손으로 무릎 치기-양손으로 손뼉 마주 치기-오른손 엄지 밖으로 펼치기-왼손 엄지 밖으로 펼치기' 순서로, '아이 엠 그라운드' 놀이 동작과 같다. 모둠에서 정한 순서대로 돌아가며 말하는데, 발표할 사람을 제외한 나머지 친구들이 네 박자에 맞춰 "네-마음을-알려-줘."라고 묻는다. 발표하는 친구는 "내-마음은-(   )-(이)야."라고 네 박자에 맞춰 대답한다. 그러면 나머지 친구들이 "그랬-구나-근데-왜?"라고 다시 묻는다. 발표하는 친구는 "(   )-처럼-(   )-(하)니까."로 대답한다. 계속해서 정해진 순서대로 돌아가며 반복해서 묻고 답한다. 놀이가 끝난 뒤에는 가장 인상적이거나 기억에 남는 마음의 정의와 그 이유에 대해 발표하는 시간을 가지며 정리한다.

글을 마무리하며

수업 후 학생들은 기억에 남거나 재미있었던 점으로 "카드를 색깔 컵에 넣는 게 재미있었다.", "친구들하고 놀이하는 게 재미있었다.", "내 마음 맞히기 퀴즈 놀이가 정말 재미있었다.", "네 박자 놀이에서 '근데 왜?'라고 묻는 게 재미있어서 또 하고 싶다." 등을 이야기했다.

저학년의 경우 '마음 색깔이 궁금해' 놀이에 필요한 '마음에 관한 표현 카드'는 교사가 직접 만들어 줄 수 있다. '내 마음을 맞혀 봐' 놀이를 위해 '하트 타공 카드'를 만들 때는 하트 모양 점착지를 대고 따라 오리게 하거나, 교사가 하트 모양을 오려서 제공할 수도 있다. 고학년의 경우 '마음에 관한 표현 카드'를 만들 때 그림책 속에서 표현을 직접 찾아 적게 하거나, 스스로 창작해 적도록 하면 문해력 향상에도 도움이 된다.

건강한 마음을 유지하고 돌보기 위한 첫 단추인 마음 개념 수업을 통해 학생들이 마음에 관한 관심과 인식을 넓히고, 마음을 열고 닫는 것은 바로 자신에게 달려 있음을 알고 주체적으로 마음을 잘 조절하여 건강한 마음을 유지하며 살아 나가기를 바란다.

마음 건강 영역 - 마음 건강의 이해 핵심 역량
3. 마음 건강의 개념과 중요성

　마음 건강의 개념과 중요성을 이해하기 전에 우선 '정신(마음) 건강 리터러시(mental health literacy)' 의 개념과 필요성을 알 필요가 있다.

　정신건강의학과 교수이자 의사인 스탠 커처(Stan Kutcher)는 정신(마음) 건강 리터러시는 자신의 정신(마음) 건강 상태를 잘 이해하고 잘 대처할 수 있는 능력을 의미한다며, 네 가지 포함 개념을 함께 제시하였다. 그중 '긍정적 마음(정신) 건강을 이루는 것이 무엇인지 알고, 유지하는 방법을 이해하는 능력'이라고 언급한 것에서 마음 건강의 개념과 중요성을 생각해 볼 수 있다.

　자신의 정신(마음) 건강 상태를 바르게 이해하고 스트레스 조절과 대처 능력을 기르면, 건강한 정신(마음) 상태를 유지할 수 있어 신체 건강은 물론, 학습, 자기 관리, 친구 관계 등에서도 자기 능력을 발휘하고 성장할 수 있는 바탕이 된다. 혼자 감당하기 어려운 정신 건강 상태를 경험하더라도 구체적으로 누구에게 어떤 도움을 요청하면 되는지 올바른 대처 방법을 학습할 수 있다. 또 친구나 가족 혹은 다른 사람의 정신 건강 상태에 대해 올바른 지식과 태도를 지니고 적절한 도움을 줄 수도 있다.*

> **그림책 『마음정원』**
> 김유강, 오올, 2022
>
> 우리가 안고 살아가는 마음은 즐겁고 기쁘고 행복한 긍정적인 것만 있지 않고, 때로는 힘들고 아프고 괴로운 것도 있다. 이 그림책은 우리의 여러 마음 중 우리를 끊임없이 괴롭히는 차가운 마음을 이겨 낼 수 있는 해법에 관해 이야기한다.

그림책을 읽기 전에 마음이 건강하다는 것은 어떤 것인지, 마음이 건강한 사람은 어떤 사람인지에 관해 이야기를 나누며 동기를 유발한다.

『마음정원』은 우리 마음속에는 마음정원이 있고, 마음정원에는 건강한 나무와 병든 나무가 있을 수 있다고 한다. 그림책을 읽고 난 뒤 마음정원에 건강한 나무가 많을 때와 병든(아픈) 나무가 많을 때 각각 신체에 나타나는 변화에 관해 이야기를 나누고, 마음의 변화에 따라 신체와 행동이 어떻게 달라지는지도 이야기 나눈다.

또한, 마음이 건강할 때와 아플 때 대응이 달라지는 여러 상황을 예시로 주고 어떻게 행동할지 예상하며 비교하게 한다. 이야기 나누는 과정을 통해 학생들은 건강한 마음과 병든(아픈) 마음일 때 신체와 행동의 변화를 자연스럽게 인식하게 되고, 건강한 마음이 얼마나 중요한지 스스로 깨닫게 된다.

건강한 마음의 개념과 중요성을 인식한 뒤에는 건강한 마음을 유지하기 위해 어떤 노력을 할 수 있는지 함께 알아보고 이야기 나누며 생활 속 실천 다짐으로 마무리한다.

---

* 「초등학교용 정신건강 리터러시(교사용 지도서)」 5~6쪽 참고, 교육부·한국교육환경보호원·학생정신건강지원센터(2023)

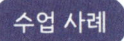 수업 사례

1. 그림책 읽고 이야기 나누기

　표지에 있는 아이의 표정과 옷차림을 살펴보며 어떤 마음인지, 무엇을 하고 있는지 예상해 말해 보게 한다. 그림책의 제목과 내용도 예상해 보고, 아이의 가슴 중앙에 있는 동그란 그림을 살펴보며 떠오르는 것에 관해 이야기 나누어도 좋다. 그다음 주황색 면지를 보며 어떤 느낌이 드는지 이야기 나눈다. 표제지가 나오기 전까지만 읽고 앞으로 어떤 이야기가 펼쳐질지 예상하는 발문을 던져 호기심과 상상력을 자극하면 몰입감을 더욱 키울 수 있다.

　그림책에는 주황색과 파란색이 많이 쓰였는데 색깔이 변하는 장면에 주목하여 인물의 표정, 마음, 행동과의 관계에 관해서도 이야기를 나누면 내용과 주제를 이해하는 데 도움이 된다. 또한, 인물의 마음과 상황을 자기 경험과 연관 지은 질문을 주고받으며 인물의 마음에 공감하고 내 생각을 정리할 수 있고, 마음의 변화에 따른 신체 반응과 관련된 질문들을 주고받으며 건강한 마음의 개념과 중요성을 알 수 있다. 만약 나라면 어떻게 할지 내 삶과 관련된 질문 등 깊이 있는 질문들을 주고받으며, 주제와 작가의 의도를 파악할 수 있다.

깊이 있는 활동을 위한 질문
1. 정원이가 건강할 때와 아플 때 행동의 차이점은 무엇인가?
2. 정원이가 아플 때 하루와 정원이는 어떻게 행동했나?
3. 정원이 마음의 차가운 기억은 어떤 것일까?

4. 만약 내 마음이 병들면 누구한테 어떻게 도움을 요청할 수 있을까?

5. 건강한 마음을 갖고 유지하기 위해 내가 노력할 점은 무엇인가?

6. 내 마음정원 속 나무에게 하고 싶은 말은 무엇인가?

2. 건강한 나무와 아픈 나무 꾸미기

준비물 : 건강한 나무와 아픈 나무 그리기 활동지, 색칠 도구

건강한 나무와 아픈 나무를 꾸미며 마음 건강의 개념과 중요성을 인식해 보는 활동이다.

모둠별로 그림책에 나오는 마음이 건강할 때와 아플 때의 말과 행동을 표로 제시한 건강한 나무와 아픈 나무 그리기 활동지를 한 장씩 받는

■ 건강한 나무 그리기 모둠 활동지   ■ 아픈 나무 그리기 모둠 활동지

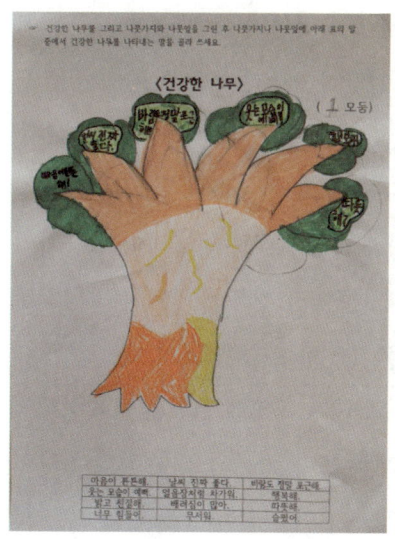 

다. 모둠 친구들과 협동하여 건강한 나무와 아픈 나무, 나뭇잎 등을 그리고 색칠하며 각각의 나무에 해당하는 말과 행동을 찾아서 옮겨 쓴다.

모둠별 활동이 끝나면 건강한 나무와 아픈 나무에 붙인 글들을 실물화상기로 함께 보며 건강한 나무와 아픈 나무에 대한 느낌을 말해 보고, 우리의 마음이 건강할 때와 아플 때의 느낌과 신체 반응, 마음이 건강하면 어떤 점이 좋은지 이야기 나누며 활동을 정리한다.

3. 상황 카드 주사위 전달 놀이

준비물 : 포켓 스펀지 주사위, 마음 건강 상태에 따라 대응이 달라질 수 있는 상황 카드 12장

마음이 건강할 때와 아플 때에 따라 대응 방식이 달라지는 12가지 상황과 그에 따른 나의 행동을 예상해서 말해 보는 활동이다. 이 활동으로 학생들은 마음이 건강할 때와 아플 때 대응하는 방식이 달라질 수 있음을 알고 그 행동의 결과를 비교하며 건강한 마음의 중요성을 깨달을 수 있다.

상황 카드를 글자가 보이지 않게 뒤집어 스펀지 주사위 포켓에 두 장씩 넣는다. 포켓 스펀지 주사위를 정해진 순서대로 전달하다가 음악이 멈추었을 때 포켓 주사위를 들고 있는 사람이 행운의 발표자로 당첨된다. 행운의 발표자는 포켓 속에서 글씨가 안 보이는 뒷면이 꽂힌 카드 중 한 장을 꺼내 상황과 마음 상태를 읽고, 내가 어떻게 행동할지 예상해서 말한 다음 글씨가 있는 앞면이 보이게 넣는다. 카드가 모두 앞면이 보이게 되면 다시 카드들을 뒷면이 보이게 뒤집어 넣고 활동을 이어 갈 수도

있다.

활동이 끝나면, 똑같은 상황에서도 마음이 건강할 때와 아플 때의 대응 방식이 어떻게 차이가 나는지, 건강한 마음을 지니면 좋은 점이 무엇인지에 관해 이야기 나누며 활동을 마무리한다.

■ 상황 카드 예시

상황 1	상황 2
친구가 지나가면서 나를 툭 치고 사과도 안 하고 그냥 가 버렸다. <내 마음이 건강하다면> 나는 ( ) 할 것이다.	친구가 지나가면서 나를 툭 치고 사과도 안 하고 그냥 가 버렸다. <내 마음이 아프다면> 나는 ( ) 할 것이다.
상황 3	상황 4
엄마가 내가 싫어하는 반찬만 해 주셨다. <내 마음이 건강하다면> 나는 ( ) 할 것이다.	엄마가 내가 싫어하는 반찬만 해 주셨다. <내 마음이 아프다면> 나는 ( ) 할 것이다.
상황 5	상황 6
공부 시간에 종이접기를 하는데 어떻게 하는 건지 잘 이해가 되지 않는다. <내 마음이 건강하다면> 나는 ( ) 할 것이다.	공부 시간에 종이접기를 하는데 어떻게 하는 건지 잘 이해가 되지 않는다. <내 마음이 아프다면> 나는 ( ) 할 것이다.
상황 7	상황 8
짝끼리 말판 놀이를 하는데 짝이 규칙을 몰라서 자꾸 틀린다. <내 마음이 건강하다면> 나는 ( ) 할 것이다.	짝끼리 말판 놀이를 하는데 짝이 규칙을 몰라서 자꾸 틀린다. <내 마음이 아프다면> 나는 ( ) 할 것이다.

상황 9	상황 10
동생이 내가 좋아하는 장난감을 갖고 놀다가 망가뜨렸다. <내 마음이 건강하다면> 나는 ( ) 할 것이다.	동생이 내가 좋아하는 장난감을 갖고 놀다가 망가뜨렸다. <내 마음이 아프다면> 나는 ( ) 할 것이다.
상황 11	상황 12
부모님께서 주신 생일 선물이 내 마음에 들지 않는다. <내 마음이 건강하다면> 나는 ( ) 할 것이다.	부모님께서 주신 생일 선물이 내 마음에 들지 않는다. <내 마음이 아프다면> 나는 ( ) 할 것이다.

■ 상황 카드 뒷면이 보이는 포켓 주사위   ■ 상황 카드 앞면이 보이는 포켓 주사위

 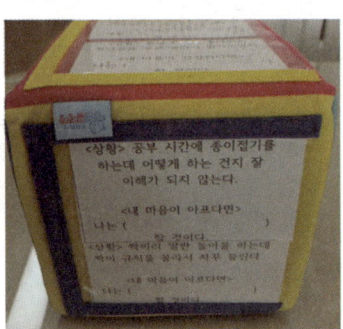

4. 마음정원 나무 '빈 의자' 놀이

준비물: 내 마음정원 나무에게 주고 싶은 그림과 하고 싶은 말 활동지, 색칠 도구, 빈 의자

'빈 의자 연극 놀이' 기법을 활용해 내 마음을 들여다보고, 마음을 건

강하게 유지하기 위해 노력해야 할 점을 찾아보는 활동이다.

교실 앞쪽에 빈 의자를 한 개 놓고 내 마음정원 나무가 앉아 있다고 상상하게 한다. 내 마음 정원 나무의 이름을 지어 주고, 주고 싶은 선물 그림, 그 선물을 주고 싶은 이유, 나무를 건강하게 가꾸기 위한 다짐을 활동지에 적는다. 이후 한 사람씩 나와 빈 의자를 바라보며 활동지에 적은 내용을 진지하게 읽고, 다 읽은 뒤 제자리로 돌아간다.

친구들의 발표를 들은 후 마음정원 나무를 가꾸는 데 좋은 방법이라고 생각되는 점이나 느낀 점, 궁금한 점 등을 이야기 나누고, 나의 마음을 조절하는 사람은 바로 나 자신이라는 사실을 알고, 나의 마음정원 나무를 건강하게 가꿀 것을 다짐하며 활동을 마무리한다.

■ 내 마음정원 나무를 위한 그림 선물과 다짐 활동지

글을 마무리하며

　그림책 내용이 초등 1학년 학생들에게는 조금 무겁지 않을까 우려했던 것과 달리 아이들은 호기심 어린 눈빛으로 그림책에 푹 빠져들었다. 내 마음정원 속 나무에게 주고 싶은 그림 선물과 그 선물을 주는 이유로 '외롭게 자라지 않게 꽃과 나비를 선물할게.', '빛이 나서 너의 모습이 담긴 액자를 선물할게.', '너를 좋아해서 사랑의 하트를 선물할게.', '따뜻한 선물을 주고 싶어서 리본을 선물할게.', '건강하게 키우고 싶어서 따뜻한 햇볕을 선물할게.', '더 예쁘게 보이라고 나무와 어울리는 풍경을 선물할게.' 같은 창의적인 답변들이 나와 미소가 지어졌다.

　내 마음정원 나무를 건강하게 가꾸기 위한 다짐들로는 '예쁜 말과 행동을 할게.', '친구랑 싸우지 않을게.', '예쁜 기억만 만들어 낼게.', '마음 조절을 잘할게.', '친구를 도와줄게.' 등이 있어 1학년답게 귀여웠다.

　활동지는 학년 수준에 맞게 자유 형식을 주어도 좋고, 상황 카드 예시는 토론과 협의 등을 통해 학생들이 직접 정하게 해도 좋다. 포켓 주사위 대신 티슈 상자나 주머니를 사용할 수도 있다.

　내 마음정원 속 나무를 건강하게 가꾸기 위해 노력하겠다는 다짐이 학생들의 마음정원에 깊이 뿌리내려 지속적인 실천으로 이어지길 바란다.

마음 건강 영역 - 마음 건강의 이해 핵심 역량
4. 마음 건강 관리

    정신 또는 마음의 건강은 인간의 전인적인 발달에 있어 핵심적인 요소이며, 이를 인식하고 스스로 관리할 수 있는 능력은 평생을 살아가는 데 꼭 필요한 삶의 기술이다. 이러한 관점에서, 정신(마음) 건강을 증진하기 위한 보편적이고 예방 중심의 접근으로써 '정신(마음) 건강 리터러시' 교육의 필요성이 더욱 부각되고 있다.

    무엇이 긍정적인 정신(마음) 건강을 이루는 요소인지 이해하고 이를 어떻게 실천할 수 있는지 배움으로써, 다양한 정신(마음) 상태에 따라 적절한 대처 방법을 스스로 선택할 수 있도록 해야 한다.

    특히 '마음이 편안한 상태'가 어떤 의미인지 알고, 이를 유지하기 위한 다양한 방법들과 그 효과를 탐색하며, 자신에게 맞는 방식을 찾아 스스로 계획하고 실천하는 능력을 기르는 것이 중요하다.*

---

* 「초등학교용 정신건강 리터러시(교사용 지도서)」 8쪽 참고, 교육부·한국교육환경보호원·학생정신건강지원센터(2023)

> **그림책 『마음마트』**
> 자현 글, 차영경 그림, 노란돼지, 2024
>
> 학교나 일상생활에서 마주치는 다양한 관계와 상황에 따른 아이들의 감정을 재미있게 만화 형식으로 표현해, 초등학생에게 학교생활에 관한 알찬 정보를 제공하고 사회성을 길러 주는 성장 그림책이자 힐링 그림책이다. 변화무쌍한 다양한 마음을 어떻게 받아들이고 돌보아야 할지 해법을 찾는 데 도움을 받을 수 있다.

의인화된 채소와 과일의 학교와 일상생활을 재미있고 짧은 만화 형식으로 표현한 그림책이다. 가지가지 하는 다양한 마음을 동음이의어와 다의어를 활용한 말놀이로 나타내, 한 번에 읽기보다는 매일 조금씩 읽어 주며 학생들의 마음 경험에 관해 이야기를 나누기 좋다.

책을 읽은 뒤에는 마음 소품 수수께끼 놀이, 마음 소품 발명과 투자 놀이를 통해 나만의 마음 돌봄 방법과 친구들의 마음 돌봄 방법을 알아본다. 또한, 마음 도움 요청과 마음 소품 추천 놀이를 통해 마음 건강 돌봄이 필요할 때 가까운 주변 사람들에게 도움을 요청하는 방법을 연습해 본다.

수업을 통해 학생들이 마음 건강 돌봄에 필요한 다양한 방법을 이해하고, 마음 돌봄에 적절한 방법이 무엇인지 찾아보며, 마음 건강 돌봄이 필요할 때 주변 사람들에게 적극적으로 도움을 요청할 수 있기를 기대한다.

1. 그림책 읽고 이야기 나누기

표지의 제목을 가리고 그림을 살펴보며 장소가 어디인지, 무엇이 보이는지, 누가 보이는지 이야기를 나눈다. 제목을 함께 유추해 보고 '마음마트'는 어떤 곳인지 자유롭게 상상해 발표해 본다. 그런 다음, 면지의 파란색이 주는 느낌에 관해 이야기해 본다. 표제지에 나오는 세 가지 채소에 대해서도 서로 어떤 관계인지, 어떤 이야기가 펼쳐질지 이야기해 본다.

그런 다음, 마트 안내도를 펼쳐 마음 소품에 관해 소개하며 마음 소품의 용도를 상상해 보게 한다. 마음마트 소품 목록을 보며 수수께끼처럼 마음 소품 맞히기 놀이를 간단히 해 보면 상상력과 호기심을 더욱 키울 수 있다.

만화 형식으로 여러 편의 이야기가 펼쳐지고 각 이야기 끝에는 마음 소품 사용 설명서가 제시되어 있다. 마음 소품 사용 설명서를 함께 읽으며 학생들의 감정 경험에 관해 이야기를 나누고 함께 공감하며, 마음 돌봄에 필요한 마음 소품 종류와 사용법을 이해할 수 있다.

> **깊이 있는 활동을 위한 질문**
> 1. 마음마트에 등장하는 인물들은 누구인가?
> 2. 양파, 되파, 당당이는 어떤 성격인가?
> 3. 마음을 넘고 싶을 때 필요한 소품은 무엇인가?
> 4. 요즘 나에게 가장 필요한 마음 소품은 무엇이고, 그 이유는 무엇인가?

5. 마음 소품을 선물한다면 누구에게 어떤 선물을 줄 것이며, 그 이유는 무엇인가?

6. 내가 만약 마음 소품을 발명한다면 어떤 소품을 발명하고 싶고, 그 이유는 무엇인가?

2. 마음 소품 수수께끼 놀이

준비물 : 모둠별 수수께끼 질문 스틱 세트

마음 소품에 관한 수수께끼 놀이를 통해 마음 소품 사용 방법을 이해하고, 나의 마음 돌봄이 필요할 때 적절한 해결 방법을 찾을 수 있게 하는 활동이다.

모둠별로 마음 소품에 관한 수수께끼 질문 스틱을 한 세트씩 받는다. 질문 스틱 뒷면에 문제와 정답이 적혀 있으므로 질문 스틱 앞면을 한 줄로 늘어놓는다. 순서대로 돌아가며 질문자가 되어 수수께끼 질문 스틱을 뽑아 질문하고, 손을 든 사람이 답을 맞히는 활동을 이어 간다. 수수께끼 놀이를 하면서 다양한 마음 소품과 사용 방법, 나의 마음 돌봄이 필요할 때 해결 방법을 알게 된다.

■ 수수께끼 질문 스틱 앞면

■ 수수께끼 질문 스틱 뒷면-문제와 정답

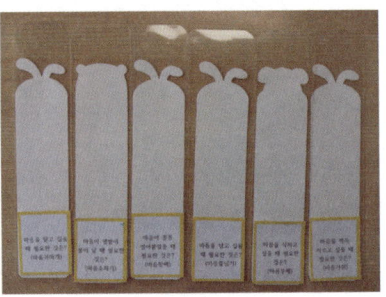

3. 마음 소품 발명과 투자 놀이하기

준비물 : 색칠 도구, 마음 소품 발명서, 개인당 스티커 10개

　나에게 필요한 마음 소품을 발명하고 투자하는 놀이를 통해, 나의 마음 건강 상태에 따라 필요한 마음 돌봄 방법을 예상하고 해결 방법을 준비해 볼 수 있다.

　마음 소품 발명서에 마음 소품 이름과 그림, 사용 방법, 주의 사항 등을 적는다. 마음 소품 발명서 작성이 끝나면 한 사람씩 나와 실물 화상기로 마음 소품 발명서를 공개하며 투자 설명회를 연다. 자리에 앉아 있는 학생들은 투자자가 되어 궁금한 점을 질문한다. 질문은 1인당 한 개씩, 발명품당 세 개로 제한한다.

　설명이 끝나면 칠판에 마음 소품 발명서를 자석으로 고정한다. 투자자들은 자신이 가진 투자 스티커 10개 중 나한테 꼭 필요하거나 다른 사람에게 추천하고 싶은 발명품을 골라 스티커를 최대 세 개까지 붙여 준다. 스티커를 가장 많이 받은 발명품 순으로 대상, 최우수상, 우수상을 선정하고 나머지는 모두 장려상으로 정해 칭찬과 격려를 해 준다. 대상, 최우수상, 우수상을 받은 발명품의 이름과 사용 방법, 주의 사항 등을 다 함께 확인하고, 장려상 작품 중에서도 의미 있다고 생각되는 것들에 관해서도 함께 이야기 나눈다.

　학생들은 마음 소품 발명과 투자 놀이를 통해 다양한 마음 돌봄이 필요한 상황과 마음 돌봄 방법을 이해하고, 내 마음 돌봄이 필요할 때 해결하는 방법을 알게 된다.

■ 마음 소품 발명서 예시

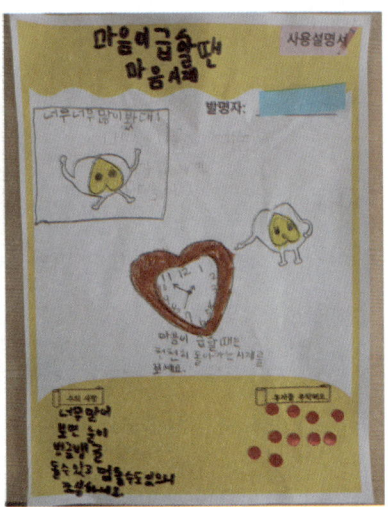

4. 마음 도움 요청과 마음 소품 추천 놀이하기

준비물 : 마음 도움 요청 카드, 마음 소품 추천 카드

놀이를 시작하기 전에 먼저 마음 도움 요청 카드와 짝이 되는 마음 소품 추천 카드를 학생들과 함께 읽으며, 도움을 요청하는 말과 마음 소품 추천 방법을 연습한다.

학생들에게 무작위로 카드를 네 장씩 나눠 준다. 교실을 자유롭게 돌아다니며 가까이 있는 친구와 가위바위보를 한다. 이긴 사람은 자신의 마음 도움 요청 카드 하나를 읽고, 진 사람은 자신의 카드를 모두 보여 주며 짝이 되는 마음 소품 추천 카드가 있으면 읽어 주고 카드를 준다. 마음 도움 요청 카드와 짝이 되는 마음 소품 추천 카드 두 세트가 완성되면 선생님께 가서 확인을 받는다. 선착순으로 인원을 제한할 수도 있고 시간을 제한할 수도 있다. 반드시 마음 도움 요청 카드와 마음 소품 추천 카드의 글을 읽어서 도움을 요청하고 도움을 제공하는 연습을 해 보게 한다.

그런 다음 다 함께 마음 도움 요청 카드와 마음 소품 추천 카드를 맞춰 보며, 마음 돌봄이 필요할 때 도움을 요청할 수 있는 사람들이 누구인지 확인하고 적극적으로 도움을 요청해야 한다는 것을 다짐하며 활동을 마무리한다.

■ 마음 도움 요청 카드 & 마음 소품 추천 카드 예시

마음 도움 요청 카드	마음 소품 추천 카드
저는 고민이 있어요. 왜냐하면 가장 친한 친구가 내일 전학을 간대요. 그래서 지금 마음이 슬프고 눈물이 나요. 어떻게 하면 좋을까요?	마음에 눈물이 흐를 때는 '마음 휴지'를 사용해 봐. 휴지로 마음의 눈물을 닦으면 마음이 편해질 거야.
마음 도움 요청 카드	마음 소품 추천 카드
저는 고민이 있어요. 왜냐하면 새 짝꿍이 저한테 말을 잘 안 해요. 화가 난 건지 내가 싫은 건지 너무 궁금해요. 어떻게 하면 좋을까요?	친구의 마음이 궁금할 때는 '마음 돋보기'를 사용해 봐. 잘 관찰하면 친구의 마음을 알게 될 거야.
마음 도움 요청 카드	마음 소품 추천 카드
저는 고민이 있어요. 왜냐하면 친구들이 놀이할 때 내 말을 안 들어주는 것 같아서 마음이 꽁꽁 얼어붙는 것 같아요. 어떻게 하면 좋을까요?	마음이 꽁꽁 얼어붙었을 때는 '마음 핫팩'을 사용해 봐. 마음을 따뜻하게 녹이고 친구들에게 네 마음을 잘 말해 봐.
마음 도움 요청 카드	마음 소품 추천 카드
저는 고민이 있어요. 왜냐하면 방과 후 수업에 하고 싶은 게 너무 많아서 선택하기가 힘들어요. 어떻게 하면 좋을까요?	마음을 가라앉히고 싶을 때는 '마음 방석'을 사용해 봐. 마음을 가라앉히고 너한테 가장 필요한 것을 잘 생각해 보고 부모님하고도 의논해 봐.

마음 도움 요청 카드	마음 소품 추천 카드
저는 고민이 있어요. 왜냐하면 엄마가 내 마음도 몰라주고 화를 내셔서 내 마음이 찢어진 것처럼 너무 슬퍼요. 어떻게 하면 좋을까요?	마음이 찢어졌을 때는 '마음 풀'을 사용해 봐. 찢어진 마음을 딱 붙이고 엄마한테 네 마음을 잘 이야기하면 엄마가 이해해 주실 거야.
마음 도움 요청 카드	마음 소품 추천 카드
저는 고민이 있어요. 왜냐하면 줄넘기를 잘하고 싶은데 자꾸 줄에 걸려서 화가 부글부글 끓어요. 어떻게 하면 좋을까요?	마음을 식히고 싶을 때는 '마음 부채'를 사용해 봐. 뜨겁게 달아오른 마음을 천천히 식히고 매일 조금씩 꾸준히 연습하면 잘할 수 있을 거야.
마음 도움 요청 카드	마음 소품 추천 카드
저는 고민이 있어요. 왜냐하면 받아쓰기에서 백 점을 못 받아서 속상하고 마음이 춥고 시려요. 어떻게 하면 좋을까요?	마음이 따뜻해지고 싶을 때는 '마음 오븐'을 사용해 봐. 서서히 마음 온도를 높이고 '열심히 노력했으니까 괜찮아. 다음에 잘 보면 되지.'라고 좋게 생각해 봐.

■ 마음 소품 추천 놀이 장면

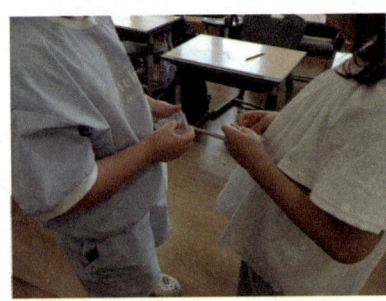

■ 마음 도움 요청 카드와 마음 소품 추천 카드

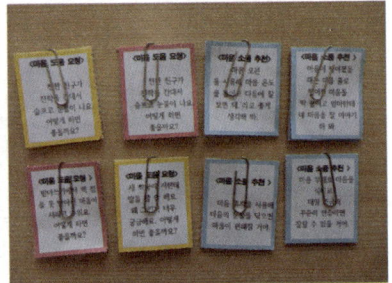

글을 마무리하며

『마음마트』를 읽고 학생들은 마음을 건강하게 관리하기 위해서 자신에게 맞는 돌봄 방법을 찾아보고, 혼자서 해결하기 어려울 때는 가까운 주변 사람들에게 적극적으로 도움을 요청해야 한다는 사실을 확인했다. 또한 이를 생활 속에서 실천할 수 있도록 수수께끼 놀이, 나만의 마음 소품 발명과 투자 놀이, 마음 도움 요청과 마음 소품 추천 놀이 활동을 했다.

학생들은 "마음 소품 수수께끼 놀이가 알쏭달쏭하고 정말 재미있었어요.", "나만의 마음 소품 발명서를 만들 때 정말 발명가가 된 것같이 설레었어요.", "스티커를 많이 못 받아서 조금 속상했어요.", "내가 발명한 마음 전구를 친구들에게 선물해 주고 싶어요." 등의 소감을 이야기했다.

'마음이 어두울 때 사용하는 마음 전구는 배터리가 닳으면 감전될 수도 있다.', '마음이 흥분해서 가라앉힐 때 마음 에어컨을 사용하되, 너무 많이 쐬면 감기에 걸릴 수도 있다.', '마음을 보고 싶을 때 쓰는 마음 안경은 너무 많이 쓰면 눈이 아프다.', '마음이 추울 때 덮는 마음 이불은 매일 덮고 자면 악몽을 꿀 수도 있다.', '마음이 화가 날 때는 마음 풍선을 부세요. 너무 많이 불면 터질 수 있어요.' 등 참신하고 창의적인 마음 소품 아이디어도 감동적이었다.

수업을 통해 학생들이 마음 돌봄이 필요할 때 자신에게 맞는 마음 돌봄 방법을 적극적으로 사용하고, 도움이 필요할 때는 주변 사람들에게 적극적으로 도움을 요청할 수 있기를 기대한다.

— 2부 —

자기 인식

자기 영역 - 자기 인식 핵심 역량
1. 자신의 생각, 감정, 행동의 인식과 이해 1

'자신의 생각, 감정, 행동의 인식과 이해'는 한국형 사회정서교육 '자기' 영역 중 '자기 인식'의 핵심 역량 중 하나다. 자기 인식은 자신의 생각, 감정, 행동을 알아차리고 이해하며 그것이 자신과 타인에게 어떤 영향을 미치는지 인식하는 능력을 말한다. 여기서 자신의 생각, 감정, 행동을 이해하는 것은 마음의 본성을 이해하고, 나의 생각과 감정을 판단하지 않고 알아차리는 것을 포함한다.*

학생들의 연령과 발달 단계에 따라 자기 인식 능력이 다르게 나타나는데, 초등학교 저학년은 기본적인 감정 어휘 습득부터 시작하는 반면 고학년은 감정의 복합성과 원인을 탐색할 수 있는 인지 능력이 발달한다.

많은 학생이 일상생활에서 다양한 감정을 경험하지만, 정작 자신이 지금 어떤 기분인지, 왜 그런 감정이 들었는지 깊이 생각해 볼 기회는 많지 않다. 그러다 보면 감정 조절에 어려움을 겪고, 대인 관계에서 갈등이 생

---

* 「한국형 사회정서 성장 지원 모델 마련 연구」 50쪽 인용, 서완석 외, 한국교육환경보호원(2024)

기거나 학습 의욕이 저하되는 등의 문제가 나타날 수 있다. 따라서 이 기술을 익히면 자신의 마음을 더 잘 알게 되어 감정을 건강하게 다루고 자신에게 맞는 선택을 할 수 있으며, 궁극적으로 더 행복하고 만족스러운 삶을 살아갈 수 있을 것이다.

> **그림책 『내 마음이 말할 때』**
> 마크 패롯 글, 에바 알머슨 그림, 성초림 옮김, 웅진주니어, 2019
> 부끄러움, 사랑, 분노, 공포, 소유욕, 그리움 등 여섯 가지 감정을 다양한 색과 신체적 반응에 비유해 표현한 그림책이다. 감정을 판단하지 않고 자연스럽게 경험하며 자신의 내면을 이해해 가는 과정을 통해 모든 감정을 솔직하게 표현해도 괜찮다는 메시지를 전달한다.

『내 마음이 말할 때』는 학생들의 감정 경험과 자연스럽게 연결되는 그림책이다. 그림책 속 주인공이 각 감정을 느낄 때마다 자신의 몸과 마음에서 일어나는 변화를 구체적으로 묘사하는 모습을 통해 학생들은 자신의 내면 상태를 돌아보게 된다. 부끄러움, 분노 등은 학생들에게 친숙한 감정이기 때문에 자신과 연결하여 감정을 구체적으로 인식하는 데 좋은 동기 유발이 될 수 있다. 특히 수업 활동 중 '내 마음 자화상 그리기'는 추상적인 감정을 색과 형태로 표현하고, 그때 드는 생각과 신체 반응을 구체화함으로써 자신의 내면을 객관적으로 관찰하는 데 도움이 된다. 또한 '감정 일기 쓰기' 활동을 통해서는 일상의 경험을 되돌아보며 자신의 생각, 감정, 행동을 언어로 기록해 볼 수 있다.

초등학교 고학년부터는 자신의 내면을 더 깊이 인식하고 이해하는 교육이 가능한 만큼, 이를 바탕으로 한 체계적인 지도가 필요하다. 이 수업을 통해 학생들이 자기감정의 변화 과정을 세밀하게 관찰하고, 궁극적으로 자기 자신을 이해하고 받아들이는 올바른 자기 인식 능력을 기를 수 있길 기대해 본다.

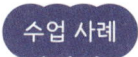

1. 그림책 읽고 이야기 나누기

그림책에서는 각각의 감정을 서로 다른 색깔과 신체적 변화로 표현하고 있다. 아이들과 색깔 변화와 감정의 관계, 주인공의 몸과 마음의 변화를 살펴보면서 책을 읽으면 내용을 깊이 있게 이해할 수 있다. 각 장면에 나타난 주인공의 생각, 감정, 행동이 무엇인지 함께 찾아보며 자신의 경험과 연결해 본다.

또한, 깊이 있는 활동을 위한 질문을 통해 주인공의 마음에 공감하고 자기 경험도 떠올려 보며, 자신의 생각, 감정, 행동을 인식하고 이해하는 방법을 찾아보도록 동기 유발을 한다.

깊이 있는 활동을 위한 질문
1. 주인공이 부끄러워할 때 얼굴이 어떻게 변했나? 왜 그런 변화가 일어났을까?
2. 화가 났을 때 주인공의 몸에는 어떤 일이 일어났나?
3. 이와 비슷한 감정을 느껴본 적이 있나? 그때 몸이나 마음에 어떤 변화가 있었나?
4. 평소에 감정을 어떻게 표현하나? 모든 감정을 표현해도 괜찮다고 생각하나?
5. 자신의 감정을 다른 사람에게 표현하는 것이 왜 중요할까?

2. 주어진 상황에 대한 나의 생각, 감정, 행동 적어 보기

그림책 속 주인공이 다양한 감정을 경험하며 자신의 마음을 인식해 가는 모습을 보며, 학생들도 실제 상황에서 자신의 내면을 탐색해 보는 활동이다.

먼저 그림책에 나온 여섯 가지 감정(부끄러움, 사랑, 분노, 공포, 소유욕, 그리움) 외에도 우리가 일상에서 느끼는 다양한 감정들에 관해 함께 알아본다. 각 감정이 어떤 느낌인지, 언제 그런 감정을 느끼는지 간단히 이야기하며 감정 표현 어휘를 풍부하게 한다.

이후 학생들이 일상에서 직접 경험했거나 경험할 가능성이 높은 세 가지 상황을 제시하고, 각 상황에서 어떤 생각을 할지, 그때 감정적 반응과 실제 행동은 어떨지 솔직하게 적어 보게 한다. '생각' 칸에는 그 상황

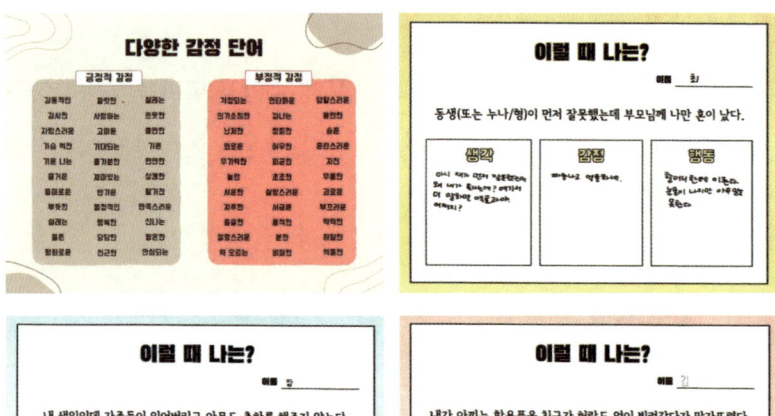

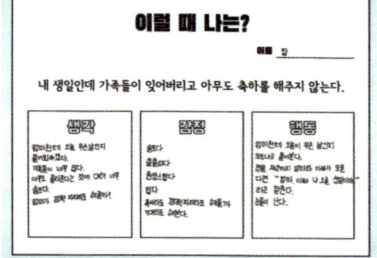

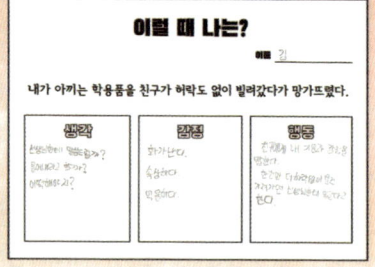

에 대한 나의 판단과 인식을 적고, '감정' 칸에는 그때 느끼는 기분이나 마음을 적는다. '행동' 칸에는 그러한 생각과 감정이 떠오를 때 신체에서 일어나는 반응이나 내가 하게 될 것 같은 행동을 적는다.

제시되는 상황은 동생(누나, 형)이 먼저 잘못했는데 부모님께 나만 혼나는 상황, 내 생일인데 가족들이 잊어버리고 아무도 축하해 주지 않는 상황, 내가 아끼는 학용품을 친구가 허락 없이 빌려 갔다가 망가뜨린 상황이다. 각 상황에서 느끼는 감정에 옳고 그름은 없으며, 자신의 솔직한 마음을 표현하는 것이 중요함을 강조한다.

3. 에바 알머슨 스타일로 '내 마음 자화상' 그리기

이 그림책에 그림을 그린 에바 알머슨은 작품 속 인물을 과장되게 둥글고 평평한 얼굴로 묘사해 감정을 확실하게 드러내는 그림체가 특징인 작가다. 이런 특징을 살려 자신이 최근 겪은 가장 기억에 남는 감정을 골라 에바 알머슨 스타일로 '내 마음 자화상'을 그려 보는 활동이다.

학생들은 먼저 활동지에 감정의 이름, 그 감정을 느꼈던 상황, 그 상황에서 든 생각, 그때 내 몸에 일어난 신체적 반응이나 행동 등을 구체적으로 적어 본다. 자화상을 그릴 때는 표정을 중심으로 그 감정을 나타내는 색깔을 사용하여 표현한다. 그림책에서 보았듯이 행복할 때는 밝고 따뜻한 색깔로, 우울하거나 슬플 때는 어둡고 차가운 색깔로 자신만의 감정 색깔을 정해 칠한다. 그 감정과 관련된 상황이나 물건들을 함께 그려 넣어 더욱 구체적으로 표현할 수도 있다. 완성된 자화상 옆에는 자신의 생각, 감정, 행동이 모두 들어가도록 설명 글을 덧붙인다. 예를 들어 '시험에서 좋은 점수를 받았을 때(상황), 열심히 공부한 보람이 있다고 생각했고(생각), 뿌듯하고 기뻤으며(감정), 입꼬리가 올라가고 가슴이 따뜻해 졌다.(행동)' 와 같이 생각, 감정, 행동을 모두 포함한다. 이 과정을 통해 학생들은 자신의 감정을 시각적으로 표현하며 내면을 더욱 깊이 이해할 수 있다.

4. 감정 일기 쓰기

　최근 일주일간 느낀 감정 중 가장 기억에 남는 감정을 골라 감정 일기를 작성하는 활동이다.

　학생들은 활동지에 제시된 항목에 따라 자신의 감정 경험을 체계적으로 기록한다. 먼저 가장 기억에 남는 감정을 하나 고르고 한마디로 표현한 뒤, 언제 어떤 상황에서 그런 감정이 들었는지 구체적으로 적는다. 그다음 그때 어떤 생각이 들었는지, 앞으로의 다짐 또는 나에게 해 주고 싶은 말이 무엇인지 성찰하여 기록한다.

　이 과정은 단순히 감정을 기록하는 것을 넘어, 감정을 그냥 흘려보내지 않고 다시 떠올려 보며 자신을 깊이 이해하는 시간이 된다. 학생들이 비슷한 감정 상황에 다시 처했을 때, 스스로 할 수 있는 긍정적인 생각과 행동을 떠올리고 실천해 보면서 자신의 마음을 건강하게 가꿔 나갈 수 있다. 특히 부정적인 감정을 경험했을 때는 그 감정을 인정하고 받아들이면서도 앞으로 어떻게 대처할지 건설적인 방향을 모색할 수 있도록 격려한다. 이런 감정 일기가 한 장씩 모이면 자신의 감정 패턴과 성장 과정을 확인할 수 있는 소중한 감정 포트폴리오가 된다.

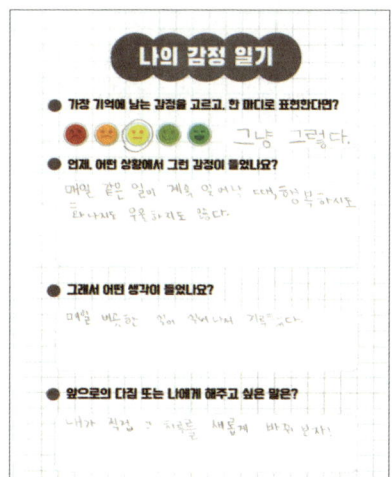 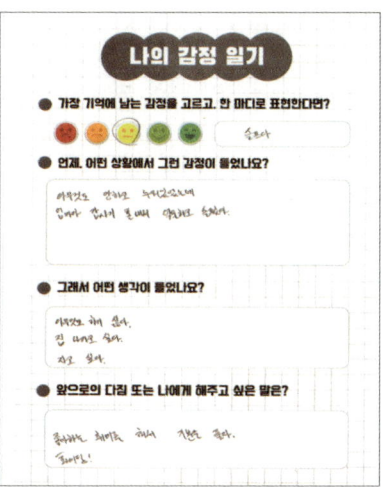

글을 마무리하며

수업을 진행하면서 학생들이 자신의 감정을 솔직하게 표현하고 탐색하는 모습을 보는 것은 교사에게도 큰 의미가 있었다. 특히 평소 자신의 마음을 잘 드러내지 않던 학생들이 그림과 글을 통해 내면을 표현하며 자신을 이해해 가는 과정이 인상 깊었다.

수업에서는 학생들의 모든 감정 표현을 있는 그대로 인정하고 받아들이는 분위기를 만드는 것이 중요하다. 특히 부정적인 감정을 표현할 때도 '그런 감정을 느끼는 것은 자연스러운 일'이라는 메시지를 지속적으로 전달해야 한다. 활동 중에는 학생들이 자신의 마음을 들여다볼 수 있도록 충분히 시간을 주고, 무리하게 발표를 강요하지 않는다.

  무엇보다 수업 이후에도 학생들이 감정 일기를 꾸준히 작성하도록 격려하는 것이 중요하다. 일주일에 한 번씩이라도 자신이 느낀 감정을 기록하고 성찰하는 습관을 기른다면, 자신의 생각, 감정, 행동을 인식하고 이해하는 능력이 더욱 발달할 수 있을 것이다. 학생들이 스스로 자신의 마음을 깊이 들여다보고 돌보며, 자기 자신을 이해하고 성장시켜 나가기를 기대해 본다.

자기 영역 - 자기 인식 핵심 역량
2. 자신의 생각, 감정, 행동의 인식과 이해 2

　한국형 사회정서교육 프로그램 '자기' 영역에서 '자기 인식'은 감정을 중심으로 자신의 신체 및 행동 반응을 알고 자기 인식 수준을 높이려는 태도를 가지는 데 목표를 두고 있다. 따라서 활동 목표를 감정과 신체, 행동 반응과의 연결성 인식에 두고, 자신의 고유성에 대한 이해를 돕도록 내용을 구상한다.

　자신의 고유성을 인식하면 내가 느끼고 생각하는 것이 나를 나타내는 특징이 되는 것임을 깨닫고 자신을 이해하고 수용하게 된다. 이는 우리 정신 건강 상태에 대해 올바른 지식과 태도를 지니는 데 적절한 도움을 줄 수 있다. 감정을 통한 자기 인식은 우리의 수많은 행동을 이끄는 원인이 될 수 있어서 중요하다. 또한, 감정은 우리의 정신 건강뿐 아니라 신체 건강과도 밀접한 관련이 있다. 감정에 귀 기울일 때 이성의 힘도 발휘한다. 따라서 감정을 통제하거나 조절할 대상으로 여기면 안 되며, 가까이 두고 보살펴야 하는 대상으로 봐야 한다.*

---

*　『나를 위한 감정의 심리학』 19~24쪽 참고, 최기홍, 국수(2022)

감정은 자신을 보는 관점과 타인과의 관계 형성에 중요한 원동력이 되기도 한다. 모든 감정에는 다 존재 이유가 있다. 감정은 삶을 더 풍요롭게 살도록 도와주는 열쇠이다.

> **그림책 『감정 호텔』**
> 리디아 브란코비치, 장미란 옮김, 책읽는곰, 2024
>
> 감정 호텔에는 여러 감정이 손님으로 찾아온다. 감정마다 특징이 있다. 호텔 지배인은 불편한 손님이라고 해서 돌려보내지 않고 호텔에서 잘 쉬었다가 가도록 최선을 다한다. 이 그림책은 감정 호텔을 찾는 손님들과 손님들을 살피는 지배인이 펼치는 이야기로, 우리에게 찾아오는 감정들을 어떻게 다독여야 하는지를 아름다운 그림과 함께 알려 준다.

그림책을 읽기 전에 호텔은 어떤 곳인지 이야기를 나눈다. 호텔은 여행하는 도중 잠시 쉬었다 가는 곳으로, 제각기 다른 손님들이 있고 호텔을 관리하는 지배인이 있다고 짧게 소개한다.

표지를 보여 주며 어떤 이야기가 나올지, 표지에 나오는 손님들은 어떤 특징이 있을지 상상해 보며 의견을 나눈다. 손님들이 제각각 다르듯이 우리 안에 오는 감정들이 다름을 인지하고 감정을 어떻게 살피고 바라볼지에 대한 관점이 중요하다는 점을 이야기한다. 감정은 다양하다는 사실과 감정에 따른 행동과 생각이 다름을 아는 것은 자기를 인식하는 데 중요한 요소이다. 이를 위해 수업에서는 자신의 감정을 호텔 손님으로 표현해, 그와 인터뷰를 하고 어울리는 호텔 방을 꾸미는 활동을 하며 감정 개념을 알고 감정에 적절히 대처하는 법을 경험할 수 있다.

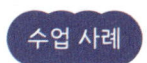

1. 그림책 읽고 이야기 나누기

그림책에는 여러 감정 손님이 나온다고 먼저 알려 준다. 그림책을 보기 전에 활동지를 주고 특징을 읽으면서 어떤 감정일지 맞혀 본다. 그림책을 보면서 감정 손님의 명단을 작성한다. 이때 어느 손님에게나 늘 함께 보이는 인물이 있는데 누구인지 살펴본다.

내가 감정 호텔에 간다면 어떤 손님으로 갈지 생각해 보게 한다. 기쁨, 행복, 설렘, 짜증, 즐거움, 화난 감정 등을 자유롭게 발표한다. 그림책을 보기 전에 다양한 감정의 종류를 먼저 살펴 보는 것도 좋다.

깊이 있는 활동을 위한 질문
1. 호텔 지배인과 손님은 무엇을 뜻하는 인물들인가?
2. 그림책에 나오는 감정 손님들은 누구인가? 방마다 어떤 특색이 있는가?
3. 호텔 지배인은 어떤 손님도 돌려보내지 않는데 왜 그럴까?
4. 호텔 방마다 계속 보이는 인물이 있는데 누구이며 왜 계속 보이는가?
5. 내 호텔에는 지금 어떤 감정들이 와 있는가?

2. 감정 호텔 손님 꾸미기

준비물 : 포스트잇, 색칠 도구

지금 나의 감정을 손님으로 표현해서 그리기 활동을 한다.

교사는 학생들에게 포스트잇을 한 장씩 나누어 주고, 학생들은 어제 있었던 일과 관련해 떠오르는 감정을 생각해 본다. 왜 그 감정이 들었는지, 그 감정이 들었을 때 어떤 생각을 했는지 살펴본다. 표정은 어땠는지, 감정에 따라 어떤 행동을 했는지도 생각해 본다. 다음으로, 그때 자신의 모습을 그려 본다. 또 그 감정에 어울리는 방을 꾸며 본다.

어떤 감정이 들었는지 잘 떠오르지 않는 친구들은 그림책에 나오는 감정 손님을 그려 본다. 그림책 캐릭터와 비슷하게 그려도 된다. 어떤 학생은 영화 '인사이드 아웃'에 나오는 캐릭터로 표현하기도 한다. 그림이 완성되면 모둠끼리 돌아가며 왜 그런 감정이 들었는지 원인을 이야기하고, 그때 생각했던 점, 표정이나 행동, 그 감정에 어울린다고 생각해서 그린 방에 대해 발표한다.

■ 감정 손님과 호텔 방 그리기

나의 감정 손님 - 사랑

원인 : 엄마가 맛있는 것을 사 주셨다.
생각 : 엄마는 나를 소중히 대해 준다.
표정이나 행동 : 미소가 나오고 어깨가 올라간다.
어울리는 방 : 밝고 하트 무늬가 많은 방

나의 감정 손님 - 자신감

원인 : 태권도 승급 심사를 통과했다.
생각 : 노력했는데 결과가 좋아서 신난다.
표정이나 행동 : 손을 흔들고 웃는다.
어울리는 방 : 도전하고 싶은 물건이 있는 방

나의 감정 손님 - 두려움	
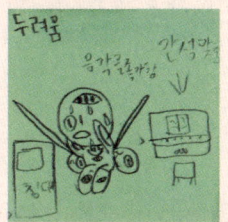	원인 : 학원 숙제를 다 못하고 갔다. 생각 : 피아노를 치고 싶다. 표정이나 행동 : 연필로 낙서를 많이 한다. 어울리는 방 : 피아노가 있는 방
나의 감정 손님 - 행복	
	원인 : 내 방이 생겼다. 생각 : 부모님께 감사하고, 내 방이 생겨서 좋다. 표정이나 행동 : 웃음이 가득하고, 손을 모았다 흔든다. 어울리는 방 : 좋아하는 물건을 배치한 방

3. 감정 손님과 인터뷰하기

　감정 손님과 인터뷰하기는 일종의 역할극이다. 그림책에 나오는 것처럼, 학생들이 직접 감정 손님이 되어 자신이 선택한 감정을 말과 행동으로 소개하는 것이다. 이 과정에서 손님이 되는 학생은 감정을 말과 행동으로 표현함으로써 감정에 대한 개념을 정리할 수 있다.

　학생 한 명이 감정 손님을 자원해 동작과 말로 감정을 표현한다. 자리에 앉아 있는 학생들은 각자 호텔 지배인이 되어, 감정 손님의 몸짓과 대사를 보고 들으며 무슨 감정인지 알아맞힌다. 또, 감정을 들여다보는 동안 손님을 어떻게 대해 주어야 할지 생각하고, 그에 어울리는 방을 구성해 제안한다. 예를 들어, 손님이 양팔을 활짝 벌리고 신나는 목소리로

"내일 캠핑 간다. 야호!"라고 말하면, 지배인은 감정을 '기쁨'이라고 알아맞히고, 기쁨에 어울리는 방을 소개하는 것이다. 감정 손님은 여러 지배인의 제안을 들어본 뒤 제일 마음에 드는 호텔을 선택한다.

<예시1>

손님: (두 팔을 벌리고 깡충 뛴다.) 내일 학교 끝나고 바닷가로 가족 여행 간대. 설레고 기뻐!

지배인: 손님의 이름은 '신남'이군요. 맘껏 뛸 수 있는 트램펄린을 방에 놓겠습니다. 폭신한 침대도 놓을 게요. 스티커로 바닷가 꾸미기를 할 수 있게 책상도 놓아 드리겠습니다.

<예시2>

손님: (고개를 푹 숙이고 따분한 표정을 짓는다. 어깨를 축 늘어뜨린다.) 아~ 뭐 하고 놀지?

지배인: 손님의 이름은 '지루함'이시군요. 보드게임이 있는 방으로 안내해 드릴게요. 그리고 함께 놀 수 있는 친구를 불러 드리겠습니다.

학생들은 감정 손님 인터뷰 활동을 하며 어떤 감정이 올 때 어떻게 대처하면 되는지 간접적으로 경험한다. 교사는 부정적 감정들인 분노, 화, 억울함에 대해서는 원인을 더 잘 생각해 보도록 안내한다. 이런 부정적인 감정들을 파괴와 폭력 등으로 표현하지 않고, 스스로 감정의 멋진 지배인이 되어 다독여 주고 돌봐 주는 것이 중요하다고 지도한다. 그림책에 나오듯, 어떤 감정도 계속 머물러 있지 않고 시간이 지나면 떠난다는 사실을 학생들도 이쯤에는 알게 될 것이다.

■ '신남' 감정 손님   ■ '지루함' 감정 손님

4. 나의 감정 호텔 만들기

준비물 : 8절 도화지, 가위, 색칠 도구

　각 감정들의 특징을 살펴보고 어떻게 대해야 하는지 학습했다면, 자신에게 다가올 여러 감정을 객관적으로 바라보는 연습이 필요하다. 감정 호텔을 북 아트로 만들어 감정들에 어울리는 호텔 방을 꾸며 본다. 이 활동으로 학생들은 자신에게 오는 다양한 감정을 인식할 줄 알게 되고, 바람직한 방법으로 수용하고 표현하는 연습을 할 수 있다.

　8절 도화지를 접고 오려서 감정 호텔을 만든다. 전개도 이미지를 참고해 별표 공간에는 호텔 지붕을 그리고 그 위에 호텔 이름을 써서 간판을 꾸민다. 나머지 면에는 호텔 방을 만들어 손님과 방을 꾸민다.

　감정 손님만큼이나 학생들에게 중요한 것은 지배인의 마음가짐이다. 지배인이 되어 손님의 감정을 잘 들여다보는 것은 감정을 인식하는 데 효과적이기 때문이다. 또한 감정 손님 역할을 맡은 학생은 현재 자신의 감정만 표현하는 것이 아니라 다양한 감정 중 한 가지를 골라서 표현해도 된다. 어떤 감정인지 인식하는 것과 그에 대한 대처 방법을 연결하는 것은 앞으로 나에게 올 수 있는 여러 감정에 대한 준비가 될 수도 있기 때문이다.

■ 감정 호텔 전개도

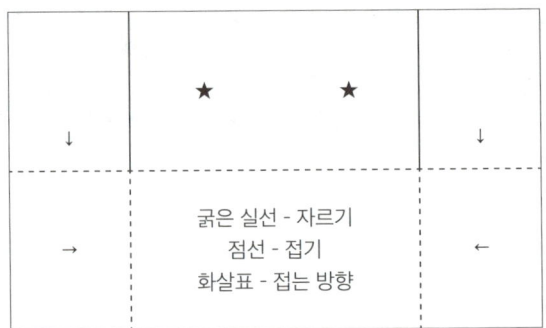

굵은 실선 - 자르기
점선 - 접기
화살표 - 접는 방향

■ 감정 호텔 북 아트 작품

접은 모습

펼친 모습

글을 마무리하며

    감정 손님 인터뷰 놀이에서 감정에 따른 학생들의 생각과 행동은 다양했다. 어떤 친구는 슬플 때 고개를 숙이고 어깨를 축 늘어뜨리기도 하고, 어떤 친구는 웅크리고 앉거나 눈물을 흘리는 표현을 하기도 했다. 분노, 행복, 기쁨, 편안함 등에도 저마다의 표현이 있었다.

학생들과 어떤 때 그런 감정들이 생기는지 이야기해 보았다. 감정의 원인도 각양각색이었다.

활동을 모두 마친 후 소감을 나누었다. 학생들은 이번 수업을 통해 다양한 감정이 손님처럼 찾아올 수 있다는 것을 알았다고 했다. 그럴 때 자기에게 온 감정 손님들을 그림책의 지배인처럼 잘 살펴야 한다는 것을 배웠고, 자신의 행동과 생각을 통해 지금 어떤 감정인지 알 수 있을 것 같다고도 말했다. 그리고 감정을 표현할 때는 내 안의 감정이 어떤지 잘 살펴보되, 상대방에게 피해가 가지 않아야 한다고 아이들 스스로 이야기해 주었다. 감정 수업을 하면서 한층 더 성장한 아이들 모습을 확인할 수 있었다.

자기 영역 - 자기 인식 핵심 역량
3. 자기 효능감

'자기 효능감'은 상황에 적절한 행동을 할 수 있다는 스스로에 대한 긍정적인 기대와 신념을 의미하며, 이러한 믿음은 자신의 행동과 성과에 영향을 준다. 한국형 사회정서교육에서 '자기' 영역 '자기 인식' 핵심 역량의 구성 요인인 자기 효능감은 학습자 스스로 자신의 능력을 인식하고 긍정적인 자기 개념을 형성하도록 돕는 데 초점을 둔다.

자기 효능감이 높은 학생은 어려운 과제나 실패 상황에서도 쉽게 포기하지 않고, 도전을 기회로 삼아 적극적으로 문제를 해결하려는 태도를 보인다. 반대로 자기 효능감이 낮은 학생은 시도 자체를 회피하거나 반복된 실패 경험으로 인해 자아 존중감이 저하되기 쉽다. 따라서 학교 현장에서는 학생들이 일상 속에서 성취 경험을 쌓고 노력의 결과를 긍정적으로 인식할 수 있도록 체계적인 피드백과 격려가 제공되어야 한다. 학생 개개인의 잠재력을 존중하고 스스로를 유능한 존재로 인식할 수 있는 다양한 활동을 통해, 학생은 자기 주도적 학습 태도를 갖추고 일상생활에서도 주체적인 선택과 책임 있는 행동을 실천할 수 있다.

> **그림책 『나에게 주는 상』**
> 이숙현 글, 안소민 그림, 호랑이꿈, 2024
>
> 세상에 태어나 하루하루 성장하는 작은 애벌레들이 작지만 빛나는 자신의 장점을 발견하고, 스스로에게 작은 상을 건넨다. 자기 자신을 응원하고 긍정적으로 바라보게 만드는 메시지가 가득한 그림책이다.

『나에게 주는 상』은 학생들이 자신의 장점과 가능성을 발견하고 스스로를 긍정적으로 바라보도록 돕는다. 이 책은 평범한 일상 속에서 나만의 특별함을 발견하고, 그것을 스스로 인정하며 상을 건네는 과정을 섬세하게 담고 있다. 따뜻한 격려의 메시지는 학생들이 타인과의 비교나 외부 평가가 아닌 '자기 자신'에 집중하도록 도와주며, 자신의 노력과 장점을 자연스럽게 인식하게 한다. 이는 자기 효능감의 핵심 요소인 자기 인식과 자기 존중을 기르는 데 매우 효과적이다.

수업 후에는 학생들이 스스로를 격려하고 인정하는 말과 행동에 익숙해지며, 작은 성취도 의미 있게 받아들이는 태도를 형성할 수 있다. 더 나아가 앞으로 마주할 도전 상황에서도 '나는 할 수 있다.'는 긍정적인 믿음을 바탕으로 주체적으로 문제를 해결하려는 자기 주도적 태도 변화를 기대할 수 있다.

1. 그림책 읽고 이야기 나누기

　그림책에서 작고 여린 애벌레들은 자신만의 특별함을 발견하고, 스스로를 응원하며 상을 준다. 책을 읽으며 자신의 장점과 가능성을 찾아보고 이야기하는 과정을 통해 학생들은 자존감을 높이고 자기 긍정의 마음을 키울 수 있다. 책 속 주인공처럼 자기 자신을 있는 그대로 받아들이고, 작은 노력도 소중히 여기는 태도를 배우게 된다.

깊이 있는 활동을 위한 질문
1. 애벌레들은 왜 자기 자신에게 상을 주기로 했을까?
2. '내 마음대로 그려 상'이나 '오므렸다 폈다 상'은 어떤 점에서 특별하다고 생각하나?
3. 오늘 하루 나 자신에게 상을 준다면, 어떤 상을 주고 싶은가?
4. 지금까지 살아오면서 가장 자랑스러웠던 순간은 언제였나?
5. 슬프거나 실수했을 때, 스스로에게 어떤 말을 해 주면 힘이 날 것 같나?

2. 마인드맵으로 나를 인식하기

준비물 : A4 도화지

　『나에게 주는 상』을 읽은 후, 학생들이 자신의 삶을 돌아보고 스스로를 긍정적으로 인식할 수 있도록 마인드맵 활동을 진행한다.

A4 도화지를 준비하고 종이 중앙에 '나에게 주는 상'이라는 문구를 크게 적는다. 이 제목은 학생 스스로 자신을 돌아보며 상을 줄 수 있는 이유를 탐색하는 중심 개념이 된다. 다음으로, 네 방향으로 가지를 나눠 학생들이 자신의 삶과 연결된 내용을 채워 나가도록 한다. 첫 번째 가지는 '내가 해도 해도 즐거운 것'이다. 이 가지에는 학생이 평소 좋아하거나 몰입할 수 있는 활동들을 자유롭게 적는다. 이는 자신의 흥미와 재능을 인식하고 삶의 즐거움을 발견하는 기회를 제공한다. 두 번째 가지는 '내가 꼭 지키려는 것'이다. 이 영역에는 자신이 중요하게 생각하는 가치, 스스로 정한 약속이나 생활 속 원칙 등을 적는다. 예를 들어 '친구에게 거짓말하지 않기', '발표할 때 큰 목소리로 말하기' 등 아이들 나름의 규칙이나 신념을 표현하게 한다. 이는 내면의 성장과 자기 조절력을 키우는 데 도움이 된다. 세 번째 가지는 '내가 지금 하는 일에 최선을 다하기 위해 실천하는 것'으로, 현재 학교생활이나 가정에서 노력하는 구체적인 실천 항목을 적게 한다. 예를 들어 '숙제 미루지 않기', '급식 골고루 잘 먹기' 등 작고 일상적인 노력이 포함될 수 있다. 이는 현재 자신의 태도와 습관을 성찰하는 기회를 제공한다. 마지막으로 네 번째 가지는 '내 꿈을 위해 노력하는 것'이다. 여기에는 자신의 장래 희망이나 작은 목표를 이루기 위해 지금 하고 있는 노력 또는 다짐을 적는다. 예를 들어 '매일 책 열 쪽 읽기', '꾸준히 운동해서 건강한 체력 기르기' 등이 해당된다. 학생 스스로 미래를 계획하고 주도적인 태도를 기를 수 있다.

활동이 끝나면 학생들이 완성한 마인드맵을 서로 나누어 보며, 자신의 삶을 돌아보고 긍정적으로 바라보는 시간을 갖는다. 이 마인드맵 활동을 통해 학생들은 자신을 인식하고 인정하며, 자존감과 자기 효능감을 키우게 된다.

3. 도전과 실천으로 자라는 나무 만들기

준비물 : 트리앤아이(Tree & I)*

두 번째 활동으로 '도전과 실천으로 자라는 나무'를 만들어 본다. 이 활동으로 학생들이 스스로 설정한 도전 목표를 실천하고 그 과정을 시각화함으로써 자기 효능감과 성취감을 키울 수 있다.

먼저, 학생들은 자신의 성장과 행복을 위해 도전하고 싶은 것들을 생각해 보는 시간을 가진다. 이때 도전은 크고 거창한 것이 아니라 일상 속에서 실천 가능한 작은 목표들도 포함되며, '책 열 쪽 읽기', '친구에게 먼저 인사하기', '일찍 일어나기' 등 자신이 실천하고 싶은 행동을 중심으로 작성하도록 안내한다. 이후 학생들에게 도전 나무 밑그림이 그려진 활동지를 제공한다. 학생들은 자신의 도전 과제를 열매나 나뭇잎 모양 안에 한 가지씩 써 넣고 색칠하거나 꾸미며 자신만의 '도전 나무'를 완성해 간다. 이때 나무는 학생 개개인의 삶과 성장을 상징하며, 자신이

* 학토재(https://www.happyedumall.com/)

심고 키운다는 의미를 담는다.

　도전 나무가 완성되면 실천 활동을 시작한다. 학생은 매일 또는 매주 자신이 설정한 도전 중 하나를 실천할 때마다 해당 열매 위에 스티커를 붙이거나 색칠하며 자신이 이룬 과정을 기록한다. 이를 통해 학생들은 도전과 실천의 과정을 눈으로 확인하고, 한 걸음씩 앞으로 나아가는 자기 자신을 구체적으로 인식하게 된다.

　이 활동은 단순히 목표를 세우는 데 그치지 않고, 도전과 실천의 과정을 반복하며 나무가 점점 열매로 채워지는 시각적 경험을 제공한다. 이를 통해 학생들은 '나는 할 수 있다.'는 믿음과 자신감을 쌓고, 성취 경험을 누적하며 긍정적인 자아 개념을 형성하게 된다. 수업 마무리에는 서로의 도전 나무를 공유하고 응원하는 시간을 통해 공동체 안에서 서로의 노력을 존중하고 격려하는 문화도 함께 만들어 갈 수 있다.

4. 나에게 주는 상장 만들기

준비물 : 빈 상장 용지

　나에게 주는 상장 만들기는 학생들이 자신을 돌아보고 긍정적으로 인정하며, 스스로에게 상을 주는 경험을 해 보는 자기 성찰 중심 활동이다.

교사는 "최근에 나를 스스로 칭찬하고 싶은 일이 있었나요?", "아무도 몰라도 내가 해냈다고 생각한 일이 있었나요?" 같은 질문을 해 학생들이 자신을 돌아볼 수 있도록 유도한 뒤, 빈 상장 용지를 나눠 주고 상장 작성 활동을 단계별로 안내한다. 먼저 학생들은 스스로를 칭찬하고 싶은 부분을 떠올려 보는 시간을 갖는다. 특별하고 거창한 성취가 아니어도 되며, 일상 속에서 자신이 의미 있다고 느낀 작은 행동이나 노력이면 충분하다. 그다음으로는 자신이 떠올린 행동이나 노력에 어울리는 상장의 제목을 정하고 적는다. 이때는 학생 스스로의 감정과 경험이 드러나는 창의적이고 따뜻한 제목으로 만들도록 안내한다. 제목을 스스로 짓는 활동은 자신의 경험에 명확한 이름을 붙이는 과정으로, 학생이 자기 행동에 대해 주체적으로 의미를 부여하는 데 중요한 역할을 한다. 마지막으로 상장의 내용을 작성한다. 학생은 자신이 해낸 일에 대해 진심을 담아 응원하는 문장을 직접 쓴다. 자신의 노력을 인정하고 칭찬하는 내용을 구체적으로 쓰도록 한다.

상장을 완성하면 발표하고 나누는 시간을 갖는다. 발표 시간에는 친구의 스스로에게 주는 상을 듣고 따뜻한 박수와 응원의 말을 나눈다. "정말 멋지다.", "나도 그런 점이 본받고 싶어." 같은 긍정적인 피드백을 주고받으면 교실 전체가 서로를 인정하고 존중하는 분위기가 된다. 이때 교사도 학생들의 노력을 구체적으로 언급하며 격려해 준다.

학생들이 작성한 상장은 자신에게 보내는 칭찬과 응원의 메시지이며, 스스로의 성장을 인정하는 귀중한 기록이 된다. 상장을 교실 한쪽에 전시했다가 집으로 가져가 가족과 함께 나누면 의미가 더 확장된다.

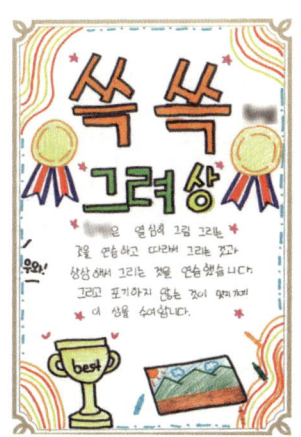 

글을 마무리하며

이 활동에서 교사는 무엇보다 학생 개개인의 이야기를 존중하고, 있는 그대로 인정하는 따뜻한 분위기를 만들어 주는 것이 중요하다. 또한 학생의 진심과 자기표현 과정을 가치 있게 바라봐 주는 자세가 필요하다. 학생들은 친구들과 서로의 결과물을 공유하고 칭찬하는 시간을 통해 교실 전체가 긍정의 에너지를 나누는 공동체적 경험을 하게 된다.

추가로 활용할 수 있는 활동으로 '자기 응원 노트 만들기', '자기 칭찬 일기 쓰기', '내가 만든 긍정 카드 나누기', '한 주의 도전 목표 나누기' 등이 있다. 활동은 학기 초·중·말에 걸쳐 주기적으로 하면 학생들이 스스로의 성장을 직접 관찰하고 확인할 수 있다.

이러한 수업은 단순히 감정을 표현하고 목표를 세우는 활동을 넘어, 아이들이 자신을 믿고 사랑하는 힘과 작은 도전을 계속 실천해 나가는 삶의 태도를 길러 주는 따뜻하고 의미 있는 교육적 경험이 될 것이다.

자기 영역 - 자기 인식 핵심 역량
4. 스트레스 인식

'스트레스 인식'은 한국형 사회정서교육 '자기' 영역 '자기 인식' 핵심 역량의 하위 기술 중 하나이다. 자기 인식의 구성 요인은 자신의 생각, 감정, 행동을 이해하기, 스트레스 인식, 강점과 약점의 인식, 자기 효능감이다. 스트레스 인식은 스트레스의 긍정적·부정적 영향을 이해하기, 스트레스의 외적·내적 요인, 개인의 스트레스 반응을 확인하고 수준을 평가하기 등을 포함한다.[*]

스트레스 인식은 자기 자신을 더 잘 이해하고 상황에 맞게 대처하는 데 매우 중요한 능력이다. 스트레스가 무엇인지 이해하고, 자신이 스트레스를 느끼는 상황을 이야기할 수 있으며, 스트레스를 해소할 수 있는 방법을 떠올릴 수 있게 하는 것은 중요한 사회정서교육이다.

---

[*] 「한국형 사회정서 성장 지원 모델 마련 연구」 53쪽 인용, 서완석 외, 한국교육환경보호원(2024)

> **그림책 『나, 스트레스 받았어!』**
> 미셸린느 먼디 글, R.W. 앨리 그림, 노은정 옮김, 비룡소, 2020
>
> 스트레스란 무엇일까? 아이들에게도 스트레스는 답답하고 터질 듯한 느낌이다. 이 그림책은 스트레스를 받으면 기분이 어떤지, 무엇 때문에 스트레스를 받는지, 스트레스를 다루는 방법과 스트레스를 표현하는 방법에는 어떤 것이 있는지 알려 준다.

『나, 스트레스 받았어!』는 스트레스가 무엇인지, 스트레스를 받으면 어떤 기분인지, 무엇 때문에 스트레스를 받는지 이야기하는 그림책이다. 스트레스를 받고 싶지 않지만 스트레스를 받았을 때 몸과 감정에 어떤 변화가 일어나는지 알려 주고, 스트레스를 인식할 때 어떻게 하면 긍정적인 방향으로 해결할 수 있는지 알게 해 스트레스를 인식하는 데 도움을 준다.

수업 후에는 생활 속에서 스트레스 받는 상황을 인식하고 스트레스를 긍정적인 방향으로 해결할 수 있게 된다. 스트레스 원인을 알고 다른 사람을 불편하게 하지 않는 방법도 알게 된다.

수업 사례

1. 그림책 읽고 이야기 나누기

그림책을 함께 읽으며 스트레스가 무엇인지 예를 들어 설명해 주고, 스트레스를 받았을 때 몸과 감정에 어떤 변화가 있는지 생각해 보게 한다.

학생들은 자신의 스트레스 상황은 무엇이고 그 원인이 무엇인지 이야기 나누고, 어려움을 지혜롭게 해결하는 방법에 관해 생각해 본다. 스트레스 해결보다는 스트레스를 받을 때 내 몸과 감정의 변화를 인식하고, 스트레스가 쌓이지만 꼭 해야 하는 일은 무엇인지, 어떻게 긍정적인 상황으로 바꿀 수 있을지 이야기 나눈다.

깊이 있는 활동을 위한 질문
1. 스트레스란 무엇인가?
2. 스트레스를 받으면 어떤 기분이 드나?
3. 스트레스를 받으면 몸과 행동에 어떤 변화가 일어나나?
4. 학교나 가정에서 스트레스 받는 상황은 어떤 상황인가?
5. 긍정적인 상황이 되게 하려면 스트레스 상황에서 어떤 것을 할 수 있나?

2. 내가 스트레스 받는 상황 이야기 나누기

준비물 : 육각 보드

학생들이 학교나 가정에서 스트레스를 받는 상황을 육각 보드에 적어 보게 한다. 다 적은 사람은 칠판에 육각 보드를 붙인다. 교사는 육각 보드들을 유목화하여 분류하며 어떤 상황에서 스트레스를 받는지 이야기 나눈다. 스트레스를 받았을 때 나의 감정과 몸의 변화는 어떤지 이야기 나누며 스트레스 상황을 인식하도록 한다.

육각 보드에 나의 스트레스 상황을 적어서 유목화하기	
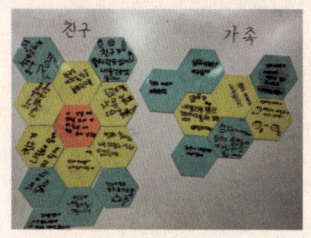	▶ 친구에게 스트레스 받는 상황: 친구가 허락 없이 내 물건을 썼을 때, 친구가 나를 놀릴 때, 친구가 나를 오해할 때 ▶ 가족에게 스트레스 받는 상황: 엄마와 아빠가 싸울 때, 동생이 시비 걸 때, 엄마가 내 물건을 빌리지 않고 허락 없이 쓸 때, 학원에 가고 싶지 않은데 부모님이 여기저기 보낼 때

<스트레스 받았을 때 나의 감정과 몸의 변화 질문 예시>

[스트레스 상황] 친구가 내게 못생겼다고 자주 놀릴 때

교사: 스트레스 받았을 때 나의 감정은 어떤가요?

학생 1: 화가 나고 슬퍼요.

교사: 이때 나의 몸의 상태는?

학생 2: 머리가 멍해져요. 부르르 떨리기도 해요. 얼굴이 빨개지기도 해요.

교사: 스트레스를 받을 때 어떤 행동을 하게 되나요?

학생 3: 소리를 지르기도 하고 발을 굴러요.

3. 스트레스 인식 질문 만들기

준비물: 질문 카드(파란색 3장, 연두색 1장)

질문 만들기를 통해 학생들이 스트레스를 인식할 수 있도록 돕는 활동이다.

먼저, 교사는 질문 카드 4장(파란색 3장, 연두색 1장)을 학생들에게 나눠 준

다. 학생들은 학교나 가정에서 스트레스는 받는 상황을 떠올리고 파란색 카드에 질문을 만들어 적는다. 질문 만들기를 할 때는 육각 보드에 적었던 스트레스 상황을 생각하여 구체적으로 질문하도록 안내한다. 스트레스 받는 상황, 스트레스 받았을 때 나의 표정, 스트레스 받았을 때 나의 행동, 스트레스 받았을 때 나의 감정 등이 드러나는 질문을 만들도록 한다.

연두색 카드에는 미션 활동을 하나 적게 하여, 스트레스 인식 질문에 답하면서 미션 활동을 통해 스트레스를 풀 수 있도록 한다. 미션 활동은 모둠 안에서 해결할 수 있는 간단한 미션을 예시로 들어, 스트레스 인식 질문에 대답하는 데 집중하게 하고 미션에 집중하지 않도록 주의한다. 스트레스 인식 질문에 답하는 중간에 하는 미션 수행 활동의 예로는 '오른쪽 사람과 하이파이브 하면서 '짱이다.' 고 외치기', '친구들에게 사랑한다고 말하기', '모둠 친구 중 원하는 사람과 가위바위보해서 이기면 말을 한 칸 옮기기', '자신의 장점 한 가지 말하기', '일어나서 모둠 한 바퀴 돌면서 '나는 할 수 있다.' 고 외치기' 등이 있다. 학생 1인당 스트레스 인식 질문 세 개, 미션 한 개, 총 네 개의 질문 카드를 완성하게 된다.

<스트레스 인식 질문 만들기 활동 예시>
질문 1: 학교에서 어떤 것에 스트레스를 받나요?
질문 2: 가정에서 어떤 것에 가장 스트레스를 받나요?
질문 3: 스트레스를 받을 때 나는 어떤 감정이 드나요?
질문 4: 스트레스를 받을 때 나의 몸에는 어떤 변화가 있나요?
질문 5: 스트레스를 받을 때 나는 어떤 행동을 하나요?

■ 질문 카드 예시   ■ 미션 카드 예시

4. 스트레스 인식 질문 보드게임하기

준비물: 질문 카드, 주사위 1개, 질문 보드판

    모둠 책상 가운데 질문 보드판을 펼치고, 앞서 스트레스 인식 질문 만들기에서 작성한 질문 카드를 보드판 모양대로 빙 둘러 배치한다. 미션 카드는 모서리에 놓는다. 질문 카드는 모둠원의 질문이 고루 섞이게 놓도록 안내한다.

    말판 위에 올려놓는 말은 학생의 소지품으로 해도 되고 각자의 지우개 또는 바둑알에 색 스티커를 붙여서 사용해도 된다. 말이 출발하는 시작점을 함께 정하고 말을 올려놓은 뒤, 모둠원끼리 순서를 정하고 주사위를 던져 질문 보드게임을 시작한다. 주사위를 던져 1과 4가 나오면 한 칸 이동, 2와 5가 나오면 두 칸 이동, 3과 6이 나오면 세 칸을 이동하되, 도착점에 일찍 도착하지 않게 질문에 더 많이 대답하도록 유도한다.

    학생들은 자신의 차례에 주사위를 던져 나온 숫자만큼 말을 옮기고, 말이 놓인 질문 카드의 질문을 읽고 5초 안에 답을 한다. 질문에 잘 대답하면 말이 머무를 수 있다. 모둠의 다른 학생들은 스트레스 인식 질문에 잘 대답하는지 경청한다. 미션 활동에 너무 집중하지 않도록 모둠 안에서 수행 가능한 미션 활동으로 제한하여 스트레스 인식 질문에 대답하는 집중도를 높이도록 한다.

■ 질문보드 게임판 예시

> 글을 마무리하며

스트레스를 조절하기 위해서는 스트레스를 인식하는 것이 중요하다. 학생들은 스트레스를 받았지만 답답한 마음의 원인이 무엇인지조차 모르고 지나가는 경우가 많다. 스트레스 받는 상황, 스트레스 원인, 스트레스 받을 때의 감정과 몸의 변화, 행동 변화, 느낌을 알게 하는 질문 보드 게임은 학생들이 스트레스를 인식하는 데 도움을 주었다고 생각된다.

스트레스 인식 질문 보드게임 대체 활동으로 '스트레스 인식 포스트잇 브루마블' 게임을 할 수도 있다. 질문 카드 대신 포스트잇(노란색 3장, 분홍색 1장)에 질문과 미션 활동을 적어 질문 보드게임과 동일한 방법으로 하면 된다. 교실 현장에서는 쉽게 구할 수 있는 포스트잇과 주사위를 이용한 포스트잇 브루마블 게임이 접근하기 더 편리하다.

자기 영역 - 자기 인식 핵심 역량
5. 강점과 약점 인식

'강점과 약점 인식'은 한국형 사회정서 교육 '자기' 영역 중 '자기 인식' 핵심 역량의 하위 구성 요인이다. '자기'는 모든 영역의 중심으로, 타인과의 사회적 교류의 경험에 영향을 받으며 그 속에서 고유의 자기 개념(self-concept)이나 자기상(self-image)을 형성하고 끊임없이 변화한다.

자기에 대한 지속적인 돌봄과 성찰을 통해 자신의 욕구, 가치, 강점과 약점 등을 파악하고, 이러한 자기 인식을 통해 이상과 현실 사이에 잘 조화되고 안정적인 자기상을 구축한다. 그것을 바탕으로 일상생활에서 자신의 강점은 활용하고, 약점과 한계는 발견하고 극복하려는 전략적인 접근과 훈련이 가능해진다. 이를 통해 자신의 목표를 설정하고 성장 잠재력을 최대한 발휘할 수 있다. 이러한 과정을 거치며 자신이 잘할 수 있는 일에는 확신과 자신감을 가지고 추진할 수 있고, 스스로에 대한 긍정적인 감정과 관점을 가질 수 있다.*

* 「한국형 사회정서 성장 지원 모델 마련 연구」, 서완석 외, 한국교육환경보호원(2024)

> **그림책 『빨간 점』**
> 김지영, 길벗어린이, 2024
>
> 어느 날 아이는 얼굴에 생긴 빨간 점을 발견하고, 점을 숨기고 지우려고 노력한다. 그럴수록 빨간 점은 더 커지고, 친구들과 같이 노는 중에도 아이의 마음은 온통 빨간 점에 머물러 있다. 모든 사람은 자기의 빨간 점(약점)을 가지고 있다고 알려 주고, 숨기기보다는 이를 받아들이고 긍정적인 마음을 가질 수 있도록 응원하는 그림책이다.

대부분의 사람들은 그림책 아이처럼 약점(빨간 점)을 가지고 있다. 약점을 발견하거나 인식하게 되면, 그것에 마음과 신경이 집중되고 '나에게만 약점이 있는 것 같은' 생각이 들어 힘든 경험을 하게 된다. 마음과 몸이 성장하는 학생 시기에는 외모, 학업 등 자신의 약점이나 타인의 평가에 예민하게 반응하여 심리적인 어려움을 종종 겪는다. 그로 인해 자기에 대한 부정적인 자기상(self-image)이 형성될 수도 있다.

수업을 통해 자신의 약점을 직면하고, 생각의 전환을 통해 약점을 강점으로 바꾸어 본다. 강점을 찾는 동안 스스로 격려하고 응원하며 긍정적이고 안정적인 자기상을 형성할 수 있도록 도움을 줄 수 있다. 그리고 서로의 약점과 강점을 알아보는 과정을 통해 친구들을 이해해 본다. 아이들이 약점으로 인해 자신감이 떨어지거나 마음이 힘들 때, 『빨간 점』을 읽고 다양한 활동을 하며 자신을 아끼고 존중하고 사랑하길 기대해 본다.

 수업 사례

1. 그림책 읽고 이야기 나누기

그림책 주인공 아이에게 우연히 생긴 빨간 점에서 이야기가 시작된다. 빨간 점 크기나 진하기가 주인공의 마음의 상태에 따라 어떻게 변하는지 살펴보며 읽으면 책 내용을 더 잘 이해할 수 있다. 그림책을 읽고 난 후에는 빨간 점의 의미에 관해, 주인공처럼 빨간 점으로 힘들었던 경험에 관해 함께 이야기 나누며 주인공의 마음에 공감해 보고 자신을 돌아본다.

> **깊이 있는 활동을 위한 질문**
> 1. 주인공 아이는 빨간 점을 지우기 위해 어떤 노력을 하였나?
> 2. 아이는 빨간 점을 왜 지우려고 하였나?
> 3. 주인공 아이가 놀이터에서 노는 것이 재미없었던 이유는 무엇일까?
> 4. 빨간 점이 폭발한 후 아이의 마음은 어땠을까?
> 5. 주인공 아이와 같은 경험을 해 본 적이 있나? 그때 어떤 마음이 들었나?

2. 약점과 강점을 찾아라!

준비물 : 거울 카드

1) 가짜 약점을 찾아라!
거울 카드는 자신의 약점을 강점으로 바라볼 수 있게 돕는 교구다. 카드는 학습 태도, 친구 관계, 생활 태도의 세 가지 영역에 각각 열다섯 장의 카드로 구성되어 있다. 카드 한 면(하얀 배경)에는 약점이 쓰여 있고, 반대쪽 면(색깔 배경)에는 약점이 강점으로 바뀌어 표현되어 있다. 약점 카드를 넣을 수 있는 약점 덮개를 뒤집으면 반대쪽 면에 '강점 덮개'라는 글씨와 그림이 보인다.

  자신의 진짜 약점과 가짜 약점 카드를 골라 친구에게 설명하고 가짜 약점 카드를 찾는 놀이를 한다. 3~4명으로 모둠을 만들고 활동 순서를 정한다. 거울 카드의 약점이 적힌 면을 책상 위에 펼쳐 놓고, 첫 번째 아이가 자신의 약점 카드를 3~4개 고른다. 이때, 카드에 가짜 약점을 하나 포함한다. 발표자는 카드를 한 장씩 내려놓으며 카드 내용과 자신의 경험을 연결하여 모둠 친구들에게 설명한다. 설명을 들은 후, 모둠 아이들은 친구가 고른 약점 카드 중 가짜인 것을 찾아 맞힌다. 모둠에서 정한 순서대로 돌아가며 활동한다. 다음 활동을 위해 약점 카드 뒷면을 뒤집거나 보지 않도록 안내한다.

■ 아이들이 뽑은 진짜 약점 카드 세 개와 가짜 약점 카드 한 개

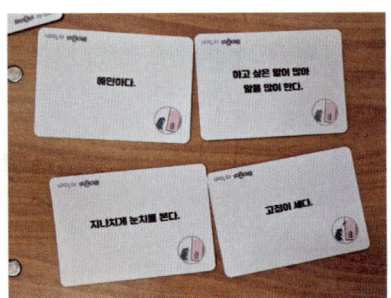

  학생들은 약점 카드를 고르면서 자기를 돌아보고 생각해 보는 시간을 가진다. 또 자신의 약점을 친구들에게 설명하는 과정에서 자신을 객관

적으로 바라볼 수 있다. 다른 친구들은 친구가 설명하는 약점을 주의 깊게 듣고 평소 친구의 행동을 떠올려 보며 서로에 대해 더 깊이 이해할 수 있다.

2) 누구의 강점일까?

약점을 강점으로 바꾸고, 카드를 고른 주인을 알아맞히는 놀이다.

3~4명으로 모둠을 만들고 활동 순서를 정한다. 거울 카드의 약점이 적힌 면을 책상 위에 펼쳐 놓고, 약점 카드를 세 장 고른다. 놀이 과정에서 약점 카드가 강점 카드로 뒤집히기 때문에, 앞서 가짜 약점을 찾는 활동에서 고른 약점 카드를 또 골라도 괜찮다.

약점 카드들을 약점 덮개에 넣은 후 약점 덮개를 뒤집으면 반대 면의 강점 덮개 글씨와 그림이 보인다. 이 과정에서 약점 덮개 속 약점 카드가 뒤집혀서 강점 카드로 바뀐다. 각자 자신의 약점 덮개를 뒤집었기 때문에 모둠원이 네 명이면 네 개의 강점 덮개가 보이게 된다. 강점 덮개 속에는 1단계에서 고른 자신의 약점 카드 세 장이 들어 있고, 뒤집은 후에는 강점 카드로 바뀐다. 카드가 나오지 않도록 조심스럽게 강점 덮개끼리 섞은 뒤, 그중 하나를 골라 덮개 속의 강점 카드 세 장을 꺼내어 읽는다. 누구의 강점 카드인지 알아맞히고, 순서대로 돌아가며 놀이한다.

아이들은 친구의 약점이 강점으로 변한 것을 보고, 생각의 전환을 통해 약점을 강점으로 바꿀 수 있다는 사실을 경험한다. 놀이를 통해 친구의 강점으로 변한 약점에 관해 설명을 들으며 친구를 좀 더 이해할 수 있다.

■ 약점 카드와 약점 카드 덮개　　　　■ 약점 카드를 뒤집으면 나오는 강점 카드와 덮개

활동 후 느낀 점을 나눌 때는 자기만 약점 때문에 고민하는 것이 아니라, 친구들도 각자 약점을 가지고 있고 그로 인해 고민한다는 것을 알게 되는 아이들이 많다. 약점을 발견하거나 알게 되었을 때, 어떤 태도로 이를 받아들이고 자신을 격려하여 자존감을 높일 수 있을지 방법을 생각해 보고 의견을 나눈다. 약점을 강점으로 바꾸어 생각하는 방법을 떠올려 보도록 안내해도 좋다. 학생들이 낸 의견으로 '약점에 신경을 쓰지 않도록 노력하기(신경 쓰지 않기 기술)', '약점 외에 생각을 집중할 수 있는 다른 활동해 보기' 등이 있었다.

3. 빨간 점(약점)이 사라지는 마술 컵!

준비물 : 시온 스티커(고온, 빨간색), 두꺼운 종이컵, 유성펜

그림책 아이처럼 종이컵에 나를 그리고, 빨간 점(약점)을 붙이고, 격려와 응원의 말로 빨간 점이 사라지는 마술 컵을 만드는 활동이다. 시온 스티커는 40도 이상의 온도에 닿으면 빨간색이 사라지고 하얀색으로 변하는 도구다. 이 활동은 약점으로 인해 마음이 힘들 때, 격려와 응원의 말

을 통해 부정적인 감정을 극복하는 데 도움이 되길 기대할 수 있다.

교사는 1인당 종이컵을 하나씩 나누어 준다. 따뜻한 물을 부어야 하므로 일반 종이컵보다는 두껍고 큰 종이컵이 좋다. 아이들은 종이컵에 얼굴이나 몸 전체 등 자신의 특징이 나타날 수 있도록 그림을 그린다. 그림 옆에는 격려와 응원의 말을 유성펜으로 진하게 적는다.

자신의 약점을 떠올려 보고, 약점 개수만큼 빨간 시온 스티커(빨간 점)를 동그랗게 잘라 격려와 응원의 말이 가려지는 위치에 붙인다. 학급 전체가 자신이 생각한 약점이 무엇인지, 어떤 격려와 응원의 말을 썼는지 이야기 나눈다. 그런 다음 교사가 30~40도의 따뜻한 물을 컵에 부으면 종이컵의 빨간 점이 사라지고 그 아래 응원과 격려의 말이 나타난다. 따뜻한 물은 교사가 직접 부어야 안전하다. 빨간 점이 사라지는 마술 컵을 관찰한 후 느낌을 나눈다.

■ 빨간 점이 사라지는 마술 컵

■ 물을 붓기 전의 마술 컵

■ 물을 붓고 사라진 빨간 점

응원과 격려의 말로 빨간 점이 사라졌지만 시간이 지나 물 온도가 낮아지면서 빨간 점이 다시 나타나는 것처럼, 우리가 생활하면서 빨간 점들이 생기고 사라지고 다시 나타날 수 있음을 이야기한다. 마술 컵은 가정으로 가져가 빨간 점으로 힘들 때마다 따뜻한 물로 응원의 말을 되새기며 스스로 격려할 수 있도록 한다.

4. 장점 꿀벌집 만들기

준비물 : 색이 다른 벌집 모양 포스트잇

　자신의 약점을 확인하고, 약점을 강점으로 바꾸어 생각해 보고, 빨간 점이 사라지는 마술 컵 만들기 활동을 해 보았다. 마지막으로, 자신이 잘하는 것, 즉 강점을 찾아보는 활동이다.

　개인별로 다른 색의 벌집 모양 포스트잇을 일곱 장씩 나누어 준다. 학생들은 포스트잇 하나를 골라 자신의 이름을 적고 활동지 가운데 붙인다. 책상 위에 거울 카드를 강점 면이 보이도록 펼치고, 나머지 여섯 개 포스트잇에 자신의 장점 여섯 개를 찾아 적는다. 장점을 잘 찾지 못하는 아이가 있다면 모둠 친구들이 거울 카드에서 장점을 찾아 주거나 자신들이 생각한 아이의 장점을 적어 준다.

　장점 꿀벌집 만들기 활동이 끝나면 모둠이나 학급 전체로 자신의 장점 꿀벌집을 소개하고, 다른 친구들은 "멋지다.", "힘내." 등 응원하는 말

■ 학생이 작성한 장점 꿀벌집　　■ 학급에 게시한 장점 꿀벌집

로 친구를 격려한다. 그런 다음, 학급에 장점 꿀벌집을 게시하여 아이들이 볼 수 있도록 한다. 이후에도 자신의 장점을 발견하면 포스트잇에 적어 꿀벌집에 추가할 수 있어 아이들이 자신을 끊임없이 돌아보고 장점을 찾으려 노력할 수 있다.

글을 마무리하며

약점 찾기 활동에서 나만 약점이 많다고 생각했던 아이들이 다른 친구들도 약점을 여러 개 고르는 모습을 보면서, 모두가 약점을 가지고 있음에 안도하는 모습을 발견할 수 있었다. 친구의 약점들은 예상된 것도 있었지만 예상치 못한 것도 많아서 서로에 대해 새로운 모습을 발견하는 시간이기도 했다. 그러한 과정에서 서로 다름을 이해하고 배려할 수 있는 기회가 되었기를 바란다.

한편, 거울 카드 활동에서 약점은 잘 찾았는데 장점 꿀벌집 만들기 활동에서 장점 여섯 개를 찾을 때는 어려움을 느끼는 아이들이 상당수 있어서 놀랐다. 약점은 금방 찾았는데 장점을 잘 찾지 못하는 모습에서 아이들이 평소 자신을 부정적인 관점으로 바라보는 게 아닐까 생각되었다. 장점 찾기 활동을 통해 스스로 긍정적인 면을 더 바라볼 수 있기를 기대한다.

또 카드를 뒤집어 약점을 강점으로 바꾸는 것처럼, 같은 현상을 바라보는 태도나 관점에 변화를 주면 약점을 강점으로 생각할 수 있다는 점이 신기하고 놀랍다는 아이들 의견들이 많아, 이 수업이 아이들에게 작은 깨달음을 준 것 같아 흐뭇하고 뿌듯했다.

— 3부 —

자기 조절

자기 영역 - 자기 조절 핵심 역량
1. 자기 조절력 향상

강렬한 감정에 대한 '자기 조절력 향상'은 한국형 사회정서교육에서 '자기' 영역 '자기 조절' 핵심 역량의 하위 요소 중 하나이다. 이는 분노와 같은 감정을 조절해야 하는 이유를 이해하고, 자신만의 조절 전략을 수립하여 실천할 수 있는 능력을 의미한다.

청소년기는 스트레스, 분노, 우울 등 강렬한 감정을 자주 경험하는 시기이며, 이를 효과적으로 다루기 어려워 행동이나 심리에 문제를 일으키기도 한다. 특히 분노를 조절하지 못해 가족, 친구, 교사와 갈등을 겪는 경우도 많다. 따라서 청소년들은 이러한 감정의 원인을 이해하고, 예방 및 해결 방안을 탐색하며 적응력을 길러야 한다. 이 과정을 통해 감정을 건강하게 인식하고 표현하는 법을 익히며, 지지와 공감, 다양성 존중을 바탕으로 행복하고 건강한 관계를 맺을 수 있게 된다.*

더 나아가 이러한 자기 조절 능력은 우리 아이들이 사회 속에서 긍정

---

* 『한국형 사회정서교육 프로그램(중학생용) 교사용 지도서』 12쪽 참고, 교육부·한국교육환경보호원(2024)

적인 정체성을 형성하고 성숙한 시민으로 성장하는 데에도 중요한 밑거름이 된다.

> **그림책 『소피가 화나면, 정말 정말 화나면』**
> 몰리 뱅, 박수현 옮김, 책읽는곰, 2013
> '소피'는 장난감을 두고 언니와 다투다 결국 참을 수 없을 만큼 화가 나서 집 밖으로 뛰쳐나간다. 소피는 자연 속에서 시간을 보내며 마음을 가라앉히고 차분해진다. 그렇게 감정을 추스른 소피는 자신을 반겨 주는 집으로 돌아간다.

『소피가 화나면, 정말 정말 화나면』의 주인공 소피처럼, 청소년기 아이들 중 일부는 강렬한 감정, 특히 분노를 조절하지 못해 소리를 지르거나 난폭한 행동을 하며, 때로는 무작정 집을 뛰쳐나가 방황하기도 한다. 분노를 적절히 조절하지 못하는 청소년들이 이러한 감정을 건강하게 해소하는 방법을 배우지 못한 채 성장할 경우, 정서적으로 불안정한 상태에 머물게 되어 각종 정신적 문제를 겪거나 사회 부적응으로 이어질 위험이 있다. 그림책 속 소피는 처음에는 분노를 이기지 못해 난폭한 행동을 하고 집을 뛰쳐나오지만, 자연 속을 산책하며 풍경을 바라보는 등 자기만의 시간을 가지면서 마음을 차분히 가라앉히고 다시 집으로 돌아온다.

이 그림책을 활용한 수업을 통해, 학생들은 소피처럼 분노를 느꼈던 경험과 당시의 반응, 자신만의 감정 해소 방법, 특히 분노를 해소하는 방법에 관해 이야기하고, 토론을 통해 긍정적인 감정 조절 방법을 찾아볼 것이다. 나아가 자신만의 감정 조절 설명서를 만들어 실천함으로써, 분노를 객관적으로 들여다보고 적절하게 해소하는 힘을 기르도록 할 것이다. 이를 통해 학생들이 건강한 마음을 키우고, 더불어 원만한 대인 관계를 형성할 수 있기를 기대해 본다.

수업 사례

1. 그림책 읽고 이야기 나누기

그림책에서 소피는 어떤 이유로 화를 내고, 화가 난 마음을 다양한 방법으로 표출한다. 분노와 같은 강렬한 감정을 조절하는 방법을 알아보고 연습하기 전에, 소피가 화가 난 이유와 화를 표현하는 방법, 화를 해소하는 방법에 관해 이야기 나누며 동기를 유발한다. 이후 학생들이 각자의 경험에 관해서도 깊이 있게 이야기함으로써 다양한 분노의 이유와 표출 방법, 대처 방법을 알아보고 고민해 보는 시간을 가진다.

깊이 있는 활동을 위한 질문

1. 소피가 화가 난 이유는 무엇인가? 화가 난 소피의 모습, 반응, 태도는 어땠나?
2. 내가 화가 나는 이유는 무엇이고, 화가 났을 때 나의 모습, 반응, 태도는 어떤가?
3. 소피는 어떤 방식으로 분노를 해소하였나?
4. (나만의) 분노를 표현하고 해소하는 방법에는 무엇이 있을까?
5. 위에서 나온 방법들의 장단점은 무엇일까?

2. 분노 해소법 장단점 토론 및 분노 표현 유형 분류

학생들에게 활동지를 제공하여 분노를 표현하고 해소하는 방법을 각자 작성해 보게 한다. 4명씩 모둠을 만든 후, 활동지를 바탕으로 이야기 나누며 서로의 분노를 표현하고 해소하는 방법을 공유하는 시간을 갖는다. 아래 표는 학생들이 활동지에 적은 방법들을 정리한 것이다.

분노를 표현하는 방법	분노를 해소하는 방법
- 정색하고(무표정해지고), 말을 안 하고, 피한다. - 무표정해지고 째려본다. - 투명 인간 취급을 하고 무시한다. - 소리 지르며 운다. - 따지지 못하고 혼자 끙끙 앓는다. - 문을 쾅 닫고, 그 사람을 무시하고, 근처에도 가지 않는다. - 바닥에 물건을 던진다. - 머리채를 잡고 어깨를 친다. - 똑같이 되갚아 준다. - 차분하게 대화를 한다.	- 원인 제공자를 때린다. - 좋아하는 아이돌 영상을 본다. - 맛있는(매운) 음식을 먹는다. - 유튜브를 본다. - 시간이 지나면 해소된다. - 조용히 있는다. - 노래를 듣는다. - 잠을 잔다. - 운동을 한다. - 명상을 한다. - 친구와 대화를(전화를) 한다.

다음으로는 모둠별로 분노 해소 방법으로 제시된 것 중 하나를 골라 장단점을 토론하고, 가장 바람직하다고 생각하는 해소법을 찾아보도록 한다.

■ '대화하기'의 장단점

■ '노래 듣기'의 장단점

이어서 학생들이 공유한 분노를 표현하고 해소하는 방법들을 『중학생 감정 조절 프로그램 지도서』에서 제시한 유형에 따라 분류해 보고, 가장 바람직한 분노 표현 방법이 무엇일지 의견을 나누어 본다. 이 지도서는 분노 표현 유형을 자신의 분노를 직접적이고 강압적으로 표현하는 '분노 폭발형', 자신의 분노를 표현하지 않고 억누르며 참고 넘기는 '분노 억제형', 분노를 잘 가라앉히고 건강하게 표현하고 해결하는 '분노 조절형' 세 가지로 나누어 제시한다.*

이 유형에 관한 설명을 바탕으로 왼쪽 표에 나온 학생들이 분노를 표현하는 방법을 살펴보면, 분노 억제형(예: 따지지 못하고 혼자 끙끙 앓는다.)이 가장 많고, 분노 폭발형(예: 바닥에 물건을 던진다. 머리채를 잡고 어깨를 친다.)도 종종 눈에 띈다. 하지만 학생들뿐 아니라 우리가 가져야 할 가장 바람직한 분노 표현 방법은 자신의 화난 감정을 인식하고 건강하게 표현하여 해결하도록 하는 분노 조절형(예: 차분하게 대화를 한다.)일 것이다.

분노의 원인을 제공한 사람을 때리거나 물건을 던지는 등 분노를 공격적으로 표현하는 일은 절대 있어서는 안 되지만, 말을 안 하거나 화가 나게 한 상대를 무시하거나 피한다고 해서 해결되는 것도 아니다. 오히려 참고 참았던 분노가 나중에 분출하여 더 큰 문제로 발전할 수도 있다. 이 단계에서는 학생들이 자신이 분노를 표현하거나 해소하는 방법이 어떤 유형인지 확인하고, 분노 조절형으로 바꾸어 가도록 안내하고 지도하는 것이 필수다.

* 『중학생 감정 조절 프로그램 지도서 '마음 나누기 행복 채우기'』 43쪽 참고, 대구광역시교육청 (2019)

3. 감정 조절 전략 실습 및 나만의 감정 조절 매뉴얼 작성

　분노를 비롯한 강렬한 감정을 조절하는 바람직한 유형을 살펴본 뒤에는, 감정 조절 전략을 제안하고 학생들이 그 전략을 실습해 보는 시간을 갖는다.

　전략을 단계적으로 살펴보면, 첫 번째 4초 동안 숨을 깊이 들이마시고, 3초 동안 숨을 멈추고, 5초 동안 깊게 내쉬는 '심호흡 훈련'을 한다.* 심호흡을 해서 감정이 진정되면 두 번째로 화난 이유를 적고 감정을 분석하는 '감정 기록' 시간을 가진다. 세 번째로는 스트레칭이나 음악 감상, 산책하기(소피처럼 자연 속에서)와 같은 자신만의 '감정 해소' 시간을 가진다. 그렇게 해서 감정이 정리되고 마음이 안정되면 마지막으로 "나는 ~ 때문에 화가 났어."라고 '나 전달법'을 활용해 상대방을 비난하는 것이 아니라 자신의 감정에 집중해서 상대편에게 말하는 연습을 해 본다.

　감정 조절 전략 실습으로 감정을 조절하는 방법을 익혔다면, 이제 각자 자신에 맞게 '나만의 감정 조절 매뉴얼'을 만들어 본다. 매뉴얼은 총 3단계로, 내가 자주 느끼는 감정과 감정 조절이 어려운 상황 적어 보기, 나만의 단계별 전략 수립하기, 감정 조절을 위한 나의 약속으로 나누어 작성한다. 오른쪽의 예시를 제시하고 매뉴얼을 활동지에 정리하여 발표하고 실천하도록 지도한다.

---

* 「재난심리회복지원 통합 리플릿」행정안전부·대한적십자사 & 유튜브 동영상 '마음 회복은 '재난심리회복지원센터'를 찾아 주세요'(https://www.youtube.com/watch?v=8QbUoVQZtMo) 참고

<나만의 감정 조절 매뉴얼 예시>*

Step 1. 내가 자주 느끼는 감정과 감정 조절이 어려운 상황 적어 보기

      - 화남: 친구가 나에게 무례하게 굴 때

      - 불안함: 시험이 다가올 때

      - 짜증: 언니랑 싸웠는데 부모님이 나만 야단치실 때

Step 2. 나만의 단계별 전략 수립하기

  (1) 감정이 폭발할 것 같을 때

      - 그 자리에서 바로 반응하지 않고 심호흡을 세 번 한다.

      - 손을 가슴에 얹고 '지금 내가 느끼는 감정은 ○○이구나.'라고 속으로 말한다.

  (2) 감정을 분석하고 정리하기

      - 감정을 적어 본다.

      - '지금 내 감정을 해결하는 가장 좋은 방법은 뭘까?' 고민해 본다.

  (3) 건강하게 감정을 표현하기

      - 상대방에게 내 감정을 말할 때는 '나 전달법'을 사용한다.

        "너는 왜 이렇게 무책임하니?" (X)

        "나는 네가 약속을 안 지킬 때 속상해." (O)

      - 스트레스 해소를 위해 자신이 좋아하는 방법을 사용한다.

---

* 『한국형 사회정서교육 프로그램(중학생용) 교사용 지도서』 49쪽 참고, 교육부·한국교육환경보호원(2024).

산책하기, 음악 듣기, 유튜브 보기, 명상하기, 운동하기, 맛
있는 것 먹기 등

Step 3. 감정 조절을 위한 나의 약속

- 내 감정을 부정하지 않고 인정하기(화났을 때 "화내면 안 돼!"
대신 "나는 화가 났구나."라고 인정하기)
- 감정이 격할 땐 즉시 반응하지 않기(심호흡하고 잠시 자리 비우기)
- 감정을 해소할 수 있는 나만의 방법 실천하기(운동, 음악, 글쓰기 등)

■ 학생들이 만든 감정 조절 매뉴얼 예시

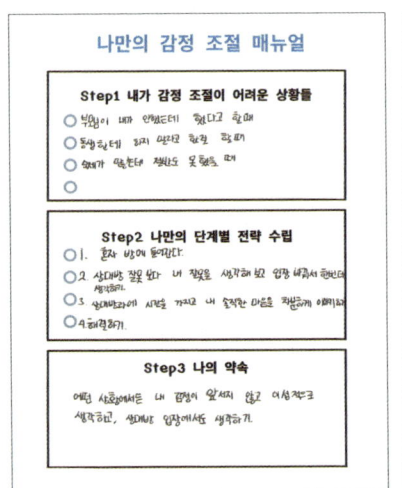
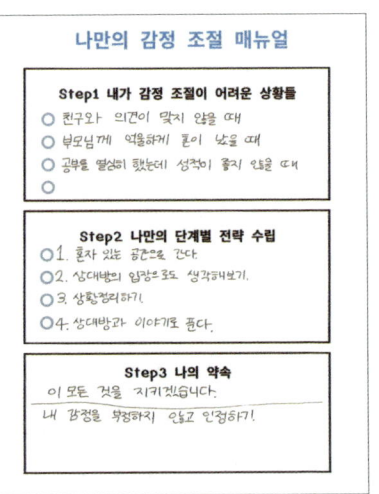

감정 조절 전략을 실습하고 매뉴얼을 작성하는 것도 중요하지만, 실천해야만 효과가 있다. 실제로 자신이 화가 나는 상황에서 매뉴얼에 따라 감정을 조절하도록 노력하고 반복적인 실천을 통해 익숙해지도록 한다.

그래서 감정을 잘 조절하게 되면 건강한 마음과 건강한 대인 관계를 형성하는 데 큰 도움을 얻을 수 있을 것이다.

글을 마무리하며

중학생이 되면서 청소년기 특성상 감정, 특히 분노를 조절하는 데 어려움을 겪는 학생들을 자주 본다. 사춘기 호르몬의 영향도 있지만, 이번 수업을 통해 새롭게 알게 된 사실은 학생들이 친구뿐 아니라 가족과의 관계에서도 감정 조절에 어려움을 겪고 있다는 점이다. 부모나 형제자매처럼 가장 가까운 가족과 자주 갈등을 빚고, 이를 제대로 해결하지 못한 채 분노가 쌓이면서 대화가 단절되는 상황으로 이어지는 일도 있었다.

또한, 게임이 친구 관계에 큰 영향을 미친다는 점도 확인할 수 있었다. 함께 재미있게 시간을 보내기 위해 시작한 게임이지만, 그 속의 폭력성과 경쟁심 때문에 감정이 격해지고 서로에게 상처가 되는 말을 주고받으며 결국 학교생활의 갈등으로 이어지기도 했다.

이번 수업을 통해 학생들은 분노는 억누르거나 회피하는 것이 능사가 아니며, 자신의 감정을 건강하게 표현하고 해소하는 것이 중요하다고 배우게 되었다. 감정을 잘 조절할 수 있어야 친구 관계뿐 아니라 가정과 학교에서도 행복하고 원만한 관계를 유지할 수 있을 것이다.

자기 영역 - 자기 조절 핵심 역량
2. 스트레스 조절하기

　스트레스 상황을 인지하고 조절하는 것은 한국형 사회정서교육의 '자기' 영역 '자기 조절' 핵심 역량의 하위 기술 중 하나이다. 자기 조절은 자신의 사고, 감정, 행동을 환경과 목표에 맞게 조절하는 능력으로, 심리적 안정과 건강한 사회생활 적응에 필요한 기능이다. 그중 '스트레스 조절하기'는 일상 속 다양한 장면에서 효과적으로 자기 조절을 할 수 있는 것을 목표로 하며, 복합적 감정과 스트레스 대처 기술을 그 내용으로 한다.

　스트레스 지수가 높을수록 자기 조절 능력이 저하되고, 반대로 자기 조절 능력이 높을수록 스트레스 반응이 줄어든다. 스트레스를 효과적으로 조절하는 경험은 자기 조절력 향상으로 이어진다. 스트레스를 효과적으로 극복하는 학생은 자신의 감정과 생각을 잘 인식하고 객관적으로 받아들이며, 이를 적절히 조절할 수 있다. 자기 조절 능력이 높아지면 스트레스 상황에서 감정과 행동을 유연하게 다루고, 문제를 효과적으로 해결하며, 심리적 안정과 긍정적 태도를 유지할 수 있게 된다. 스트레스 상황을 인지하고 조절하는 역량은 학업, 대인 관계, 삶의 전반적인 적응력과 만족도까지 향상하는 효과를 거둘 수 있게 해 준다.

> **그림책 『스트레스가 사라지게 하려면?』**
> 기슬렌 뒬리에 글, 베랑제르 들라포르트 그림, 정순 옮김, 나무말미, 2024
> 주인공 '샘'은 숙제 때문에 스트레스를 받아 몸의 긴장과 기분이 나쁨을 느낀다. 스트레스는 누구나 받을 수 있고 스스로 풀 수도 있음을 알려 주면서, 명상이나 차 마시기 등 스트레스 조절 방법을 제시하고 실천해 보게 하는 그림책이다.

『스트레스가 사라지게 하려면?』은 일상의 이야기를 통해 스트레스가 무엇인지, 어떻게 해결하면 좋은지를 잘 보여 준다. 학생들은 주인공의 이야기를 통해 긴장하거나 걱정이 생기면 스트레스를 받을 수 있음을 알고 각자의 경험을 돌아보게 된다. 그리고 그림책에 나오는 스트레스 조절 방법들을 한번씩 따라 해 보고, 자신의 스트레스 상황과 해소 방법에 관해 친구들과 의견을 교환하며 다양한 대처 방법을 이야기한다.

스트레스를 잘 관리하는 학생들은 자기 효능감, 시간 관리, 감정 조절, 충동 억제, 문제 해결력, 학업 능률 향상까지 자기 조절의 다양한 영역에서 긍정적인 효과를 기대할 수 있다. 이는 학업뿐 아니라 사회적 관계와 정서적 건강에도 도움을 주고, 나아가 스트레스를 극복하고 문제를 해결해 냈을 때 성취감을 통해 자존감을 높여 주기도 한다.

누구에게나 스트레스는 일어날 수 있지만, 이를 잘 조절하면 오히려 생산적이고 창의적인 일을 하도록 이끌 수 있다는 점도 알게 된다. 스트레스의 효과적인 조절 방법을 배우고 실천하는 것은 자기 조절 역량 강화에 큰 도움이 될 것이다.

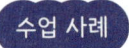 수업 사례

1. 그림책 읽고 이야기 나누기

『스트레스가 사라지게 하려면?』을 읽고 줄거리를 정리해 본다. 학생들은 그림책에 나오는 주인공과 비슷한 경험이 있었는지 생각해 보고 자신의 일상을 돌아보며 어떤 상황에서 스트레스를 받았는지 모둠별로 이야기 나눈다. 그때 신체적·감정적으로 어떤 변화가 있었는지도 돌아가며 이야기한다.

스트레스가 발생할 때 어떤 방법으로 해소했는지 친구들과 경험을 이야기하는 것은 공감과 소통의 기술을 향상시켜 준다. 또한 스트레스가 발생할 때 취할 수 있는 조절 방법을 알아보고 적용해 보는 좋은 기회가 된다. 스트레스를 인지하고 바람직한 방법으로 해소하는 능력은 자기 조절 역량 강화에도 도움을 줄 것이다.

깊이 있는 활동을 위한 질문

1. 스트레스를 조절하면 나에게 어떤 점이 좋을까?
2. 그림책에서 볼 수 있는 스트레스 해소 방법은 무엇인가?
3. 스트레스는 해롭기만 할까?
4. '급할 땐 앉아라.'의 뜻은 무엇일까?
5. 나는 어떤 일에 스트레스를 받고, 어떻게 조절하는가?

2. '보이는 라디오' 개최하기

학생들이 최근에 받았거나 현재 겪고 있는 각자의 스트레스 상황을 쪽지에 사연으로 적도록 한다. 익명으로 써도 상관없다. 사연을 적은 쪽지를 상자에 넣고, 교사는 쪽지를 꺼내 사연을 하나씩 읽어 준다. 앉아서 듣는 학생들은 교사가 읽어 주는 친구의 스트레스 사연을 듣고, 어떻게 하면 해소할 수 있는지 생각해 보고 조언해 준다. 공감되는 말을 해 주어도 되고, 과거에 자신이 해결했던 방법을 공유해도 된다.

교사는 학생들로 하여금 누가 쓴 사연인지 알아내는 데 치중하지 말고, 스트레스 내용에 집중해 공감해 주고 경험을 나누기 위해 노력하도록 지도한다. 친구의 문제에 관심을 두는 태도는 타인의 마음을 공감하고 나아가 공동체의 유대감을 형성하는 데 도움을 줄 것이다.

■ 보이는 라디오 상담실 활동 안내문   ■ 학생들이 쓴 스트레스 사연들

 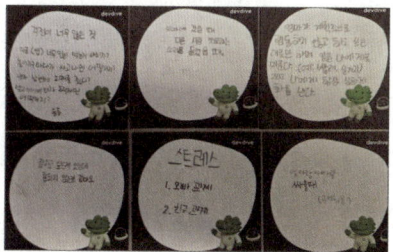

학생들이 제시한 스트레스 해소 방법

- "스트레스가 되는 대상에게(부모님 등) 직접 말로 자신의 감정을 말하세요."
- "학업 스트레스는 자신에게 발전이 된다고 생각하고 극복해 보세요."
- "자신이 좋아하는 장소에서 혼자만 잠시 있다가 오세요."
- "공원을 산책하거나 운동장을 뛰어 보세요."

학생들은 가족 관계에서 오는 스트레스에 대해서는 "직접 말로 표현해 보라."고 조언하고, 함께 놀기 싫은 친구의 제안에 거절 못 하는 스트레스에는 '선의의 거짓말하기'를 제안하기도 한다. 부모나 교사가 주는 조언보다도 때로는 비슷한 입장의 또래 친구에게서 받는 조언이 위로와 실질적 도움이 될 수 있다. 스트레스 해소 방법으로 자신들이 즐겨 듣는 노래를 소개하기도 한다. 학생들이 제안하는 음악 목록을 보며 교사는 학생의 취향과 스트레스 해소 방법을 파악할 수 있고, 이는 학생을 더 잘 이해하는 데 도움이 된다. 이 밖에 명상하기, 걷기, 스트레칭 하기 등을 제시해 주어도 좋다. 실제로 명상을 함께 해 보며 스트레스 조절 방법을 배울 수도 있다.

3. 음악 만들기로 스트레스 조절하기

크롬 뮤직 랩(Chrome Music Lab)의 '칸딘스키(Kandinsky)' 메뉴는 사용자가 화면에 점, 선, 면 등 그림을 그리면, 이를 음악으로 변환해서 들려주는 대화형 음악·미술 융합 도구이다. 미술적 표현과 음악적 경험을 동시에 제공하여, 사용자가 창의적으로 자신만의 소리와 이미지를 만들어 낼 수 있게 한다.

사용자가 직접 점, 선, 면을 그리며 자신의 감정이나 생각을 자유롭게 표현하는 창의적 활동은 심리적 해방감을 주고, 내면의 스트레스를 완화하는 데 긍정적으로 작용할 수 있다. 또 음악과 미술은 감정 조절과 스트레스 해소에 효과적인 예술 치료 도구로 널리 활용된다.

크롬 뮤직 랩에 접속하면 다양한 음악 창작 도구들이 있다. 그중 칸딘스키 메뉴를 클릭하고, 손가락이나 태블릿 펜을 이용해 그리고 싶은 그림을 그린다. 세 가지 색 중에 선택해 음색을 바꿀 수도 있으며, 재생을 누르면 그림이 음악이 되어 나온다. 그림이 곧바로 음악으로 변환되어 들리기 때문에, 사용자는 즉각적인 성취감과 몰입을 경험할 수 있다. 몰입 상태는 스트레스와 불안감을 낮추는 데 도움이 된다. 별도의 회원 가입이나 설치 없이 웹브라우저에서 바로 사용할 수 있어, 누구나 쉽게 접근 가능하다. 일상에서 창작하는 활동은 음악 감상보다 더 적극적인 스트레스 해소 효과를 기대할 수 있다.

■ '칸딘스키(Kandinsky)'를 활용하여 그림을 음악으로 만들기

4. 스트레스 해소 방법 패들렛에 공유하기

스트레스 조절하기 마지막 단계로 각자의 스트레스 해소 방법을 패들렛에 공유하는 활동을 한다.

패들렛은 문서를 업로드하여 정리하고 학급이나 동료 선생님들과 공

유하기 좋은 도구이다. 온라인에서 간단하게 게시판을 만들 수 있어 학생들이 수업 시간에 자주 활용하고, 협업이나 아이디어 공유에도 많이 쓰인다. 온라인 포스트잇처럼, 누구나 글, 사진, 링크, 동영상 등을 자유롭게 올리고 실시간 협업이 가능해서 여러 사람이 동시에 내용을 추가하거나 수정할 수도 있다. 링크만 공유하면 학생들이 바로 접속해서 참여할 수 있고, 개인 계정이 없어도 사용 가능하게 설정할 수 있는 것도 장점이다. 학생들은 패들렛에 자기 생각을 자유롭게 표현하고, 느낌이나 질문을 공유하거나 포트폴리오 형태로 작품을 모아 두기도 한다.

'스트레스가 사라지게 하려면'을 주제로 패들렛을 오픈하자, 학생들은 야구 경기 응원가를 링크로 공유하거나 달리기 그림을 인공지능 기능으로 표현하여 올린다. 어떤 학생은 맛난 음식을 먹거나 잠을 잠자는 이미지를 올리기도 한다. 좋아하는 노래를 반복해서 듣는다거나 애니메이션을 본다고도 쓴다. 학생들은 친구들의 해결 방법을 보며 댓글을 달아 준다.

■ 스트레스 해소 방법 패들렛에 공유하기

스트레스 해소 방법에 대한 정보를 나누고 공감으로 소통하는 활동은 학급의 유대감을 높이는 계기가 된다. 끝으로 활동 소감을 적고 함께 읽어 보는 것도 교사와 학생에게 좋은 피드백이 될 것이다.

글을 마무리하며

요즘 시대의 학생들은 많은 스트레스를 안고 살아간다. 가족과 친구 관계, 학업, 개인적인 성향과 성격에서 오는 스트레스는 일과 학업의 효율성을 떨어뜨리고 신체적으로 긴장을 주어 건강을 해칠 수도 있다.

자신이 스트레스를 받고 있다는 사실을 인지하는 것은 정말 중요하다. 스트레스로 인해 신체적·감정적으로 어떤 반응을 보이는지도 살펴볼 필요가 있다. 수업을 통해 학생들은 자신에게 적합한 스트레스 조절 방법을 터득하고 실천해 봄으로써, 우울과 불안 같은 정서적 문제를 해결하고 긍정적인 사고와 감정을 조절하는 능력을 키우게 될 것이다.

적절한 스트레스 관리는 집중력과 주의력을 높이고 일상생활 적응에 도움을 준다. 스트레스를 완전히 없앨 수는 없겠지만 바람직한 관리와 조절은 자신의 한계를 뛰어넘고 확장하는 발판이 되어 준다.

자기 영역 - 자기 조절 핵심 역량
3. 마음챙김 훈련

'마음챙김 훈련'은 한국형 사회정서교육 '자기' 영역 중 '자기 조절' 핵심 역량 중 하나이다. '마음챙김(mindfulness)'이란 현재의 순간에 의도적으로 주의를 기울이며, 생각과 감정, 신체 감각, 주변 환경을 판단하지 않고 있는 그대로 받아들이는 것을 의미한다. 마음챙김 훈련을 통해 학생들은 일상생활에서 자동적으로 반응하기보다는 의식적으로 상황을 관찰하고 선택적으로 반응할 수 있게 된다. 이는 스트레스 관리와 정서 조절에 중요한 역할을 하며, 자아 인식을 높이고 스스로 마음을 통제하는 방법을 익혀 지혜로운 마음 상태를 유지하도록 돕는다.

학교에서 학습과 대인 관계, 다양한 활동으로 바쁜 일상을 보내다 보면 스트레스가 쌓이고 감정 조절이 어려워진다. 많은 학생이 화가 나거나 불안할 때 어떻게 마음을 다스려야 할지 몰라 충동적으로 행동하거나 부정적 감정에 휩쓸리는 경우가 있다. 이때 호흡에 집중하기, 몸의 감각 알아차리기, 감정 관찰하기 등의 마음챙김 훈련이 자신의 마음 상태를 인식하고 조절하는 데 실질적인 해결책이 될 수 있다. 이는 학교생활에서 더욱 차분하고 집중된 상태를 유지하며 나아가 타인에 공감하고 이해심을 넓혀 갈등을 자연스럽게 해결하는 능력을 기르는 바탕이 된다.*

> **그림책 『숨 정류장』**
> 한라경 글, 심보영 그림, 위즈덤하우스, 2024
> 지치고 힘 없는 숨들이 숨 정류장에 도착하여 치유 받는 이야기이다. 각자의 숨들은 자신이 어떤 상태인지 파악하기 위해 '숨은 기억 사진관'에서 사진을 찍은 뒤, 뿌우뿌우관, 빵빵탕, 훌쩍탈탈숲, 후욱후욱 체육관 등 정류장 곳곳을 돌아다니며 몸과 마음의 쉼을 경험한다.

사람들은 일상생활에서 답답하고 지치거나 슬픈 감정이 쌓이면 무거운 한숨을 내쉬곤 한다. 『숨 정류장』은 학생들이 자신의 숨을 알아차리고, 지친 마음을 치유하거나 스트레스를 조절하는 효과적인 방법을 함께 경험하며 훈련하는 데 도움을 준다. 그림책 속 다양한 상태의 숨들이 각자에게 맞는 숨 정류장을 찾아가는 과정을 통해 학생들도 자신의 감정 상태를 인식하고, 마음챙김 훈련의 중요성을 깨달을 수 있다. 호흡 명상을 통해 마음을 차분하게 가라앉히고, 먹기 명상으로 현재 순간과 몸의 감각에 집중하는 연습을 하며, 나비 포옹으로 자신을 따뜻하게 위로하는 방법을 체험해 볼 수 있다. 이러한 활동을 통해 건강한 정서 조절을 위한 마음챙김 기법을 익힌다.

수업 이후에도 학생들이 일상생활에서 마음챙김 훈련을 실천하여 힘든 상황이나 스트레스를 받을 때 자기감정을 건강하게 조절하며, 차분

---

* 「한국형 사회정서 성장 지원 모델 마련 연구」 50~51쪽 참고, 서완석 외, 한국교육환경보호원 (2024)

하고 안정된 마음 상태를 유지할 수 있게 되길 기대해 본다.

1. 그림책 읽고 이야기 나누기

    다양한 모습으로 숨 정류장에 도착한 숨들이 '숨은 기억 사진관'에서 사진을 찍으면, 각각의 숨에 어떤 마음이 담겨 있는지 나타난다. 아이들과 숨의 모습과 감정 상태의 관계, 숨 정류장의 각 공간에서 일어나는 치유 과정을 따라가며 책을 읽으면 마치 실제로 숨 정류장을 방문하는 듯한 경험을 할 수 있다. 깊이 있는 활동을 위한 질문을 통해 답답하고 지치고 슬픈 숨들의 마음에 공감하고 자신의 경험도 떠올려 보며, 나의 마음 상태를 알아차리고 건강하게 조절하는 방법을 찾아보도록 동기 유발을 한다.

깊이 있는 활동을 위한 질문
1. 숨 정류장에 도착하면 먼저 숨은 기억 사진관에서 사진을 찍는 이유는 무엇일까?
2. 숨 정류장에 갈 수 있다면 나는 어떤 정류장에서 쉬고 싶나? 그 이유는 무엇인가?
3. 숨 정류장을 떠날 때 숨들의 모습은 처음과 어떻게 달라졌나?
4. 답답하거나 지치고 슬펐던 적이 있다면, 그때 나는 어떻게 행동했나?
5. 평소에 불안하거나 힘들 때 마음을 편안하게 만드는 나만의 방법은 무엇인가?

2. 나의 '숨'에 담긴 마음 알아차리기

준비물 : 활동지, 색연필, 사인펜

이 활동은 학생 자신의 현재 마음 상태를 글과 그림으로 표현하는 과정이다.

실제로 아이들이 학업과 바쁜 일상에 쫓기다 보면 자신의 내면을 들여다볼 여유 없이 지내다가, 알 수 없는 짜증이나 불안감에 휩싸이며 마음의 균형을 잃는 경우가 종종 있다. 따라서 지금 이 순간 자신의 마음속에 어떤 감정들이 자리하고 있는지 차근차근 살펴보게 한다.

먼저 기쁨, 걱정, 불안, 슬픔, 두려움 등 여러 감정 중 자신에게 가장 큰 영향을 미치고 있는 감정이 무엇인지 스스로에게 질문하게 한다. 선택한 감정에 대해 어떤 상황에서, 어떤 이유로 그런 마음을 느꼈는지 구체적인 경험을 떠올리게 한 뒤, 활동지의 액자 칸에 그 감정과 상황을 그림으로 표현하도록 지도한다. 이때는 색깔, 모양, 상징적 이미지, 인물의 표

■ 학생들이 표현한 나의 '숨'에 담긴 마음

정, 말풍선 등을 자유롭게 활용할 수 있다. 그리고 액자 아래에는 그림 안에 담긴 나의 '숨'에 대한 솔직한 마음이나 상황을 간단한 문장으로 설명하게 한다.

3. 마음을 다스리는 '호흡 명상' 체험하기

준비물: 활동지, '별반짝 호흡' 영상*, 명상 음악

　그림책 속 숨 정류장 중 '뿌우뿌우관'의 치유 과정을 실제로 경험해 보는 활동이다.

　활동을 시작하기 전에 먼저 명상할 수 있는 차분하고 진지한 분위기를 만드는 것이 중요하다. 이를 위해 요즘 아이들의 관심도가 높은 세계적인 스타들이 일상에서 어떻게 명상을 실천하고 있는지에 관한 유튜브 영상들을 몇 가지 보여 주면 관심과 집중도를 높일 수 있다. 분위기가 조성된 후 교사는 아이들에게 복식 호흡 방법을 설명하고, 함께 편안한 자세를 취한다. 두 손을 배에 올리고 천천히 깊게 숨을 들이마시며 배가 부풀어 오르는 것을 느끼고, 천천히 내쉬며 배가 들어가는 것을 경험하게 한다. 이때 복식 호흡을 조금 더 쉽게 훈련하기 위해 유튜브에 있는 '별반짝 호흡' 영상을 참고하여 실시하면 좋다. 별이 커지면 코로 숨을 들이쉬고, 별이 멈추면 숨을 잠시 참아 보며, 별이 작아지면 천천히 입으로 숨을 내뱉는 과정을 반복하는 것이다. 이후에는 눈을 감고 명상 음악을

---

* 유튜브 채널 '심리상담사의 마음처치'에서 '어린이 호흡 연습-별반짝 호흡'(https://www.youtube.com/watch?v=_67q2V5b3nl) 참고

들으며 3분 호흡 명상을 진행한다.

교사는 아이들이 호흡에 집중하며 마음이 차분해지는 과정을 충분히 경험하도록 안내한다. 호흡 명상 체험이 끝나면 활동 소감을 나누며 호흡을 통해 감정을 조절하고 마음을 안정시키는 방법에 관해 간략히 이야기 나눈다.

4. 오감으로 느끼는 '먹기 명상' 체험하기

준비물: 활동지, 초콜릿(알레르기 학생에 대비해 건포도 등 대체 식품 준비), 명상 음악

몸의 감각과 현재 순간에 온전히 집중하는 마음챙김을 경험해 보는 단계로, 그림책 속 '훌쩍탈탈숲'에서 달콤한 간식을 먹고 가는 체험을 먹기 명상으로 다뤄 본다. 먹기 명상은 음식을 먹는 과정에서 오감을 통해 느껴지는 모든 감각에 의식적으로 주의를 기울이는 마음챙김 훈련이다. 아이들에게 특히 좋은 점은, 한 가지에 온전히 집중하는 연습을 통해 집중력을 향상시킬 수 있다는 것이다. 또한 오감을 의식적으로 사용하

면서 감각이 발달하고, 급하게 먹거나 스트레스에 자극 받아 먹는 습관을 개선하여 자기 조절력과 감정 조절력을 기를 수 있다.

  교사는 이러한 먹기 명상에 관해 설명하고, 학생들에게 초콜릿을 하나씩 나누어 준다. 초콜릿에 알레르기가 있는 학생들을 위해 건포도 등의 대체 식품을 미리 준비한다. 명상 음악을 틀고 분위기를 차분하게 한 뒤, 초콜릿을 책상 위에 올려놓고 마치 초콜릿을 처음 보는 사람처럼 모양과 색깔을 자세히 관찰하게 한다. 이때 활동지에 기록할 때는 관찰한 것을 사실에만 집중하여 기술하도록 지도한다. 다음으로, 코를 가져다 대고 시간이 지남에 따라 달라지는 냄새를 느껴 보게 한다. 이번에는 포장지를 벗기는 소리나 만질 때 나는 소리에 귀 기울이게 하고, 손가락으로 초콜릿의 결을 만져 보며 촉감을 천천히 느껴 보도록 한다. 그다음 초콜릿을 입에 넣고 바로 씹지 말고 혀 위에서 천천히 녹는 맛과 느낌에 집중하며 충분히 음미하게 한다. 먹기 명상 체험이 끝나면 아이들의 활동 소감을 나누고, 이후 급식 시간에도 식사 명상을 함께 해 보자고 제안하여 일상생활 속 실천으로 이어지도록 안내한다.

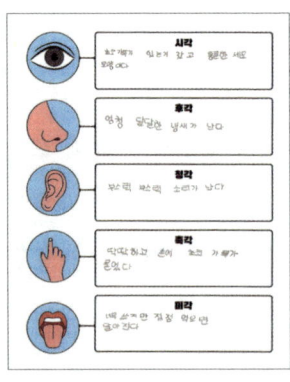

5. 나를 다독이는 '나비 포옹' 체험하기

'어떤 모습으로 와도 괜찮다.'는 그림책 속 마지막 위로의 메시지처럼, 자신을 따뜻하게 위로하고 사랑하는 마음챙김을 경험해 보는 활동이다.

교사는 아이들에게 나비 포옹 방법을 설명하고 함께 편안한 자세를 취한다. 양팔을 가슴 앞에서 교차하여 손바닥을 어깨나 쇄골 부근에 올리고, 나비가 날개를 펄럭이듯 양손으로 어깨를 번갈아 가며 10~15번 정도 부드럽게 토닥여 주도록 지도한다. 어깨를 토닥일 때는 양손을 동시에 하는 것이 아니라 좌우를 번갈아 두드린다는 점을 강조한다. 이때 '괜찮아.', '나는 소중한 사람이야.', '잘하고 있어.' 등의 긍정적인 말을 속으로 되뇌며 자신에게 따뜻한 마음을 전하게 한다. 이후 일상생활 속에서도 갑자기 긴장되어 가슴이 두근대거나 괴로운 장면이 떠오를 때 나비 포옹을 실천할 수 있도록 안내한다.

출처_재난 정신건강지원 정보콘텐츠및 플랫폼 개발 연구(보건복지부 정신건강기술개발사업)

글을 마무리하며

　마음챙김 훈련 수업을 통해 아이들이 자신의 내면을 들여다보는 소중한 시간을 가질 수 있었다. 평소 바쁜 일상에 쫓겨 자신의 감정을 제대로 인식하지 못했던 아이들이 자신의 마음 상태를 글과 그림으로 표현하며 자기 인식의 첫걸음을 내디뎠다.

　수업을 시작하기 전, 처음 해 보는 명상 활동을 지루해하거나 금방 분위기가 산만해질까 봐 걱정한 것은 기우였다. 집중력 향상에 도움이 된다는 말을 듣고 호흡 명상에 진지하게 참여하는 모습과, 먹기 명상에서 초콜릿 하나에 온 감각을 집중하며 놀라워하는 아이들의 반응은 매우 인상 깊었다. 무엇보다 활동 후 아이들이 가족들에게도 알려 주고 싶다거나 또 해 보고 싶다고 말하며 일상으로의 확장 의지를 보인 것이 가장 큰 성과였다. 단순한 체험을 넘어 아이들의 감정 조절 능력과 집중력 향상에 실질적으로 도움이 될 것이라는 확신이 든다.

　마음챙김 훈련을 일상에서 실천하며 아이들 스스로 마음의 근육을 키우고, 우울과 불안을 극복할 수 있기를 바란다.

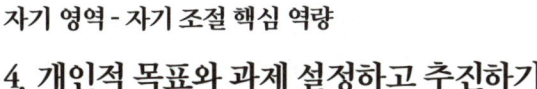

자기 영역 - 자기 조절 핵심 역량
4. 개인적 목표와 과제 설정하고 추진하기

'개인적 목표와 과제 설정하고 추진하기'는 한국형 사회정서교육 '자기' 영역 중 '자기 조절' 핵심 역량의 하위 구성 요소이다. 스스로 동기를 부여하며 가치를 평가하여 우선순위 정하기, 우선순위의 가치에 부합하는 구체적이고 현실적인 목표 설정하기를 포함한다.

우선순위를 정하기 위해 자기에게 가장 중요하고 필요한 것이 무엇인지 알기 위해서는 먼저 자신 또는 자신을 둘러싼 환경을 살펴보고 객관적으로 바라보는 시각을 가져야 한다. 이를 위해 자기 영역에서 자신의 마음을 돌보고 알아차리는 마음챙김이 필요하다. 자신을 살펴보며 이루고자 하는 구체적이고 현실적인 목표를 생각해 보고 설정할 수 있다. 목표를 설정한 뒤 그것을 이루기 위한 단계적인 수행 계획, 수행을 방해하는 요소를 찾아 일의 지연 막기, 체계적인 시간 운용하기도 포함된다. 이번 수업에서는 이루고자 하는 목표를 설정하고, 그에 따른 실천 과제를 세워서 실천해 보는 일련의 과정을 경험해 본다.*

* 「한국형 사회정서 성장 지원 모델 마련 연구」 서완석 외, 한국교육환경보호원(2024)

> **그림책 『할 수 있어, 클로버!』**
> 홀리 휴즈 글, 릴라 아예 그림, 그림책사랑교사모임 옮김, 교육과실천, 2023
>
> 애벌레 '클로버'는 현재를 즐기며 만족하면서 지내고 있지만 언젠가는 나비로 변신해야 한다. 나비로 변하는 것을 두려워하던 클로버는 친구의 도움을 받아 두려움을 극복하고 멋진 나비로 변신한다. 애벌레가 목표를 위해 용기를 내어 변화에 도전하여 성공하는 이야기가 펼쳐진다.

개인적 목표와 과제를 설정하고 실천하기 위해서는 우선 나를 살펴보며 내가 원하고 이루고자 하는 것 또는 내게 필요한 것을 찾아야 한다. 그림책의 클로버는 자신에게 주어진 일인 나비로 변신하는 두려움에 맞설 용기를 갖는 것이 개인적인 목표다. 성장하는 과정에 있는 아이들은 원하는 것이나 필요한 것을 찾기가 쉽지 않을 수 있다. 따라서 특정한 목표보다는 다양한 영역에서 자기 성장을 목표로 할 수 있음을 안내한다.

목표가 정해졌다면 그것을 이루기 위한 구체적이고 현실적인 실천 계획을 세운다. 그림책에서는 클로버가 변신에 대한 용기를 갖기 위해 친구의 도움을 받아 여왕벌 카페 가기, 도움받아 하늘을 날아 보기, 꼬물꼬물 댄스파티 참가하기 등 다양한 경험을 한다. 목표를 이루기 위한 현실적이고 실천 가능한 계획을 세우는 것이 학생들에게 낯설고 어려울 수 있다. 만다라트 기법, SMART 기법 등을 활용해 실천 계획을 세울 때 도움을 받는다.

이 수업을 통해 아이들이 스스로를 살피고, 자신에게 필요하거나 자신이 원하는 것을 찾아 목표를 설정하고, 끈기와 용기를 가지고 계획을 꾸준히 실천하기를 기대한다. 또한 스스로에 대한 응원과 격려, 작은 계획이지만 꾸준히 실천하여 성공하는 경험을 통해 성장할 수 있길 바란다.

1. 그림책 읽고 이야기 나누기

그림책의 클로버가 멋진 나비로 변신하는 데 필요한 용기를 얻기 위해 친구의 도움을 받아 한 일이 무엇인지 살펴보면서 책을 읽는다. 책을 읽고 클로버처럼 나도 이루고자 하는 목표가 있는지, 그것을 이루기 위해서 무엇을 해야 하는지, 이루고 난 후의 모습을 상상해 보면서 구체적이고 현실적인 목표와 실천 계획을 세워 본다.

깊이 있는 활동을 위한 질문
1. 클로버가 나비로 변신하기 위한 용기를 갖기 위해 한 일은?
2. 클로버가 나비로 변신하기 위한 용기를 갖는 데 도움이 된 것은 무엇인가?
3. 클로버가 나비가 되었을 때, 어떤 마음이 들었을까?
4. 클로버가 나비로 변신한 것처럼, 내가 이루고 싶은 목표는 무엇인가?
5. 계획한 목표를 이루는 데 필요한 것은 무엇인가?

2. 만다라트 기법 알아보기

목표를 세우고 그것을 이루기 위한 실천 계획을 세우는 데 필요한 '만다라트 기법'에 대해 알아보는 활동이다. 초등학생들이 목표와 실천 계획을 스스로 세우기는 쉽지 않기 때문에 기법의 도움을 받아 작성한다.

만다라트 기법은 '연꽃 기법'이라고도 하며, 활짝 핀 연꽃 모양으로 아이디어를 다양하게 발사해 나가는 데 효과적인 사고 기법이다. 이는 큰 중심 목표를 하나 정하고 이를 이루기 위한 하위 목표를 설정해, 하위 목표별로 실천 과제를 계획하는 방식이다. 9x9 형태의 표를 사용해 총 81칸에 중심 목표 하나, 세부 목표 여덟 개, 세부 목표별 실천 계획을 최대 여덟 개까지 계획할 수 있다. 따라서 아이디어를 확장하고 실천 과제를 구체화하는 데 도움을 준다.

만다라트 기법으로 중심 목표와 세부 목표를 세웠다면, 현실적이고 구체적인 실천 계획을 설정하기 위해 'SMART 기법'을 활용한다. SMART 기법은 목표나 계획을 설정할 때, 구체적인지(Specific), 과제를 횟수나 숫자로 나타낼 수 있는지(Measurable), 현재 상황에서 실현 가능한지(Achievable), 목표와 연관이 있는지(Relevant), 계획한 것을 언제까지 이루고자 하는지(Time-bound)를 고려한다. 이 기법은 계획의 명확성과 실행 가능성을 높여 준다.

이를 통해 개인적 목표와 실천 계획을 설정하고, 이를 추진하기 위한 목표를 세우며, 실천 계획 수립에 도움이 되는 구체적이고 자세한 방법을 알고, 자기 목표와 그에 따른 실천 계획을 세울 준비를 할 수 있다.

3. 만다라트 기법으로 나의 개인적 목표 및 실천 계획 세우기

만다라트 기법에 따라 개인적인 목표와 실천 계획을 직접 세워 보는 활동이다.

내가 이루고자 하는 목표가 있는지, 좋아하는 것이나 원하는 것이 무엇인지 자신을 천천히 살피며 찾아본다. 이루고자 하는 중심 목표를 만다라트 활동지 가장 중심 칸에 적고, 중심 목표가 떠오르지 않으면 '올해 나의 성장'을 목표로 정하고 중심 칸에 자신의 이름을 쓴다.

그런 다음, 중심 목표를 이루기 위한 세부 목표 영역 여덟 개를 정한다. 세부 목표 영역은 중심 목표에 따라 각자 다르게 정할 수 있다. 아이들 스스로 세부 목표 영역을 정하기 어렵다면 교사가 함께 이야기를 나누며 영역을 찾아 제시해 준다. 예를 들어, 올해 나의 성장을 중심 목표로 정했다면 가장 중심 칸에 내 이름을 적고, 세부 목표로 학교, 건강, 돈, 공부, 가족, 친구, 취미(즐거움) 등을 정할 수 있다.

다음으로 각 세부 목표별로 실천 계획 여덟 개를 세운다. 실천 계획은 떠오르는 대로 적고, SMART 기법에 따라 구체적인지, 계획을 횟수나 숫자로 나타낼 수 있는지, 실현 가능한지, 목표와 연관이 있는지, 계획을 실천할 기한은 언제인지 등을 고려하여 정한다.

아이들이 처음 세운 실천 계획은 너무 거창하거나 실현 가능성이 없거나, 구체적이지 않은 것들이 많았다. SMART 기법에 따라 실천 계획을 세우는 예시를 보여 주고 교사가 일대일로 개별 지도해 아이들이 현실적이고 구체적인 기준을 세울 수 있도록 지도한다. 81개 실천 계획을 모두 세우기 어려워하는 학생도 많다. 나이, 학년, 학습 수준에 따라 세부 목표 영역과 실천 계획 수를 줄여서 활동하는 것도 가능하다.

■ 만다라트 활동 결과물

■ 세부 목표 실천 계획 예시

4. 나의 과제 실천하기

준비물 : 실천 기록지(또는 기록할 수 있는 사이트나 앱)

실천 계획 중 하나를 선택하여 과제를 꾸준히 실천해 보는 활동이다.

학생들은 자신이 세운 계획 중 일정 기간 꾸준히 실천할 수 있고, 매일 할 수 있으며, 간단하고 쉬워 당장 실행이 가능한 것 하나를 고른다. 실제로 실행해 보고, 실천 계획을 변경하거나 다른 것으로 교체하는 것도 가능하다.

실천한 것을 기록하기 위하여 기록지를 작성한다. 기록지 윗부분에는 계획 실천을 성공한 후 나의 모습을 상상하여 그린다. 예를 들어, 건강을 목표로 '매일 3분씩 달리기' 실천 계획을 세웠다면 달리기한 뒤의 건강한 내 모습을 상상해 그려 볼 수 있다. 기록지 아랫부분에는 실천 계획, 나를 응원하는 말, 실천한 내용을 적는다.

기록지는 학급에 두고 매일 기록할 수 있도록 교사가 안내하면 좋다. 가정과 연계하거나, 교사가 아이들에게 심리적인 보상인 응원이나 격려, 칭찬의 말을 하거나, 물질적인 보상인 간식과 쿠폰 등을 제공하면 꾸준히 실천하는 데 도움이 된다. 종이 기록지 외에도 누적 기록이 가능한 웹사이트나 애플리케이션을 활용해도 좋다.

학생들이 세운 실천 계획 예시

- 매일 연산 한 문제씩 암산으로 풀기
- 하루에 10분 그림 그리기
- 하루 책 한 권씩 읽기
- 하루에 3분 달리기
- 디즈니 OST 피아노 10분 치기
- 지각하지 않기
- 우유 매일 500㎖ 마시기
- 11시 전에 잠자기

■ 실천 기록지

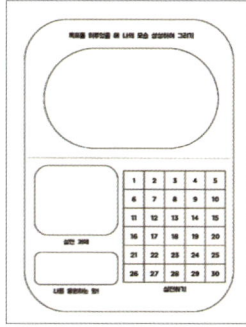

■ 실천 기록지 활동 결과물

글을 마무리하며

　개인적 목표와 과제 설정 및 추진하기 수업을 계획하면서, 초등학생에게는 어려운 주제일 것 같아 활동 계획을 세우기가 막막했다. 아이들이 목표를 세우고 작은 과제를 꾸준히 해 보는 경험을 목표로 삼고 여러 도서와 자료를 찾아보았다. 학생들이 목표와 과제 설정을 어려워하지 않고 구체적이고 현실적으로 세울 수 있게 하려면 만다라트 기법, SMART

기법, 좋은 습관 만들기 등이 도움이 되겠다고 생각했다.

실천 계획을 꾸준히 실천하는 것도 중요하지만, 목표를 정하고 실천 계획을 세우는 과정에 중점을 두어 그 속에서 아이들이 조금 더 성장할 수 있길 기대하면서 수업을 진행했다. 목표와 세부 영역 목표, 세부 목표별 실천 계획을 세우는 과정이 쉽지 않았지만, 자세히 설명하고 개별 지도하면서 조금씩 구체적이고 현실적인 계획을 세워 가는 아이들을 보며 뿌듯함을 느꼈다. 매일 목표를 위해 무언가를 꾸준히 하는 것이 쉽지 않음에도 스스로 하고자 하는 의지, 교사의 격려와 보상에 힘입어 실천해 나가는 아이들을 보며 대견한 마음도 들었다. 이런 경험들이 씨앗이 되어 성장 과정에서 열매를 맺는 양분이 되길 기대해 본다.

자기 영역 - 자기 조절 핵심 역량
5. 부정적 감정에 대처하기 1

'부정적 감정에 대처하기'는 한국형 사회정서교육 '자기' 영역에 해당하고, 사회정서 핵심 역량 가운데 '자기 조절'에 해당한다. 유아기에는 아이의 감정이 지나치면 부모님이나 보호자가 조절하고, 진정시켜 주고, 붙잡아 줄 필요가 있다. 학생이 되어서는 선생님으로부터 자기 조절 능력을 반복해서 배우고 익히면 좋다.

학생들은 생활하면서 다양한 감정을 느끼는데, 그중에서 부정적 감정을 나쁜 것으로 생각하기 쉽다. 이때 부정적 감정이 나쁜 것만은 아니며, 부정적 감정도 나의 감정이고 꼭 필요하다는 점을 배워 나가야 한다. 그러나 부정적 감정이 오래 지속되면 피로감, 우울증, 불안증 같은 감정 상처를 입게 되므로, 학생들은 자기 조절 기술을 익혀 사회적으로 수용 가능한 방식으로 감정을 조절할 필요가 있다.

학생들은 가정이나 학교, 학원 등에서 다른 사람과 함께 생활하면서 불편한 감정도 느끼게 되는데, 자신의 불편한 감정을 조절하는 연습을 하면 다른 사람과 소통하고 관계를 맺을 때 큰 도움이 된다. 따라서 부정적 감정에 대한 올바른 대처는 건강한 사회 구성원으로 성장할 수 있는 토대가 된다고 할 수 있다.

> **그림책 『컬러 몬스터 : 감정의 구급상자』**
> 아나 예나스, 김유경 옮김, 청어람미디어, 2024
> 하기 싫은 일을 부탁받은 '노나'는 기분이 이상하다. 그래서 감정을 치료해 주는 감정 의사 '컬러 몬스터'를 만나러 간다. 컬러 몬스터는 노나의 기분을 숫자와 표정으로 표현할 수 있도록 도와주고, 감정 조절 구급상자를 열어 노나에게 도움이 될 만한 것들을 함께 찾아본다. 그리고 마지막에는 어떻게 거절해야 할지 모를 때 필요한 '싫어요' 시럽도 챙겨 준다.

『컬러 몬스터 : 감정의 구급상자』는 학생들이 느끼는 불편하고 부정적인 감정들을 어떻게 스스로 진단하고 훌훌 털어 내어 긍정적인 감정으로 바꿀 수 있는지를 친절하게 보여 주는 그림책이다. 학생들은 노나의 입장이 되어 컬러 몬스터의 안내에 따라 감정을 이해하고 진단하고 조절하는 과정을 따라가 본다. 컬러 몬스터는 진찰과 상담을 하고 '감정의 구급상자' 속에 든 다양한 해결책을 소개해 준다. 독자들은 감정 조절을 하나의 놀이처럼 다루며 부정적인 감정을 이해하고 해소할 수 있다. 마지막으로, 이 책은 자기만의 감정 조절 구급상자 만들기를 제안한다.

학생들은 수업 시간에 만든 '감정의 구급상자'를 활용하여, 스스로 감정을 이해하고 부정적인 감정을 긍정적인 감정으로 전환하는 방법을 생활 속에서 실천해 볼 수 있다. 처음에는 보호자나 선생님과 함께 연습하고 차차 스스로 익혀서 마음이 건강한 학생으로 성장하기를 기대해 본다.

1. 그림책 읽고 이야기 나누기

학생들은 그림책 속 노나에게 자연스럽게 감정 이입이 된다. 노나가 스스로 해결하기 힘든 감정일 때 누구에게 도움을 청하는지, 이럴 때 어떤 방법을 사용할 수 있는지 살펴보면서 책을 읽으면 좋다. 구급상자 안에 소개된 36가지의 다양한 해결책 가운데 나에게는 어떤 방법이 도움이 될지 생각해 보면서 책을 읽으면 더욱 도움이 된다. 그림책에 대한 학생들의 이해를 돕기 위해 몇 가지 질문을 던지며 서로 편하게 이야기를 나눈다.

깊이 있는 활동을 위한 질문
1. 노나는 왜 기분이 이상하고 별로였을까?
2. 기분을 말로 표현하기 어려울 때는 어떻게 표현할 수 있을까?
3. 감정 조절 구급상자는 어떨 때 쓸 수 있을까?
4. 우리한테 해결하기 힘든 감정이 닥치면 누구에게 도움을 청할 수 있을까?
5. 감정 조절 구급상자에 있는 것들 가운데 나에게 도움이 되는 방법에는 무엇이 있을까?

2. 모든 감정은 필요함을 이해하기

먼저 학생들에게 모든 감정은 필요하다는 사실을 가르쳐 주기 위해 분류 기준을 정하고 여러 감정을 분류해 본다. 이 가운데 부정적인 감정은 나쁜 것인지, 필요 없는 것인지 등의 질문을 통해 학생들의 생각을 들어 본다. 이러한 활동을 하며 학생들은 부정적인 감정도 우리에게 필요하며, 통제할 수 없는 부정적인 감정이 오래 지속되지 않도록 노력하는 것이 필요하다는 점을 느낄 수 있다. 대화를 통해 부정적인 감정에 대처하는 방법의 필요성과 중요성을 깨닫도록 한다.

<선생님과 학생들의 대화>

선생님: 우리가 일상생활에서 느끼는 다양한 감정을 모둠 친구들과 의논하여 분류 기준을 먼저 정하고, 그에 따라 분류해 볼까요?

모둠 1: 우리 모둠은 긍정적인 감정과 부정적인 감정으로 나누어 봤어요.

선생님: 그럼 아주 중요한 질문을 하나 할게요. 부정적인 감정은 나쁜 것일까요? 다르게 표현하면, 부정적인 감정은 우리에게 필요 없을까요? 그럼 우리가 기쁨만 느낄 수 있다면, 그게 기쁘다는 것을 알 수 있을까요?

학생 1: 아니요. 기쁨에 너무 익숙해져서 기쁜 줄도 모를 것 같아요.

선생님: 맞아요. 우리는 슬픔을 느끼면서 행복을 배우고, 분노를 느끼면서 기쁨을 배울 수 있어요. 이렇듯 부정적인 감정도 나의 감정이고, 다양한 감정은 모두 우리에게 필요해요. 그런데 부정적인 감정이 오래 지속되면 어떤 일이 벌어질까요?

학생 2: 스트레스를 많이 받으면 몸이 아플 것 같아요.

학생 3: 기분이 가라앉고 우울해질 것 같아요.

선생님: 네. 그래서 부정적인 감정이 오래 지속되지 않도록 우리는 스스로 자신의 감정을 들여다보고 조절할 수 있어야 해요. 그럼 지금

부터 선생님과 함께 부정적인 감정에 어떻게 대처하면 좋을지 다 같이 배워 봅시다.

3. 불편한 감정 다양하게 표현하기

먼저 학생들에게 최근에 불편한 감정을 느낀 상황을 떠올려 보라고 한다. 그때 상황을 간단히 한 문장으로 쓰고, 그때 불편한 감정의 정도를 그림책에 나온 것처럼 숫자와 색깔로 표현한다. 이 방법은 자신의 감정 상태를 말로 조리 있게 표현하는 것을 어려워하는 학생들에게 도움이 된다.

쿠키맨에 색칠할 때는 원하는 색깔, 질감을 표현할 수 있도록 다양한 색칠 도구를 준비해 주고, 정답이 없으므로 학생들이 한 것에 대해 어떤 평가도 내리지 않고 모두 수용한다. 이때, 왼쪽 쿠키맨만 칠한다.

그리고 내가 느낀 불편한 감정에 이름 붙이기를 해 본다. 예를 들어, 단순하게 "화났어."라고 말하는 것보다 "나는 무시당했다고 느껴서 속상해."라고 말하는 것이 자기감정을 더 깊이 이해한다고 볼 수 있다. 따라서 구체적인 감정 낱말을 사용하여 자신의 불편한 감정을 표현하는 것은 자기 이해의 첫걸음이다. 감정을 구체적으로 구분할수록 우리의 뇌도 그 상황을 더욱 정교하게 해석하고 적절하게 반응할 수 있어 감정 조절 능력을 키우는 데 도움이 된다. 또한, 감정을 말로 표현하고 명명하는 행위는 그것 자체로 감정의 강도를 줄이는 효과가 있다.

감정에 이름 붙이기를 어려워하는 학생은 선생님이 도와준다. 학생이 선생님에게 상황을 설명하면 선생님이 적절한 감정 낱말을 몇 가지 말해 주고, 학생이 그중 하나를 고르도록 한다.

<학생들의 답변>

[상황 질문] 내가 불편한 감정을 느낀 상황은 어떤 상황이었죠?

학생 1: 친구가 나한테만 짜증을 낼 때 불편했어. (화남)

학생 2: 시험을 보는데 갑자기 답이 생각이 안 나서 불편했어. (불안)

학생 3: 친구가 나를 치고 가서 짜증이 났어. (불쾌함)

학생 4: 친구들이 나를 소외하는 느낌이 들어서 불편했어. (당황)

■ 화남　　　　■ 불안　　　　■ 불쾌함　　　　■ 당황

 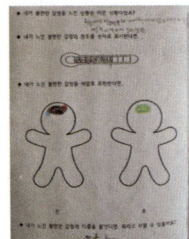  

4. 나만의 구급상자 만들기와 마음 처방전 쓰기

　학생들은 수시로 마음이 불편한 순간을 맞닥뜨리는데, 그때마다 상담 선생님이나 의사 선생님을 만나러 갈 수는 없다. 따라서 학생들이 부정적인 마음이 들 때, 가장 먼저 쓸 수 있는 자기만의 해소 방법을 몇 가지 만들어 두고 자신에게 효과적인 방법을 찾아가도록 한다.

　학생들에게 원하는 크기의 가방이나 상자를 고른 다음, 그 안에 힘든 감정을 조절하고 가라앉히는 데 도움이 되는 것들을 넣도록 안내한다. 학생들은 자기 기분을 좋게 해주는 것들로 구급상자를 채우고, 필요할 때마다 꺼내 쓸 수 있다. 크기가 너무 크거나 소리나 음악 듣기처럼 가방이나 상자에 넣기 어려운 것은 카드에 써서 카드를 넣게 한다.

■ 나만의 구급상자 만들기

나만의 구급상자를 써 봤을 때 효과적인 방법을 찾아 처방전 쓰기를 한다.

학생들이 작성한 마음 처방전
- 나는 마음이 불안할 때 내 애착 인형을 안고 있으면 마음이 편안해져. - 나는 화날 때 말랑이를 만지는 방법을 쓰는 게 좋았어. - 나는 기분이 안 좋을 때 종이접기를 하는 게 효과가 있었어. - 학원 숙제가 많아서 짜증 날 때 팝잇을 누르면 화가 가라앉았어. - 나는 화가 날 때 인형을 때리면 화가 누그러졌어. - 나는 마음이 불편할 때 큐브를 가지고 놀면 마음이 편해졌어. - 나는 혼나서 방에 혼자 있을 때 햇볕을 쬐는 게 좋았어.

앞서 활동지의 왼쪽 쿠키맨에 색칠하며 불편한 감정에 휩싸였을 때 내 마음을 색으로 표현했다면, 오른쪽 쿠키맨에는 나만의 구급상자에 있는 방법을 사용한 뒤 내 마음이 어떻게 달라졌는지 색깔로 표현해 보도록 한다.

개별 활동으로 활동지를 마무리한 뒤에는 자유롭게 교실을 돌아다니며 친구를 만나고 이야기를 나눈다. 친구들에게 내가 어떤 상황에 어떤 불편한 감정을 느꼈고, 그때 어떤 방법을 썼더니 어떤 효과가 있었는지를 알려 준다.

학생들은 이 활동으로 나뿐 아니라 친구들도 부정적인 감정을 자주 느낀다는 사실을 알고, 친구들이 사용하는 방법도 알게 된다. 학생들은 나만 불편한 감정을 느끼는 것이 아니라는 점에서 안심하고, 친구와 편안하고 안전한 대화를 통해 평온하고 평화로운 감정을 느낄 수 있다.

■ 부정적인 감정 해소를 위한 '마음 처방전' 예시

글을 마무리하며

초등학교 고학년이 되면서 학생들에게 또래 관계는 더욱 중요해진다. 그러나 감정 표현에 서투르거나 감정 조절이 힘들어서 선생님에게 도움을 청하는 경우가 많다. 다른 사람과 관계를 맺을 때 자신의 감정을 말로 표현하지 않으면 상대가 알기 어렵고, 불편한 내 마음도 시간을 내어 들여다보고 어루만지지 않으면 감정을 조절하기가 쉽지 않다. 따라서 부정적 감정에 대처하는 방법을 선생님에게 안내받고, 안내받은 내용을 꾸준히 실천해 나가면서 학생들은 스스로 감정 조절 능력을 키울 수 있다.

시간적 여유가 있다면 우리 반 학생들이 공통으로 원하는 해소 방법을 몇 가지 정해 다 같이 활동해 보면서 효과를 직접 경험해 보면 좋다. 이러한 활동으로 학생들은 사람마다 같은 상황에서 느끼는 감정도 다르고, 선호하는 감정 조절 방법도 다르다는 것을 깨달을 수 있다. 또한 이러한 활동은 상대와 상대의 마음을 존중하는 토대가 된다.

아울러 부정적 감정에 휩싸였을 때, 배운 방법으로 스스로 해결하기 어려운 경우에는 어떻게 해야 하는지도 알려 준다. 부모님이나 선생님처럼 믿을 만한 어른에게 도움을 청하고, 그래도 안 되면 상담사나 의사처럼 전문가의 도움을 받도록 한다. 몸이 아프면 병원을 찾듯 마음이 아파서 상담센터나 병원을 찾는 것이 결코 이상한 것이 아니라는 점도 알려 준다.

자기 영역 - 자기 조절 핵심 역량
6. 부정적 감정에 대처하기 2

부정적 감정에 대처하기는 감정의 역할을 인식하기(정보 제공, 의사소통을 도움, 행동에 동기를 부여하고 준비되게 함), 내가 경험하는 감정을 이해하기 (관찰하기와 기술하기, 명명하기를 통해 감정을 식별하기, 긍정적 감정을 증진시켜 감정의 유약성을 줄이고 원치 않는 감정의 증폭을 막기, 마음챙김을 통해 고통스러운 감정을 지나가게 하기 등)를 포함한다.

감정은 욕구의 충족 또는 부족에 따른 반응이다. 욕구가 충족되었을 때는 긍정적인 감정이 발생하고 욕구가 충족되지 못했을 때는 부정적인 감정이 일어난다. 자신의 감정이 긍정적인지 부정적인지만 어렴풋이 알던 아이들은 자신의 감정과 욕구를 'NVC(비폭력 대화) 카드'로 확인함으로써 부정적 감정에 좀 더 능동적으로 대처하는 힘을 기를 수 있다. 또한, '강제 결합법'을 통해 자신의 감정을 위로할 수 있는 도구를 찾아보고, 부정적 감정을 해소하는 일이 생각보다 쉽다는 것을 배울 수 있을 것이다.

> **그림책 『슬픔에 빠진 나를 위해 똑! 똑! 똑!』**
> 조미자, 핑거, 2023
>
> 슬픔에 빠진 아이는 어두운 표정으로 집에 들어간다. 아이의 슬픈 마음처럼 세상은 차가운 얼음 사막이 되고, 깊고 깊은 푸른 호수가 생겨 버린다. 나무가, 구름이, 작은 새가, 슬픔으로 닫힌 문을 두드린다. 똑! 똑! 똑! 나도 나에게 똑! 똑! 똑!

『슬픔에 빠진 나를 위해 똑! 똑! 똑!』의 아이처럼 우리 주변에 마음의 문을 닫고 부정적인 감정에 갇히는 이들이 늘고 있다. 특히 코로나19를 겪으면서 자신의 감정을 여과 없이 그대로 전해서 다른 학생들에게 상처를 주는 아이들과, 마음의 문을 꼭 닫고 교실에서 점처럼 혼자 지내는 학생들이 많아졌다. 부정적인 감정이 생겼을 때 자신의 감정을 여과 없이 표출하는 아이들은 마음에 담아 두는 감정 없이 시간을 잘 보내곤 하지만, 마음을 꼭 닫은 아이들은 좀처럼 자신의 감정을 표출하지 못하고 혼자서 그 시간을 감내하느라 속이 병들어 가기도 한다.

'NVC 카드'는 평소 타인에게 무관심한 아이들이 타인의 감정을 알게 되고, 감정의 문을 닫고 알아차리려 애쓰지 않던 아이들도 자신의 감정을 알 수 있는 계기를 제공한다. 그림책에서 슬픔에 빠진 아이가 자신의 감정과 욕구에 주의를 기울인 뒤 나무, 구름, 작은 새 등이 다가와 문을 두드린 것처럼, 학생들이 자기 주변의 사물들도 자신을 위로하는 대상이 될 수 있음을 알아차리고, 부정적 감정에 대처하는 다양한 방법을 배우길 기대해 본다.

1. 그림책 읽고 이야기 나누기

그림책에서 주인공은 슬픔에 빠진 뒤 문을 닫아 버린다. 슬픔에 빠진 주인공 탓인지 주변 환경 역시 슬픈 분위기로 변하는 모습을 볼 수 있다. 아이들과 함께 주인공이 슬픔에 빠진 이유를 찾아보고, 슬픔에 빠질 때 나타나는 현상과 슬픔에서 벗어나기 위한 노력을 관찰한다. 그런 다음, 아이들 각자 부정적인 감정에 빠졌을 때를 떠올리며 어떻게 대처해 왔는지, 앞으로 어떻게 대처할 것인지 질문하는 시간을 가진다.

깊이 있는 활동을 위한 질문
1. 주인공은 왜 문을 닫고 나오지 않았을까?
2. 집 안에서 주인공은 무엇을 하고 있을까?
3. 주인공은 어떻게 다시 문을 열 수 있었을까?
4. 나도 슬픔에 빠져 마음의 문을 닫았던 적이 있을까?
5. 내가 만약 주인공이라면 어떤 때 밖으로 나올 수 있을까?

2. 그림책 인물 탐구하기

준비물 : NVC 카드*

주인공의 감정과 욕구를 추측해 보는 시간을 통해 감정과 욕구에 익숙해지는 활동이다.

4인 모둠을 만들고 모둠별로 그림책 중 한 장면을 선정한 뒤 해당 장면에서 주인공이 느꼈을 감정과 욕구를 추측해 본다. 이때 NVC의 느낌 카드를 활용한다. 모둠원 중 한 명이 주인공 역할을 맡아 책에 나온 부분을 읽고, 나머지 모둠원들은 NVC 느낌 카드를 3등분해 나누고 주인공의 느낌을 물어보며 추측한다.

[장면] 계단에 턱을 괴고 기대 있던 주인공이 검은색으로 덮인 집 속으로 걸어 들어간다.

학생 1(주인공): '도망친 건 아니야. 혼자 있고 싶었으니까.'

학생 2: 외로웠어?

학생 1(주인공): 응. 의지할 곳이 없었던 것 같아.

학생 3: 힘들었어?

학생 1(주인공): 응. 좀 버거웠어.

학생 4: 서러웠어?

학생 1(주인공): 아니야, 서럽지는 않았어.

주인공 역할을 하는 학생은 자신이 주인공이라면 어떤 마음이었을지 생각해 보고, 친구들이 묻는 내용이 주인공의 감정과 관련 있다고 생각되면 카드를 받고 그렇지 않다면 "아니."라고 말하며 카드를 돌려준다. 나머지 학생들은 자신이 생각할 때 주인공의 감정과 관련 있다고 생각하는 카드가 손에서 없어질 때까지 또는 주인공 역할을 맡은 학생이 주인공의 마음이 충분히 나왔다고 할 때까지 주인공에게 느낌 카드를 건

* 한국NVC출판사(https://www.krnvcbooks.com/)

네며 마음을 물어본다.

학생 4: 답답했어?
학생 1(주인공): 응. 어떻게 해야 할지 몰라서 답답했어.

주인공의 마음이 충분히 나왔다면 주인공 역할을 한 학생은 받은 느낌 카드를 가지고 책 속 아이의 느낌을 말한다.

학생 1(주인공): 나는 혼자인 것처럼 외로웠고, 내가 감당할 수 없는 일 같아서 버거웠고, 어떻게 해결해야 할지 몰라서 답답했어.

주인공의 느낌을 들은 뒤에는 그것과 연결된 욕구를 NVC 욕구 카드 중에서 찾아보는 시간을 가진다. NVC 욕구 카드를 3등분해 나눠 가진 다음 NVC 느낌 카드로 상대방의 감정에 공감했을 때처럼, 주인공 역할을 맡은 아이에게 욕구 카드를 주면서 무엇이 필요했는지 확인한다.

학생 2: 도움이 필요했어?
학생 3: 편안함이 필요했어?
학생 4: 여유가 필요했어?

필요를 충분히 찾았다는 생각이 들면 주인공 역할을 한 학생이 NVC 카드에 적혀 있는 욕구가 필요했다고 말한다.

학생 1(주인공): 나는 도움과 연결과 지지가 필요했어.

주인공 역할의 학생은 그림책 속 아이에게 도움과 연결, 지지가 필요했으며, 자신에게도 그런 욕구가 필요할 때가 있음을 표현한다.

3. 부정적 감정에 빠진 경험 이야기하고, 느낌과 욕구 찾기

주인공이 부정적 감정에 빠졌을 때 집 안으로 들어가서 문을 닫고 혼자 지낸 것처럼, 누구에게나 부정적 감정이 찾아올 수 있고 그 감정을 소화해 내는 시간이 필요하다. 앞서 주인공의 감정과 욕구를 찾아보는 활동과 같은 방식으로, 모둠 안에서 각자에게 부정적 감정이 생기는 상황을 솔직하게 말하고 그때의 감정과 욕구를 찾아보는 시간을 가진다.

부정적 감정이 생기는 상황	그때의 감정	충족되지 않은 욕구
친구가 나와 약속하고 오지 않았을 때	실망, 서운함	신뢰, 소속감, 존중
발표하는데 친구들이 웃었을 때	부끄러움, 불안	존중, 수용, 안전
시험을 못 봤을 때	좌절, 속상함	성취, 성장, 인정
부모님이 스마트폰 사용을 제한했을 때	답답함, 억울함	자율성, 이해받기
친구가 내 비밀을 다른 친구에게 말했을 때	분노, 배신감	신뢰, 솔직함, 안전
학교에서 무시당하거나 놀림을 받았을 때	수치심, 외로움	존중, 소속감, 인정
내가 말하는 도중 선생님이 자주 끊을 때	낙담, 서운함	경청, 표현의 자유
친구들이 단체로 모이는데 나만 빠졌을 때	소외감, 슬픔	소속감, 우정, 공정함
SNS에서 친구들끼리 대화한 걸 나중에 알았을 때	질투, 외로움	소속감, 인정
부모님이 나를 동생과 비교할 때	짜증, 속상함	공정함, 인정, 개별성

4. 위로가 되는 사물로 내 마음 돌보기

 학생들이 부정적 감정에 대처하기 위해 자신의 감정과 욕구를 확인했다면, 이제 그림책 주인공에게 나뭇가지, 비, 바람, 작은 새 등이 찾아와 주인공 마음의 문을 두드렸던 것처럼 내 마음의 문을 두드려 줄 사물을 찾는다.

 자신에게 위로를 주는 작품이나 사물을 고르기보다는 자신의 주변에서 쉽게 볼 수 있는 사물을 찾아보도록 지도하고, 모둠별로 협력하여 활동하도록 안내한다. 그런 뒤 강제 결합법으로 전혀 관련이 없어 보이는 사물과 아이디어를 억지로 연결해 사물과 위로를 색다르게 생각해 보는 시간을 가져 본다.

학생들이 관찰한 딱풀의 성질	위로와 딱풀의 성질을 강제 결합하기
접착력이 강하다.	위로는 내 마음에 찰싹 달라붙는다.
뚜껑이 있다.	위로는 내 마음을 치유해 주는 뚜껑이다.
입에 넣으면 안 된다.	위로는 입에 넣으면 안 되고 귀에 넣어야 한다. (좋은 말이 힘이 된다는 의미)
학교에서 많이 사용한다.	학교에서 위로를 많이 한다.
만지면 손이 찐득찐득하다.	위로를 손으로 만지면 나에게 달라붙을 것이다.
원기둥 모양이다.	위로는 나를 치유하는 하트 모양과 비슷하다.
뚜껑이 노란색이다.	위로를 색으로 표현하면 노란색일 것이다.
한국에서 만들었다.	위로는 멀리서 보면 작지만 가까이서 보면 크다.

■ 딱풀 관찰하기　　　　　　　■ '위로'와 '딱풀'의 성질을 강제 결합하기

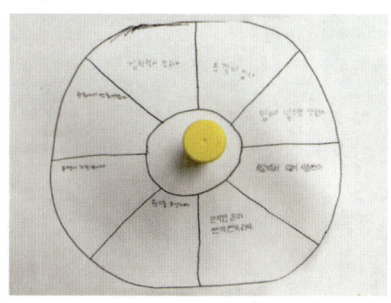 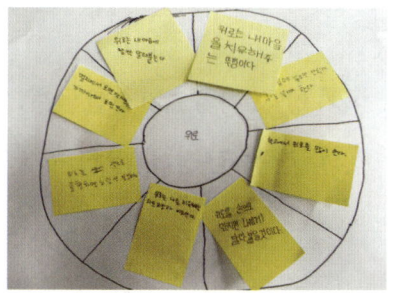

글을 마무리하며

　학생들은 부정적 감정에 적극적으로 대처하기 어려워하는 경우가 많으므로 강제 결합법을 통해 주변 사물을 빌려와 자신을 위로하는 시간을 가졌다. 이때 대부분의 학생들이 스마트폰을 고르기 때문에 주변에 있는 사물에서 위로 가능한 요소를 찾아내도록 안내하는 것이 더 교육적이다.

　강제 결합법을 활용해 자신의 주변 사물을 통해서도 위로받을 수 있는 사실을 알아차리고 위로를 받았다면, NVC의 '부탁하기'를 통해 부정적인 감정에 적극적으로 대처하는 데까지 나아가는 것이 필요하다.

　부정적 감정에 빠진 학생들에게 처음부터 적극적으로 대처하도록 요구하는 것은 무리일 수 있다. 자신의 감정과 욕구를 확인하고 공감을 받는다면 부정적 감정에 빠진 아이들도 자신의 손으로 마음의 문을 열고 나와 그 감정에서 벗어나기 위해 노력할 수 있을 것이다.

자기 영역 - 자기 조절 핵심 역량
7. 부정적 감정에 대처하기 3

'부정적 감정에 대처하기'는 '자기' 영역에서 '자기 조절' 핵심 역량의 세부 요소 중 하나이다. 감정은 단순한 느낌이 아니라 정보를 전달하고 타인과의 소통을 도우며, 행동 방향을 잡아 주고 실행을 준비하게 하는 중요한 기능을 한다. 또한 자신이 느끼는 감정을 제대로 알아차리고 이해하는 것이 중요한데, 이를 위해서는 감정을 주의 깊게 관찰하고 그 감정을 구체적인 말로 표현하며, 적절한 이름을 붙이는 과정을 거쳐야 한다.

감정을 명확하게 인식하는 것은 긍정적 감정을 더욱 강화하고, 부정적인 감정이 확산되는 것을 막는 데 도움이 된다. 특히 그림책으로 질문을 만들어 보며 자신의 감정을 알아 가는 접근 방법을 통해, 직면하기 힘들고 불편하고 고통스러운 감정을 자연스럽게 받아들이고 이해할 수 있게 된다.

감정은 근본적으로 자신의 내면적 욕구가 얼마나 충족되었는지에 따라 달라진다. 욕구가 충족되면 기쁨이나 안정 같은 긍정적인 감정이, 반대로 충족되지 못하면 불만, 분노, 슬픔 등의 부정적인 감정이 나타난다. 이러한 부정적 감정을 스스로 조절하고 관리하기 위한 계획을 친구들과 함께 나누고, 실행 가능한 행동 목표로 나아가는 기술을 익히고 실천한다면 부정적 감정에 대처하는 좋은 습관을 형성할 수 있을 것이다.

그림책 『블랙 독』
레비 핀폴드, 천미나 옮김, 북스토리아이, 2013

가족들은 엄청 큰 검은 개 때문에 잔뜩 겁을 먹지만, 검고 큰 개는 막내딸과 함께 뛰고 놀면서 크기가 점점 줄어든다. 두려움이라는 감정은 실제보다 더 크게 느껴진다는 사실을 말해 준다.

그림책 『걱정 상자』
조미자, 봄개울, 2019

끊임없는 걱정으로 웃음을 잃은 '주주'에게 친구 '호'는 걱정을 객관화하며 하나씩 해결하는 과정을 알려 준다. 걱정은 함께 나누면 가벼워진다는 메시지를 전한다.

그림책 『불안』
조미자, 핑거, 2019

내면의 불안을 '너'라는 존재로 시각화하여, 주인공이 불안과 마주하고 함께 살아가는 과정을 그렸다. 조금씩 불안에 접근하며 불안의 크기를 줄이고 함께 동거하듯 공존하게 된다.

그림책 『소피가 속상하면, 너무너무 속상하면』
몰리 뱅, 박수현 옮김, 책읽는곰, 2015

자신이 느낀 대로 파란 나무와 주황 하늘을 그린 소피의 그림을 보고 친구들은 '틀렸다.'며 놀린다. "각자 느낌이 다른 거야"라는 선생님 말씀에 소피는 다시 용기를 얻는다.

네 권의 그림책은 모두 두려움과 걱정, 불안과 공포에 대한 인식 그리고 그것을 마주하고 극복하는 태도가 중요함을 말하고 있다. 이 그림책들은 불안과 걱정을 무조건 피하려 하지 말고 구체화하여 객관적으로 바라보고, 친구와 협력하며 심리적 부담을 줄이는 법을 그림과 구성을 통해 효과적으로 말하고 있다. 그림책의 중요 요소인 색채와 상징 표현을 통해 불안, 두려움, 걱정은 피할 게 아니라, 인식하고 이해하며 위로받아야 할 내면의 감정임을 알려 준다. 이 과정에서 학생들은 '틀림'이 아닌 '다름'을 배우고, 타인의 마음을 헤아리는 존중의 의미를 깨달을 수 있게 된다.

수업 사례

1. 그림책 읽고 이야기 나누기

모둠별로 그림책을 선정한 후, 그림책을 함께 읽으며 등장인물의 감정 변화에 주목하게 한다. "이 장면에서 어떤 기분이 들었을까?", "왜 그런 감정을 느꼈을까?" 같은 질문으로 시작해, 인물의 감정을 자신의 경험과 연결하도록 유도한다. 학생이 느낀 감정을 말로 표현하거나 그림, 색, 짧은 글로 자유롭게 표현하도록 돕고, "그 감정을 어떻게 다루고 싶었어?" 같은 질문으로 감정 조절 방법도 생각해 보게 한다.

이때 교사는 학생들이 자신의 생각을 판단받지 않는다는 안정감을 느끼도록 하고, 친구들의 의견도 공감하며 경청하는 분위기를 조성해야 한다. 학생들 각자 부정적인 감정에 휩싸였을 때를 떠올리고 어떻게 대처해 왔는지, 또 앞으로 어떻게 대처할 것인지에 대해서도 심도 있게 대화하도록 안내한다.

깊이 있는 활동을 위한 질문
1. 주인공은 어떤 감정을 느꼈을까? 왜 그런 감정을 느꼈을까?
2. 부정적인 감정 뒤에는 어떠한 욕구가 있는 것일까?
3. 주인공은 감정을 어떻게 표현하고 있나? 나는 어떤가?
4. 주인공은 감정을 어떻게 조절하였나? 비슷한 경험이 있나?
5. 내가 만약 주인공이라면 나는 어떤 방식으로 감정을 조절할까?

2. 감정 관리 계획 세우기

모둠별로 부정적 감정(두려움, 불안, 걱정, 분노 등)을 관리하기 위한 계획을 단계별로 세우도록 한다. 감정 관리는 자기 이해의 시작이자 마음 건강을 지키는 중요한 기술이다.

1단계는 '상황 설정하기'이다. 언제, 어떤 상황에서 감정이 생겼는지 모둠별 토의를 통해 구체적으로 설정한다. 2단계는 '감정 식별하기'이다. 그 상황에서 어떤 감정을 느꼈는지 정확히 알아차리는 것이 핵심이며, 글, 그림, 색, 음악 등 자신만의 방식으로 감정을 표현해 보면 도움이 된다. 3단계는 '구체적인 행동 목표 세우기'이다. 감정을 조절하기 위해 실천할 수 있는 작고 구체적인 행동을 계획하는 단계다. 이 세 단계는 감정을 억누르기보다 이해하고 다루는 힘을 길러주는 과정이다. 1단계 상황 설정은 모둠별로 함께 만들고, 2단계와 3단계는 개별 활동으로 진행됨을 안내한다.

1단계 : 상황 설정하기(모둠)

[상황 예시 1] 모의고사 성적이 예상보다 크게 떨어졌다. 담임 선생님께 가서 상담을 받아보자는 마음으로 교무실 문을 열었지만, 막상 선생님 앞에 서자 아무 말도 나오지 않았다. 선생님의 눈빛에서 실망이 느껴지는 듯했고, 그 순간 마음속에 쌓인 감정이 터져 눈물이 뚝뚝 흘렀다. 노력한 만큼 결과가 나오지 않아 실망스럽고, '나는 왜 이럴까.' 하는 자책감이 몰려왔다. 앞으로 성적이 더 떨어질까 봐 두려운 마음까지 겹쳐 말 없이 고개만 숙이고 있었다.

[상황 예시 2] 선생님과의 상담 시간, 용기를 내어 내가 꿈꾸는 진로에 관해 말씀드렸다. 오랫동안 마음속에 품어 온 길이었지만, 선생님은 조심스럽게 현실적인 어려움을 이야기하셨다. 경쟁률이 높고 준비 과정이 까다롭다는 말에 순간 머릿속이 하얘졌다. '내가 이걸 계속 꿈꿔도 될까?' 라는 생각이 들면서 마음이 복잡해졌다. 무엇을 어떻게 해야 할지 감이 잡히지 않았고, 괜히 기대했던 스스로가 너무 초라하게 느껴졌다. 갑자기 목표를 잃은 듯한 막막함과 '나는 안 되는 걸까?' 하는 좌절감이 차올랐다.

2단계 : 감정 식별하기(개별)

자신의 감정을 명확히 인식할 수 있는 방법을 고안한다. 글이나 그림, 음악 등 자기만의 감정 표현 방법을 찾아본다.

글	노래 가사	그림
괜찮은 척했지만, 사실은 너무 속상해. 화가 나면서도 눈물이 나. 왜 나만 이런 걸까?	"가슴 깊이 쌓인 말들 입 밖으론 안 나와. 그냥 음악 속에 묻어. 조금은 마음이 편해져."	(불안할 때 그림)

3단계 : 구체적 행동 목표 세우기(개별)

1) 단기 행동 목표(1주일)

- 하루 한 번 감정 일기 쓰기: 언제, 무엇 때문에, 어떤 감정이 들었는지 간단히 기록한다.
- 감정을 색깔로 표현하기: 매일 자기감정을 색으로 표현해 본다.
- 나에게 위로의 말 한 문장 써 보기: "오늘도 잘 버텼어. 수고했어."
- 부정적인 생각이 들 때, 긍정 문장으로 바꿔 쓰기 1회 실천하기: "또 실수했어. 난 왜 이렇게 못하지?" → "실수는 내가 성장하는 과정이야. 다음엔 더 잘할 수 있어."
- 하루 3분 마음 챙김 호흡하기: 하루에 3분 자신의 숨에 집중하며 감정을 가라앉히는 시간을 갖는다.

2) 중기 행동 목표(1개월)

- 감정 기록 모아서 '감정 패턴 척도 그래프' 만들기: 1~5점 척도를 매기면 감정 흐름의 패턴을 인식하는 데 도움이 된다.
- '감정 표현 도구' 한 가지 완성하기: 감정 글귀 노트, 나만의 음악 플레이리스트를 완성한다.
- 자신만의 스트레스 해소 루틴 만들기: 운동, 산책, 글쓰기 등 세 가

지를 조합하여 루틴을 만든다.
- 친구나 가족에게 감정을 표현해 보는 대화 1회 시도하기: 직접 대면으로 대화를 시도하거나, 카톡 또는 SNS 도구를 활용해도 된다.
- 감정 상황에서의 대처법을 포스트잇에 정리해 책상에 붙이기: 매일 잊지 않고 반복할 수 있는 시각적 효과를 기대할 수 있다.

3) 모둠 내에서 서로의 감정 관리 계획을 공유하고 상호 피드백하기

동일한 상황에 대해 학생들이 각자 작성한 감정 관리 계획을 바탕으로 감정과 대처 방법을 차례로 발표하게 한다. 나머지 모둠원들은 서로 응원해 준다. 또는 친구의 계획을 들으며 공감해 주는 질문("그럴 땐 어떤 기분이 들었어?")이나 대안을 제시("나는 이렇게 해 봤어.")할 수도 있음을 안내한다.

교사는 활동 전에 '공감, 존중, 응원'의 대화 규칙을 안내하고, 모둠 내에서 안전하게 대화가 이루어지도록 따뜻한 분위기를 조성한다.

4) 그림책 한 문장 필사하고 공유하기

학생들은 자신이 읽은 그림책 문장 중 가장 마음에 와닿는 문장을 찾고 필사해 본다.

이는 단순한 글쓰기 연습이 아니다. 필사는 그림책의 깊은 의미와 감정을 내 것으로 만드는 마법 같은 활동이다. 문장을 손으로 직접 쓰면서 그 뜻을 더 확실하게 이해하고, 작가의 표현 방식을 자연스럽게 익혀 자신의 생각을 정리하고 글쓰기 실력을 향상시킬 수 있다.

디지털 세상에서 잠시 벗어나 책의 한 문장과 마주하며 아날로그적인 나만의 시간을 가질 수 있다는 것도 장점이다. 마음에 드는 문장을 필사하면서 나 자신을 돌아보고, 친구들과 함께 나눈 생각들을 더 깊이 간직할 수 있는 멋진 경험이 가능하다.

글을 마무리하며

'부정적 감정에 대처하기'라는 같은 주제 아래 다양한 그림책을 읽은 학생들은 서로 다른 상황과 주인공의 감정을 따라가며 공감하고, 자신의 감정도 자연스럽게 들여다보게 되었다. 특히 『소피가 속상하면, 너무 너무 속상하면』을 읽은 모둠은 분노와 좌절에 관해 깊이 있는 대화를 나누었고, 『블랙 독』을 읽은 모둠은 두려움이 실제보다 더 크게 느껴질 수 있다는 사실에 공감하며 자신들의 경험을 나누는 모습이 인상 깊었다.

감정 관리 계획 활동을 하고 나서는 단순히 '기분이 나쁘면 참는다.'는 수준을 넘어, 감정을 어떻게 인식하고 어떤 방식으로 다룰지 구체적으로 계획하는 방법을 알게 되었다는 학생들이 많았다. 한 학생은 '하루 한 번 감정 일기 쓰기', '불안할 때는 숨 고르기' 같은 실제적인 대처 방법을 내놓았다.

모둠 내에서 서로의 감정을 표현하고 계획을 공유할 때, 학생들이 보인 진지한 태도와 경청, 따뜻한 피드백은 모두에게 좋은 경험이었다. 부정적 감정은 매우 사적인 것으로 쉽게 꺼내기 어려운데, 그림책이라는 매개를 통해 안전하고 자연스럽게 대화가 이루어짐을 다시 확인할 수 있었다. 수업을 통해 학생들이 부정적 감정을 인식하고 조절하며 적절히 표현할 수 있다는 것을 체험하게 된 점이 가장 큰 성과이다.

— 4부 —

관계 인식과 관계 관리

관계 영역 - 관계 인식 및 관계 관리 핵심 역량
1. 경청 및 공감하기

'경청 및 공감하기'는 한국형 사회정서교육 '관계' 영역 핵심 역량인 '관계 인식과 관계 관리'의 하위 기술 중 하나이다. 경청과 공감은 타인의 말과 감정을 주의 깊게 듣고, 그 감정을 이해하고 인정해 주는 의사소통 기술이다. 이러한 태도는 단순히 상대방의 말을 듣는 것을 넘어, 말하는 사람의 감정과 생각에 진심으로 관심을 기울이고 반응하는 능력을 포함한다.

경청과 공감은 정서적 안정감과 신뢰감을 형성하며, 갈등을 줄이고 긍정적인 관계를 유지하는 데 핵심적인 역할을 한다. 특히 친구, 교사, 가족 등 가까운 관계의 갈등 상황에서는 상대의 마음을 먼저 이해하려는 태도가 문제 해결의 시작점이 될 수 있다.

학교생활에서는 친구의 이야기를 끝까지 듣지 않거나 내 생각만 주장하다 보면 오해나 갈등이 쉽게 생긴다. 그러나 상대방의 말에 집중하고, 그 기분을 존중해 주는 경청과 공감의 태도를 익히면 서로의 차이를 자연스럽게 받아들이고 더 나은 관계를 만들어 갈 수 있다. 수업을 통해 경청과 공감하는 방법을 배우고 연습한다면, 친구와의 대화에서 서로를 더 잘 이해하고 배려하는 따뜻한 학급 분위기를 만들 수 있을 것이다.

> **그림책 『가만히 들어주었어』**
> 코리 도어펠드, 신혜은 옮김, 북뱅크, 2019
>
> 슬픔에 빠진 '테일러' 곁으로 여러 동물이 위로하려 다가오지만, 아무도 테일러의 마음을 제대로 이해하지 못한다. 그러나 토끼는 다르다. 아무 말도 하지 않고 조용히 곁에 앉아 테일러의 이야기를 끝까지 들어준다. 경청과 공감이 중요하다는 것을 잘 보여 주는 그림책이다.
>
> ----
>
> **그림책 『아 진짜』**
> 권준성 글, 이장미 그림, 어린이아현, 2018
>
> 주인공 아이에게 계속 속상한 상황이 벌어진다. 아침에는 엄마 손에 이끌려 일어났고, 동생이라는 이유로 형보다 용돈을 적게 받았다. 급기야 형이 자신의 장난감을 마음대로 가지고 가고, 장난감은 망가지고 만다. 속상한 장면마다 아이는 "아 진짜"를 외친다. 아이의 마음에 공감하며 누구라도 고개를 끄떡이게 되는 현실적인 이야기가 펼쳐진다.

『가만히 들어주었어』는 힘들어하는 친구 곁에 조용히 앉아 말없이 귀 기울여 주는 토끼의 모습을 통해 경청과 공감의 진정한 의미를 알려 주는 그림책이다. 함께 생활하는 친구들 사이에서도 말로 다 표현하지 못하는 감정이 있을 수 있는데, 이 책은 그런 마음을 어떻게 알아차리고 따뜻하게 반응할 수 있는지 생각해 보게 한다. 학생들은 책을 읽고 상대의 감정을 말, 표정, 행동을 통해 파악해 보며, 친구의 이야기를 집중해서 듣고 공감하는 태도를 실천해 볼 수 있다.

『아 진짜』를 읽고 나서, 수업에서는 그림책 속 상황을 골라 역할극과 대화 활동을 해 본다. 이를 통해 경청과 공감하는 방법을 익히고, 긍정적인 관계를 만들어 가는 데 필요한 마음가짐을 기를 수 있다. 앞으로 친구와의 관계에서 서로의 감정을 존중하며 귀 기울여 듣는 태도를 생활 속에서 실천해 가길 기대한다.

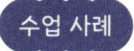

1. 그림책 읽고 이야기 나누기

『가만히 들어주었어』를 읽으며 등장하는 동물들의 위로 방식이 각각 어떻게 다른지, 그리고 테일러가 어떤 상황에서 마음의 문을 열게 되었는지 이야기 나누면, 아이들은 경청과 공감의 중요성을 자연스럽게 이해할 수 있다.

그런데 다른 친구의 블록을 무너뜨리자는 뱀의 제안을 제외하면 각 동물들의 위로 방식이 틀렸다고 할 수 없고, 충분히 보일 수 있는 반응이다. 다만 테일러에게는 자신의 감정을 처리할 시간이 필요했는지도 모른다. 이렇게 여러 인물이 보여 준 행동과 감정을 중심으로 대화를 나누고 자기 경험을 연결해 보면서, 경청과 공감을 실천하는 태도를 익힐 수 있도록 동기 부여를 한다.

깊이 있는 활동을 위한 질문
1. 토끼의 위로 방법은 다른 동물들과 어떻게 다를까?
2. 테일러는 왜 다른 동물들의 위로를 받아들이지 않았을까?

3. 테일러는 토끼가 옆에 가만히 있어 주었을 때 어떤 마음이 들었을까?
4. 등장인물 가운데 가장 마음에 든 위로 방식과 그 이유는 무엇인가?
5. 나도 테일러처럼 힘들었을 때 누군가가 내 이야기를 잘 들어준 경험이 있을까?

『아 진짜』를 읽는 동안 먼저 그림을 자세히 살펴보며 주인공이 어떤 상황에 놓여 있는지 파악한다. 그리고 이때 주인공의 감정이 어떨지 예상해 보고, 그 마음이 잘 드러나게 "아 진짜"라는 말도 따라 해 본다. 그림책을 보면서 학생들은 자연스럽게 자신의 비슷한 경험을 떠올리고 반응하는데, 이때의 반응은 되도록 모두 수용해 준다. 학생들은 그림책이 들려주는 이야기를 경청하고 주인공의 상황에 공감하게 된다.

깊이 있는 활동을 위한 질문
1. 이 그림책에서 어떤 말이 반복해서 나왔을까?
2. 한 장면을 골라 보자. 그 장면에서 주인공은 어떤 어려움이 있었을까?
3. 형이 장난감을 망가뜨렸을 때 주인공은 어떤 마음이었을까?
4. 여러분이 "아 진짜"라고 말하는 상황은 주로 어떤 상황인가?
5. 가장 공감되는 주인공의 상황과 그때 주인공에게 해 주고 싶은 말은?

2. 『아 진짜』의 한 장면으로 짝 대화하기

주인공의 말과 표정, 행동을 살펴보며 인물의 마음을 파악하고, 짝과 함께 대화하며 공감 표현을 연습해 보는 활동이다.

먼저 그림책 속 장면을 보고 주인공이 어떤 마음이었을지 말, 표정, 행동을 통해 유추해 본다. 이후 짝과 함께 역할을 나눠 그림 속 상황을 자신의 이야기처럼 설명하고, 상대는 경청한 뒤 다시 말해 보는 활동을 한다. 감정에 공감하는 말 표현과 '나라면 이렇게 느꼈을 것 같아.' 같은 문장을 함께 사용해 보며 상대의 마음을 헤아리는 연습을 할 수 있다.

활동을 마친 후에는 서로에게 경청과 공감의 표현을 주고받으며 따뜻한 대화를 나눈 경험을 되돌아본다.

<짝 대화 방법>

[그림책 속 장면] 형이 리모컨을 독차지하고 형이 보고 싶은 프로그램을 보는 장면

나: 그림 속 상황이 내 상황이라고 생각하고 상황 설명하기
짝: 친구의 이야기를 잘 듣고 다시 말하기
나: 경청에 대한 간단한 감사 표현하기
짝: 공감 표현하기(마음 파악 및 예측, "나라면~")
나: 주인공이 나였다면 내가 느낀 마음 말하기

<짝 대화하기>

나: 형이 리모컨을 쥐고 보고 싶은 프로그램을 봐서 나는 내가 보고 싶은 것을 못 봤어.
짝: 아, 형이 리모컨을 차지해서 너는 네가 보고 싶은 프로그램을 못 봤구나!
나: 맞아, 내 이야기를 잘 들어주어서 고마워.
짝: 나라면 정말 속상했을 것 같아.
나: 정말 그래. 그때 나 정말 짜증이 났어.

3. 모둠 활동으로 경청과 공감의 대화 연습하기

경청과 공감은 친구의 감정을 알아차리고 존중하는 태도로, 서로의 이야기를 주의 깊게 듣고 반응하는 연습이 필요하다.

이 활동에서는 네 명씩 모둠을 이루어 각자 역할을 맡아 돌아가며 활동한다. 한 명은 자기 경험이나 감정을 말하고, 다른 친구들은 그 이야기를 다시 말하거나 공감 표현을 한다. 역할은 '상황 이야기하기', '다시 말하기', '공감 표현하기'로 나눈다. 이때 역할을 돌아가면서 두루 해 본다. 맡은 역할을 통해 경청과 공감의 대화가 어떤 느낌인지 직접 경험하면서, 일상생활에서도 자연스럽게 실천하는 태도를 기를 수 있다.

<경청과 공감 역할>

1번 역할: 내 상황 이야기하기

2번 역할: 다시 말하기

3번 역할: 공감의 표현하기

4번 역할: 공감의 표현하기

1번 역할: 내가 느낀 마음 말하기

<경청과 공감 연습하기 1>

1번: 내가 아껴두었던 젤리를 언니가 내 허락도 없이 먹었어.

2번: 언니가 네 허락도 없이 네 젤리를 먹어 버렸구나.

3번: 갑자기 젤리가 없어져서 황당했겠다.

4번: 언니가 너에게 물어보지도 않고 네 젤리를 먹어서 화났겠다.

1번: 맞아, 정말 황당하고 화났었어.

<경청과 공감 연습하기 2>

1번: 동생은 세뱃돈으로 3만 원을 받았는데, 나는 2만 원을 받았어.

2번: 너는 세뱃돈을 2만 원 받았는데, 동생은 3만 원을 받았구나.

3번: 네가 형인데 세뱃돈을 더 적게 받아서 속상했겠다.

4번: 동생과 네가 받은 세뱃돈이 달라서 황당했겠다.

1번: 맞아, 게다가 동생이 더 많이 받았다고 나한테 자랑해서 정말 짜증 났었어.

4. 경청과 공감의 좋은 점 이야기 나누기

모둠 활동이 끝나면 활동하며 느낀 점을 나눈다. 학생들은 친구가 자신의 이야기를 끝까지 들어주었을 때 어떤 기분이 들었는지, 또 친구의 감정에 공감하며 표현해 보았을 때 어떤 마음이 생겼는지를 돌아본다. 활동 전에는 막연하게 느꼈던 '경청'과 '공감'이라는 말이, 실제 친구와 나눈 대화를 통해 따뜻하고 편안한 관계로 이어 주는 힘이 있다는 사실을 직접 체험하게 된다.

이야기를 들어주고 고개를 끄덕여 주는 것만으로도 친구가 편안해질 수 있고, "그랬구나.", "힘들었겠다." 같은 짧은 말이 상대의 마음에 위로가 될 수 있음을 아이들은 활동을 통해 깨닫는다.

나눔 시간에는 "경청과 공감을 실천하면 친구 관계가 어떻게 달라질 수 있을까?" 같은 질문을 중심으로 이야기를 나누거나, '오늘 활동하며 가장 기억에 남은 말이나 행동은 무엇이었는지', '다음에 또 이런 대화를 나눌 기회가 온다면 어떻게 해 보고 싶은지' 이야기를 나눠 보면 좋다. 이런 정리 활동을 통해 학생들은 자기 생각과 느낌을 돌아보고, 배운 내용을 생활 속에서 실천하는 태도로 연결해 갈 수 있다.

글을 마무리하며

 학기 초 아이들이 서로를 조심스럽게 대하던 시기가 지나고, 조금씩 가까워지면서 말다툼이나 감정 충돌이 잦아지는 모습들을 본다. 다투는 이유는 대부분 사소한 오해에서 비롯되었지만, 자기 입장만 고집하거나 친구의 속마음을 미처 알아차리지 못해 갈등이 깊어지는 경우가 많았다. 평소 학급에서 "친구 이야기를 잘 들어야 해."라고 이야기하지만, 막상 실제 상황에서는 어떻게 들어야 하는지, 들어주는 태도가 왜 중요한지를 체감하기 어려워 보였다.

 『가만히 들어주었어』를 활용한 이번 경청과 공감 수업은 아이들에게 말보다 '들어주는 마음'이 훨씬 큰 위로가 될 수 있음을 자연스럽게 알려 줄 수 있어 의미 깊었다. 수업 후 아이들이 "말 안 해도 옆에 있어 주는 게 진짜 좋았을 것 같아요.", "친구 이야기를 끊지 않고 들어주니까 나도 기분이 좋아졌어요."라고 말하며 자기 경험을 연결해 이야기하는 모습을 보면서, 경청과 공감은 단지 기술이 아니라 함께 살아가기 위한 마음의 태도라는 생각이 들었다.

 앞으로도 아이들과 함께 다양한 활동을 통해 '잘 듣는 법'과 '마음을 헤아리는 말'을 계속 연습하고 익히며, 교실 안에서 더 따뜻한 관계가 만들어지도록 돕고 싶다. 작은 갈등이 생겨도 서로의 감정을 존중하며 해결하는 힘을 기르기 위해, 교사로서 일상 속에서 더 섬세한 질문과 말 걸기를 시도해 봐야겠다는 다짐도 해 본다.

관계 영역 - 관계 인식 핵심 역량
2. 다양성의 수용

'다양성의 수용'은 한국형 사회정서교육 '관계' 영역 중 '관계 인식' 핵심 역량의 구성 요인 중 하나이다. 일반적으로 다양성이란 나이, 종교, 성(性), 인종, 윤리적 배경 같은 사람들의 개인적 특성의 차이를 말한다.* 한국형 사회정서교육에서의 '다양성의 수용'이란 개인의 인종, 성별, 종교, 지역 등 여러 측면에서 개별성과 다양성을 존중하는 것을 말하며, 이는 타인과 긍정적으로 소통하고 협력하는 데 기본이 되고, 나아가 공동체의 조화와 발전에 영향을 미치는 중요한 요소이다.**

우리가 관계를 맺고 살아가는 사람들 중 나와 비슷한 사람은 있을지 몰라도 똑같은 사람은 없다. 참고로 다문화 학생 수는 2024년도 기준 19만 3,814명으로 10년 사이에 2.3배 증가하였다.*** 학생들이 주변에서 다양한 문화적 배경을 가진 친구들을 만날 가능성이 점점 높아지고

---

*   HRD 용어 사전
**   「한국형 사회정서 성장 지원 모델 마련 연구」 서완석 외, 한국교육환경보호원(2024)
*** '다문화학생 비율 증가, 대한민국 저출산 개선' 기사(http://www.eduinside.kr/news/articleView.html?idxno=14564)참고 <에듀인사이드>

있는 것이다. 이러한 시대적 배경 속에서, 나와 타인 모두의 개별성과 다양성을 존중하는 힘을 기르는 교육이 반드시 필요하다.

> **그림책 『나 아닌 다른 사람들』**
> 수산나 마티안젤리 글, 크리스티나 시차 루비오 그림, 제닝 옮김, 목요일, 2024
> 거리에 나가면 마주치는, 얼굴, 냄새, 옷차림 등이 다양한, 내가 아닌 다른 사람들에 관한 이야기이다. 우리 삶 속에서 일상적으로 마주치지만 스쳐 지나가기에 기억하지 못하는 타인들에 관해, 그리고 그들과의 관계에 관해 글과 그림으로 친절하게 설명하고 있다.

사람은 관계 속에서 살아가며, 나는 한 명이지만 세상에는 나와 다른 수많은 사람이 존재한다. 그림책 『나 아닌 다른 사람들』에는 이와 같은 사실들이 구체적인 문장으로 잘 표현되어 있다. 특히 그림의 표현 방식에 주목할 필요가 있다. 수채화 특유의 가벼운 질감과 투명한 색감으로, 서로 다른 색의 선들이 겹쳐 보인다. 이는 개개인이 타인과 서로 영향을 주고받으며 살아간다는 메시지를 시각적으로 전달한다.

바로 이 특성을 활용하여 수업을 구성하였다. 나를 표현하는 색을 찾고 그 색을 가지고 친구를 만나 두 색을 섞어 또 다른 색을 만들어 내는 것이다. 이 같은 경험은 미술 교과 시간의 색 혼합 수업을 넘어 '우리는 다양한 사람과 관계를 맺으며 살아가고 그 다양성이 세상을 보다 더 아름답고 다채롭게 만들어 줄 수 있음'을 직관적으로 알아차리게 할 것이다.

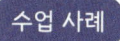 수업 사례

1. 그림책 읽고 이야기 나누기

『나 아닌 다른 사람들』은 학생들이 많이 봐 왔던 그림책들과 다르다. 주인공의 이름이 나와 있지 않고 대화 장면도 없다. 그림책 속 화자가 일방적으로 말하고 있는 형식이라 학생들이 생소할 수 있으므로, 책을 읽고 난 뒤 누가 주인공일 것 같은지, 책 속 화자가 어떻게 이야기하고 있는지를 학생들과 먼저 이야기한 뒤 아래 질문들을 나눠 보기를 추천한다.

깊이 있는 활동을 위한 질문

1. 그림책 속 인물은 어떤 말들을 하고 있을까?
2. 어제와 오늘, 내가 만난 타인은 누구인가?
3. 모든 타인을 이해할 수 있을까? 이해할 수 없었던 경험이 있나?
4. 그림 작가는 왜 이런 재료(수채화 물감)를 사용하였을까?
5. 다양한 사람들이 함께 지내면 좋은 점이 무엇일까? 힘든 점도 있을까?

첫 번째 질문은 다음처럼 진행한다. 짝과 함께 그림 속 인물이 어떤 상황에 처했는지, 또 어떤 말을 하고 있을지 이야기 나누며 그림책 장면 활동지에 번갈아 가며 말풍선을 추가한다. 활동 시간을 5분 정도 가진 뒤, 원하는 학생들 2~3팀의 활동지를 실물 화상기에 비추어 친구들과 공유한다.

2. 나를 표현하는 색 찾기

준비물 : 빈 도화지, 수채 도구(물감 있는 팔레트, 붓, 물통, 물 조절용 휴지 등),
       활동지 1(도화지에 인쇄)

'깊이 있는 활동을 위한 질문' 중 마지막 질문에 관해 이야기를 나눈 후 이어지는 활동이다.

교사는 우리 반의 모습을 그림책처럼 수채 물감을 활용해 표현해 보자고 말한다. 먼저, 자신을 표현하는 색을 찾는다. 색을 정하기 전에 그림책의 그림만 한 번 더 함께 살펴보면서 인물들을 표현한 다양한 색깔을 집중해서 관찰하고, 어떤 색으로 자신을 표현할지 생각해 보도록 한다. 그런 다음 수채화 도구를 활용해 자신을 표현하는 색을 찾는다. 원래 있는 색을 사용해도 좋고 여러 색을 섞어 새로운 색을 만들어도 좋다. 빈 도화지에 여러 색들을 칠해 보고 나를 가장 잘 표현하는 색을 정한다.

색을 정했다면 그것을 활동지 1의 네모 칸 안에 칠한다. 여러 색을 섞어서 만든 경우, 어떤 색을 섞었는지 활동지에 적어 놓는다. 이는 이후

■ 내 색깔 만들기   ■ 활동지 1-나를 표현하는 색으로 나 그리기

활동에서 같은 색을 다시 표현할 수 있도록 돕기 위한 것이다. 다음으로 활동지 아래에 나를 표현하는 색으로 스케치 없이 내 모습을 그려 본다. 이때는 전신을 그리도록 하며, 멋지게 그리려고 하지 말고 자신감을 가지고 붓으로 자유롭게 표현할 수 있도록 한다.

3. 친구들과 만나 새로운 색 만들기

준비물 : 수채 도구(물감 있는 팔레트, 붓, 물통 등), 활동지 2(도화지에 인쇄)

협동화의 배경이 될 색 타일을 만들어 보는 활동을 진행한다. 학생들은 각자 자신을 표현하는 색을 가지고 친구들과 만나서 색을 섞어 새로운 색을 만든다.

활동은 짝 활동으로 진행한다. 두 명 중 한 명은 자리에 앉아서, 다른 한 명은 교실을 돌아다니며 활동하는데 번갈아 10분씩 한다. 앉아서 활동하는 학생은 책상 위에 자신의 활동지를 놓고, 팔레트와 붓, 깨끗한 물을 준비한다. 돌아다니며 활동하는 학생은 자신의 팔레트와 활동지를 가지고 자리에서 출발하여 앉아 있는 친구 한 명을 찾아간다.

만난 두 학생은 각자 자신을 표현하는 색을 팔레트에 만들고, 서로의 색을 자기 팔레트에 가지고 온 다음 두 색을 섞어 새로운 색을 만든다. 그렇게 만들어진 새로운 색을 자신의 활동지 칸에 칠한다. 10분이 지난 후, 역할을 바꾸어 같은 방식으로 활동을 이어 간다. 활동이 모두 끝나면 수채 도구를 정리하고 활동지만 책상 위에 올려 둔다.

■ 활동지 2-두 학생이 만나 만든 새로운 색 타일

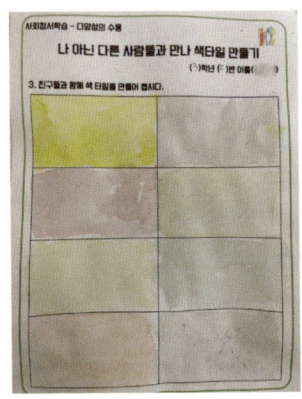 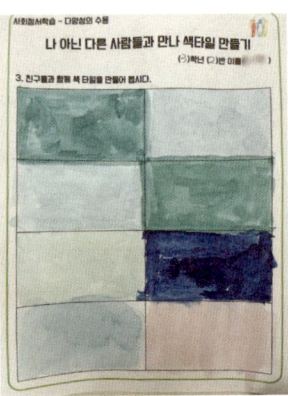

4. 다양해서 좋은 점 알기

준비물 : 활동지 2, 질문이 적힌 종이, 보드판 및 보드마카(모둠별 1개씩)

활동 3을 마치고 자신의 활동지를 보며 이야기 나눈다.

교사: 색 타일의 색 중에 같은 색이 있나요?
학생 1: 없어요. 비슷한 색은 있는데 같은 색은 없어요.
교사: 이 타일의 색이 모두 같다고 상상해 봅시다. 어떤 것이 아름다울까요?
학생 2: 저는 색이 다양한 것이 아름답다는 생각이 들어요. 지루하지도 않고요.

이렇게 함께 만든 색 타일을 가지고 이야기를 나눈 후, 활동지는 교실 가장자리로 옮겨 말려 둔다. 활동지가 마를 동안 교실을 크게 네 공간으로 나누고 각 장소마다 다른 질문이 적힌 종이를 둔다.

[질문 1] 생각이 같은 사람들만 있다면 어떤 세상이 될까?
[질문 2] 나이가 같은 사람만 있다면 어떻게 될까?
[질문 3] 여성만 또는 남성만 있다면 어떤 세상에 될까?
[질문 4] 동물 또는 식물이 한 종류만 있다면 어떻게 될까?

학생들은 자신이 이야기 나누고 싶은 주제가 있는 장소로 가서 앉는다. 친구들과 자유롭게 이야기 나눈 뒤 의견들을 모둠 보드판에 정리한다. 그런 다음, 그것을 전체 친구들과 함께 나눈다.

■ '다양하지 않다면 세상은 어떻게 될까?'

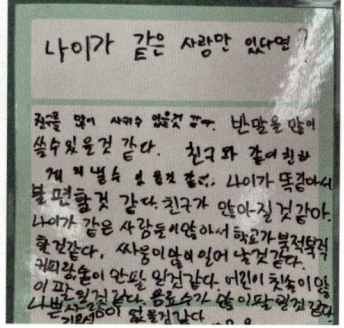

5. 우리 반 협동화 완성하기

준비물 : 활동지 1, 활동지 2, 가위, 풀, 투명 테이프, 포스트잇, 전지 2장

다 마른 활동지 두 장을 가지고 와서, 자신을 표현하는 색으로 그린 나

의 모습과 종이 타일을 오린다. 전지 두 장을 이어 붙인 판에 색 타일부터 이어 붙여 배경을 만든다. 그 위에 오려 둔 나의 모습을 붙이고, 이를 작품 게시판에 게시한다.

게시판에 전시된 우리 반 협동 작품을 함께 보며 배경이 한 가지 색으로만 칠해져 있었다면 어떤 느낌이 들지, 다양한 색으로 표현되어 있으니 어떤 생각이 드는지 다시 한번 질문하고 이야기 나눈다.

나 아닌 다른 사람이 함께 있는 우리 반, 우리 학교, 우리 사회에서 나의 마음가짐이나 태도는 어때야 할지 포스트잇에 쓰고, 협동화 아래 게시하여 서로 나눈다.

■ 알록달록 내 모습 붙이기

■ 서로 다른 우리가 함께 만나면?

글을 마무리하며

미술 수업과 토의 수업이 함께 이루어지다 보니 정신이 없었지만, 수업 후 학생들은 그 어느 때보다 눈이 반짝였다. 다양성의 장점에 대해 단순히 이야기만 나누었을 때보다 수채 도구를 활용하여 활동하고 시각적인 결과물을 보면서 생각하게 하니 사고의 폭이 훨씬 확장되었다.

학년에 따라 집중력에 차이가 있을 수 있다. 중학년까지는 1~3단계 활동과 4~5단계 활동을 서로 다른 날에 하는 것이 더 효과적일 수 있다. 그리고 수채화 도구가 익숙하지 않은 저·중학년의 경우에는 수채 물감이 아닌 컬러 클레이를 활용해 자신을 표현하는 색을 찾고, 친구들과 만나 색을 섞어 만든 구슬들을 모아 팔찌를 만드는 활동을 할 수도 있다.

다양성이라는 개념은 그 범주를 국가, 인종 등으로 확장할 수 있기에 이 수업을 다문화 이해 교육과 연계할 수도 있다. 다문화 이해 교육에 앞서 위의 수업을 함께 한다면 학생들에게 추상적일 수 있는 '다문화'라는 개념을 보다 구체적으로 이해하게 할 수 있을 것이다.

관계 영역 - 관계 관리 핵심 역량
3. 대인 관계 기술 1

'대인 관계 기술'은 한국형 사회정서교육 '관계' 영역 중 '관계 관리' 핵심 역량의 하나이다. 대인 관계 기술은 타인과 친밀하고 건강한 관계를 형성하고 유지하는 능력을 말한다. 상대방과의 관계에서 자신을 얼마나 어떻게 드러낼지를 적절히 조절하고, 관계에 대한 현실적인 기대를 가지며, 상황에 따라 감정을 유연하게 다루는 것이 이 기술의 핵심이다.* 때로는 나에게 해가 되는 관계를 알아차리고 적절한 거리를 유지하며, 진정으로 나를 이해하고 지지해 주는 사람들과 더 깊은 관계를 만들어 가는 것도 중요한 대인 관계 기술이다.

다양한 사람과 관계를 맺으면서 모든 관계가 늘 편안하고 긍정적일 수는 없다. 그렇지만 안타깝게도 많은 학생이 자신을 무시하거나 상처 주는 친구와도 억지로 친해져야 한다고 생각해, 관계에서 스트레스를 받거나 자존감이 낮아지는 경우가 있다. 건강한 대인 관계 기술을 익히면 나에게 상처를 주는 관계에서는 용기 있게 거리를 두고, 나를 진심으

---

* 「한국형 사회정서 성장 지원 모델 마련 연구」 53쪽 참고, 서완석 외, 한국교육환경보호원(2024)

로 이해하고 지켜 주는 소중한 사람들과는 더 깊은 우정을 쌓아 갈 수 있다.

> **그림책 『도망치고, 찾고』**
> 요시타케 신스케, 권남희 옮김, 주니어김영사, 2021
> 나에게 상처 주는 사람을 만났을 때는 그 사람으로부터 도망쳐 자신을 지키고, 나를 이해하고 보호해 줄 소중한 존재를 찾아 끊임없이 움직이라는 힘찬 응원의 메시지를 담고 있다. 도망치는 것은 부끄럽거나 비겁한 일이 아니라 자신을 지키기 위한 용감한 선택임을 알려 준다.

최근 SNS의 발달과 함께 대면 관계에서 소통 능력이 부족해지면서 교육 현장에서도 관계 갈등으로 인한 문제가 점차 증가하여, 체계적인 대인 관계 교육의 필요성이 대두되고 있다. 이런 맥락에서 『도망치고, 찾고』는 학생들이 자신에게 해로운 환경에서 적절히 벗어나고, 나를 지지해 주는 사람들을 찾아가는 방법을 배우는 데 도움을 준다. 그림책 속 주인공이 못된 사람들로부터 도망쳐서 소중한 사람을 찾아가는 과정을 통해 학생들도 자신의 안전과 행복을 지키는 것의 중요성을 깨달을 수 있다.

수업에서는 '마음 도망 지도' 그리기 활동을 통해 위험한 상황에서의 구체적인 대처 방법과 나만의 안전 공간을 시각화한다. '내 편 찾기' 활동에서는 나와 취향이 맞고 함께 웃을 수 있는 소중한 사람들을 발견하며, '배려 실천 카드 만들기'로 좋은 관계를 유지하기 위한 구체적 실천 방안을 마련할 수 있다. 이를 통해 학생들이 자기 보호 능력과 건강한 관계 형성 기술을 익혀 올바른 대인 관계를 발전시켜 나갈 수 있기를 기대해 본다.

수업 사례

1. 그림책 읽고 이야기 나누기

『도망치고, 찾고』는 요시타케 신스케 특유의 간결하면서도 직관적인 그림체가 돋보이는 작품으로, 장면마다 상황을 명확하게 전달한다.

아이들과 함께 주인공의 움직임을 따라가며 각 장면이 전하는 메시지를 읽어 보면 책 내용을 충분히 이해할 수 있다. 이후 깊이 있는 활동을 위한 질문을 통해 관계에서의 적절한 거리 조절과 선택적 관계 맺기의 중요성을 알게 된다. 이를 통해 자신의 경험과 연결하여 건강한 대인 관계 형성 방법을 생각해 보도록 한다.

깊이 있는 활동을 위한 질문

1. 작가는 '상상력이 부족한 사람'을 어떻게 표현하고 있나?
2. 자기 다리에 주어진 임무는 무엇이라고 했나?
3. 평소 '도망'이라는 단어를 들으면 어떤 생각이나 이미지가 떠오르나?
4. 나는 어떤 사람으로부터 도망치고 싶은가?
5. '너와 닮은 사람, 너와 함께 깔깔깔 웃어 줄 사람'을 찾기 위해 구체적으로 어떤 노력을 할 수 있을까?

2. 나를 지키는 '마음 도망 지도' 그리기

　이 활동은 그림책 제목 속 '도망치고'를 구체적이고 실질적인 계획으로 만들어 보는 과정이다. 실제로 아이들이 대인 관계에서 어려움을 겪을 때 어떻게 대처해야 할지 몰라 막막해하거나 그저 참고 견디는 경우가 많다. 따라서 위험한 상황에서 자신을 보호할 수 있는 구체적인 방법들을 미리 계획해 두고 시각화하여 실제 상황에서 활용할 수 있도록 한다.

　마음 도망 지도 그리기는 특별히 정해진 형식은 없지만, 무턱대고 그리라고 하면 어려워할 학생들의 이해를 돕기 위해 교사가 몇 가지 방법을 제시할 수 있다. 먼저 학생들에게 자신이 힘들어하는 상황이나 관계를 떠올려 보게 한다. 그다음 떠올린 상황에서 자신을 보호하는 방법이나 단계별 행동 순서를 정리해 본다. 그리고 부모님, 친구, 선생님 등 주변에 도움을 요청할 사람이 있는지도 구체적으로 생각해 보도록 안내한다. 또한 힘든 상황에서 마음을 달래거나 기분을 전환할 수 있는 자신만의 스트레스 해소 방법을 포함하도록 지도한다.

　학생들은 이러한 가이드라인을 참고하여 도화지에 마음 도망 지도를 글과 그림으로 자유롭게 표현한다. 이때 위로가 되는 물건, 나만의 피난처가 되는 공간, 경고 신호 등도 색깔, 모양, 상징적 이미지 등을 활용하여 창의적으로 시각화할 수 있도록 격려한다. 완성된 지도는 현실에서 어려운 대인 관계 상황에 놓였을 때 언제든지 꺼내 볼 수 있는 나만의 대처 매뉴얼이 된다. 이를 통해 학생들이 위험 상황을 조기에 감지하고 체계적으로 대처할 수 있는 대인 관계 기술을 습득할 수 있다.

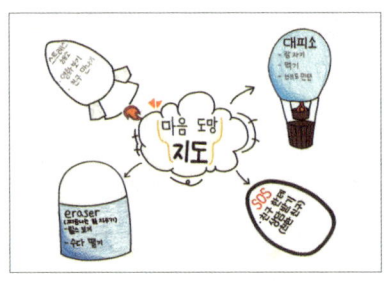

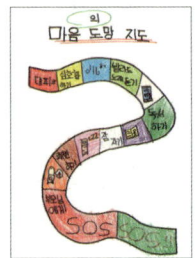

3. '내 편 찾기' 포스터 만들기

 이 활동은 그림책 제목 속 '찾고'를 실천하는 과정으로, 자신과 진심으로 통할 수 있는 사람들을 발견하고 만나기 위한 구체적인 방법을 탐색해 보는 활동이다. 많은 아이가 "나와 비슷한 친구가 없어요.", "나를 이해해 주는 사람이 없어요."라고 말하지만, 실제로는 자신의 진정한 모습이나 관심사를 숨기고 있어서 비슷한 마음을 가진 친구들을 만나지 못하는 경우가 있다. 따라서 이 활동을 통해 자신만의 독특한 취향이나 관심사를 당당하게 드러내고, 이를 바탕으로 진정한 내 편을 찾는 방법을 익히도록 한다.

 학생들은 자신이 좋아하는 것과 연결해 친구와 함께하고 싶은 활동 세 가지를 포스터에 적는다. 포스터 상단의 '내 편 찾기' 제목도 자신만의 개성이 드러나도록 직접 디자인하여 꾸미도록 한다. 완성된 포스터는 교실 게시판에 전시하고, 학생들이 서로의 포스터를 살펴보며 공통점을 찾아보는 시간을 갖는다. 비슷한 관심사나 취향을 가진 친구의 포스터를 발견하면, '내가 네 편이 되어 줄게!' 칸에 자신의 이름 스티커를 붙여 관심을 표현할 수 있다. 이를 통해 학생들은 자신과 비슷한 취향을 가진 친구들을 자연스럽게 발견하고, 새로운 관계를 시작할 기회를 얻게 된다.

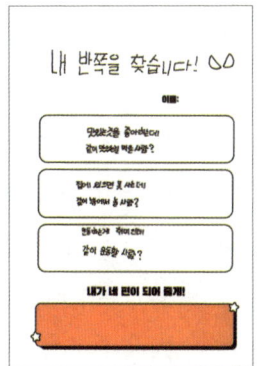
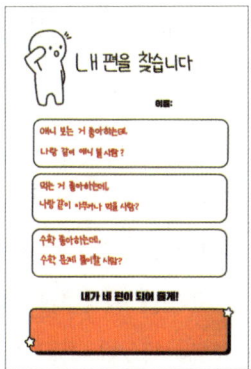

4. 내 편과 좋은 관계를 유지하기 위한 '배려 실천 카드' 만들기

이 활동은 앞선 '내 편 찾기' 활동을 통해 발견한 소중한 사람들과의 관계를 지속적으로 발전시키고 유지하기 위한 구체적인 방법을 실천해 보는 과정이다.

많은 아이가 좋은 친구를 만나는 것에만 관심을 두고, 그 관계를 유지하고 더 깊게 발전시키는 노력에는 소홀한 경우를 자주 본다. 실제로 진정한 우정은 서로에 대한 지속적인 관심과 배려를 통해 더욱 단단해지고 의미 있는 관계로 성장할 수 있다. 따라서 이 활동을 통해 좋은 관계를 유지하기 위해서는 나 자신도 상대방을 위해 노력해야 한다는 것을 깨닫고, 실천 가능한 배려 방법들을 구체적으로 계획해 볼 수 있도록 한다.

학생들은 배려 실천 카드에 들어갈 세 가지 실천 방법을 생각해 본다. 예를 들어 '친구가 속상해할 때 진심으로 위로해 주기', '친구의 이야기를 끝까지 들어주기', '친구가 좋아하는 것을 함께 즐기기' 등 일상에서 실제로 할 수 있는 구체적이고 따뜻한 행동들이면 좋다. 거창한 것보다는 작지만 꾸준히 실천할 수 있는 것들을 중심으로 선택하여 실현 가능성을 높인다.

완성된 배려 실천 카드는 각자 잘 보이는 곳에 붙여 두고 수시로 확인하면서, 친구와의 관계에서 어려운 순간이나 더 가까워지고 싶을 때 참고할 수 있는 실용적인 안내서로 활용할 수 있다. 이를 통해 학생들은 좋은 관계가 저절로 유지되는 것이 아니라 서로의 지속적인 노력과 배려가 있어야 가능하다는 사실을 깨닫고, 건강한 대인 관계를 형성하고 유지하는 기술을 익혀 나가게 될 것이다.

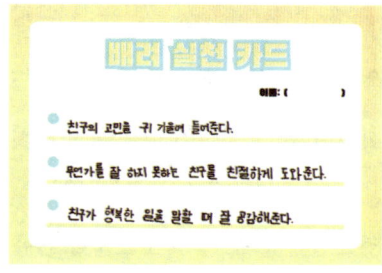 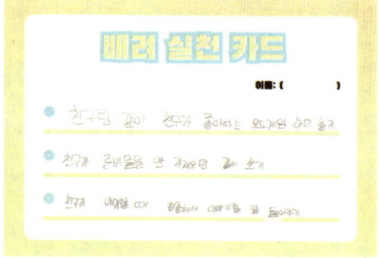

글을 마무리하며

'친구들과 사이좋게 지내야 한다.'는 말을 듣고 자란 아이 중에는 누군가와의 관계가 원만치 않을 때 자신에게 문제가 있는 것처럼 느끼는 경우가 있다. 특히 착하고 배려심 많은 아이일수록 상대방이 자신에게 상처를 주는 상황에서도 본인이 더 이해하고 참아야 한다고 생각해 자신을 희생하는 모습을 자주 본다. 반대로 "저는 친구가 없어요."라고 말하는 아이들을 보면 자기는 가만히 있으면서 다른 친구가 먼저 다가와 주기만을 바라는 경우도 많다.

이 그림책은 이런 아이들에게 '도망치는 것은 자신을 지키는 용기 있는 행동'이라는 메시지뿐 아니라, '나를 지켜 줄 사람을 적극적으로 찾아 나서야 한다.'며 능동적 태도를 알려 주는 데 특히 도움이 되었다. 또한, 자신만의 독특한 취향이나 관심사를 용기 있게 드러내고 비슷한 마음을 가진 친구들을 발견하면서 진심으로 놀라고 기뻐하는 아이들의 모습을 발견할 수 있었다. 이 수업을 통해 앞으로 아이들이 자신에게 상처를 주는 관계에서 당당히 벗어나고, 진정으로 소중한 사람들과 더 깊은 우정을 만들어 가길 기대한다.

관계 영역 - 관계 관리 핵심 역량
4. 대인 관계 기술 2

'효과적 갈등 해결을 통한 관계 맺기 기술'은 한국형 사회정서교육에서 중학교 '대인 관계' 영역의 핵심 하위 역량으로 제시된다. 이 역량은 청소년기 학생들이 경험하게 되는 다양한 갈등 상황을 평화적으로 해결하고, 건강한 친구 관계를 형성·유지하는 데 중요한 역할을 한다.*

디지털 환경에 익숙한 오늘날 청소년들은 대면 소통보다 SNS나 가상 공간에서의 교류를 선호하며, 특히 초등학교 시절 코로나19로 인해 학교 경험이 제한되어 관계 형성 능력이 부족한 경우도 많다. 이러한 상황에서 갈등을 평화적으로 해결하는 능력은 친구와 신뢰를 형성하고 지속적인 관계를 유지하는 데 꼭 필요한 역량이다. 올바른 관계 맺기는 타인의 감정을 이해하는 것뿐 아니라 자신의 생각과 감정을 효과적으로 표현하는 능력을 포함한다. 이 역량을 기름으로써 청소년은 갈등을 예방하고 상황에 따라 협력적인 해결책을 모색할 수 있게 되며, 성인이 되어

---

* 「한국형 사회정서교육 프로그램(중학생용) 교사용 지도서」 13쪽 참고, 교육부·한국교육환경보호원(2024)

서 경험하게 될 더 복잡한 관계에서도 소외되지 않고 행복하게 살아갈 수 있다. 이러한 이유 때문에 사회정서교육을 통해 갈등을 해결하고 건강한 관계를 맺을 수 있는 능력을 체계적으로 길러 주는 것이 중요하다.

> **그림책 『이 선을 넘지 말아 줄래?』**
> 백혜영, 한올림어린이, 2022
>
> 하늘색 친구 새와 싱싱한 지렁이를 나누어 먹고 싶은 분홍색 새. 지렁이가 무섭지만 그 사실을 솔직히 말하면 분홍색 새가 속상할까 봐 일단 선을 긋는 하늘색 새. 이 그림책은 두 친구의 갈등을 통해 우리가 맺는 관계 속에서 서로가 행복하기 위해서는 지켜야 할 보이지 않는 선이 존재한다는 사실을 전달하고, 관계 속에서 서로를 존중하고 배려하는 방법을 생각해 보게 한다.

『이 선을 넘지 말아 줄래?』에 등장하는 분홍색 새와 하늘색 새처럼, 학생들도 가까운 친구와의 관계에서 상처받는 경우가 많다. 이는 친구의 마음이나 입장을 고려하기보다 자신의 감정에만 집중하여 관계를 맺기 때문이다. 예를 들어 "내가 좋아하는 걸 함께 나누고 싶은데, 너는 왜 갑자기 거리를 두는 거야?" 같은 생각이 들면 관계가 어색해지고, 때로는 쉽게 깨지기도 한다.

이 그림책을 활용한 수업에서는 학생들이 두 새 이야기를 통해 자신의 비슷한 경험을 떠올리고, 선을 넘어 친구에게 상처를 주었던 기억이나 반대로 친구가 선을 넘었을 때 느꼈던 감정을 나누며 관계 속에서 지켜야 할 적절한 경계를 배우게 된다. 이를 통해 학생들은 건강한 대인 관계를 유지하는 데 필요한 핵심 기술을 익히고 갈등을 줄이며, 평화로운 친구 관계를 형성하는 방법을 알게 된다.

1. 그림책 읽고 이야기 나누기

그림책 속 분홍색 새와 하늘색 새는 아주 사소한 일로 갈등을 겪고 서로에게 상처를 준다. 책을 함께 읽은 후, 학생들과 갈등의 원인에 관해 이야기 나누며 두 새의 입장을 깊이 이해해 본다. 이후, 학생들 각자의 비슷한 경험을 자연스럽게 공유하도록 유도하고, 친한 친구 사이일수록 갈등이 쉽게 생기는 이유와 자신의 감정과 상대의 입장을 함께 고려하는 것이 중요한 이유를 함께 탐색한다. 마지막으로, 모두가 행복하기 위해 꼭 지켜야 할 '관계 속 경계'에 관해 생각해 보고, 이를 어떻게 실천할 수 있을지 의견을 나눈다.

깊이 있는 활동을 위한 질문

1. 왜 하늘색 새는 선을 지키고 싶었을까?
2. 분홍색 새는 하늘색 새가 선을 그었을 때 어떤 기분이었을까?
3. 내가 친구의 선을 넘었던 적이 있나? 아니면 누군가 내 선을 넘었던 적이 있나? 그때 어떤 기분이 들었나?
4. 물리적 거리뿐 아니라 감정에도 선이 있을까?
5. 우리는 언제 다른 사람의 경계를 넘는 실수를 할까?
6. 어떤 경우에 다른 사람의 경계를 존중해야 할까?

2. 관계 속 경계 설정 연습하기

관계 속 경계 설정 연습은 총 3단계로 진행한다.

1단계는 '개인 공간 실험'이다. 이 실험은 사람 사이에 보이지 않는 '선'이 있다는 것 즉, 편안함을 느끼는 물리적 거리가 사람마다 다르다는 점을 보여 준다. 실험 순서는 우선 두 명이 짝을 이루어 마주 서게 한다. 그런 다음 한 명이 천천히 다가가고, 상대가 "여기까지!"라고 말하면 멈추도록 한다. 역할을 바꿔 반복한 뒤, 사람마다 편안함을 느끼는 거리가 다름을 인식하게 한다. 1단계 실험을 통해 물리적 거리뿐 아니라 감정적인 거리에도 각자의 '선'이 있음을 알고, 이를 존중하는 것이 건강한 관계의 출발점이라는 것을 느끼게 된다.

2단계는 앞서 나눈 이야기들을 바탕으로, 학생들이 관계 속에서 가장 불편하다고 생각하는 세 가지 상황을 정리해 보도록 한다. 예를 들어, ①친구가 내 비밀을 다른 친구에게 말했을 때, ②내 물건을 허락 없이 사용할 때, ③하지 말라고 했는데도 계속 장난을 칠 때 등이다. 모둠별로 이

■ 관계 속 경계 설정 연습하기 활동지

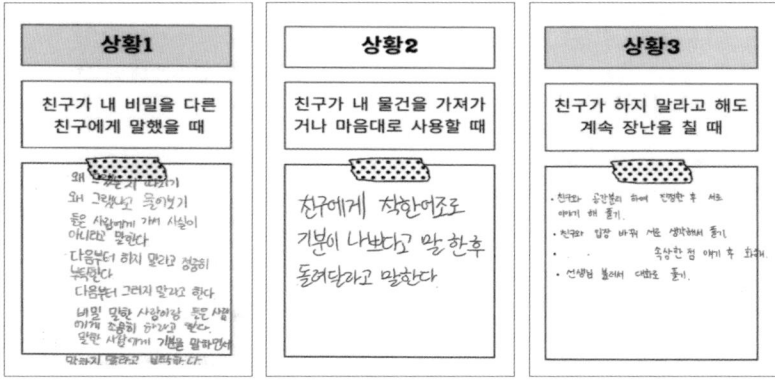

중 한 가지 상황을 골라 평화로운 해결 방안을 찾고 활동지에 정리한 후 공유한다.

  마지막 3단계에서는 친구들이 지켜 주었으면 하는 '자신의 선'을 한 문장으로 작성해 발표하고, 각자의 선에 대한 서로의 감정과 입장을 이해하는 시간을 갖는다. 아래 표는 학생들이 발표한 내용들로, 정말 심각한 문제 때문이 아니라 오히려 사소하다고 생각해서 예의를 지키지 않는 것이 마음을 상하게 만든다는 것을 알 수 있다. 이 활동을 통해 학생들은 친한 친구 사이에서도 지켜야 할 선이 있고 각자의 선이 서로 다르다는 사실을 배우고, 상호 존중이 바탕이 될 때 진정한 친밀감이 생긴다는 사실을 깨닫게 된다.

친구들이 지켜 주기 바라는 '나의 선'
- 취향을 존중해 주세요. - 하지 말라고 하는데 계속하는 것 참기가 힘들어요. / 그만하라고 하면 제발 그만하세요. / 내가 기분이 나쁘다고 계속 표현하는데도 안 들으면 화가 나요. - 실수했을 때 심하게 비난하지 않았으면 좋겠어요. - 내 말을 무시하지 않았으면 좋겠어요. / 나를 무시하지 말아 주세요. - 하지 말라는데 계속 장난치지 말고 내 말에 정색하지 않으면 좋겠어요. / 나한테 장난치지 말아 주세요. - 내 공간을 침해하지 않았으면 좋겠어요. - 맞춤법이 틀렸다고 놀리지 마세요. - 무언가를 강요하거나 독촉하지 않았으면 좋겠어요. / 너무 갈구지 말아 주세요. - 너무 시끄럽게 말하지 않았으면 좋겠어요. - 개구리에 관해 나에게 시비 걸지 않았으면 좋겠어요. - 물건 좀 제발 빼앗지 말아 주세요. - 말을 착하게 하고, 기분 나쁜 이야기는 하지 말아 주세요.

3. 우리 반 존중 선언문 작성하기

　수업을 최종적으로 마무리하면서 앞서 나눈 서로 지켜야 할 '선'에 대한 생각들을 토대로, 학급 전체가 함께 '우리 반 존중 선언문'을 만든다. 여기에는 개인 공간 침해나 허락 없이 타인의 물건을 사용하는 것뿐 아니라, 비밀 유지, 장난의 정도, SNS 대화 방식 등 감정적 경계까지 포함한다. 이를 학급 규칙처럼 명문화해 교실에 게시하고, 각자의 이름을 적어 함께 만든 약속을 책임감 있게 지키겠다는 다짐을 표현한다. 이러한 과정을 통해 학생들은 서로를 더 잘 이해하고 존중하는 태도를 기르고, 선을 지키고 배려하는 평화로운 교실 문화를 만들어 갈 수 있다.

■ 우리 반 존중 선언문

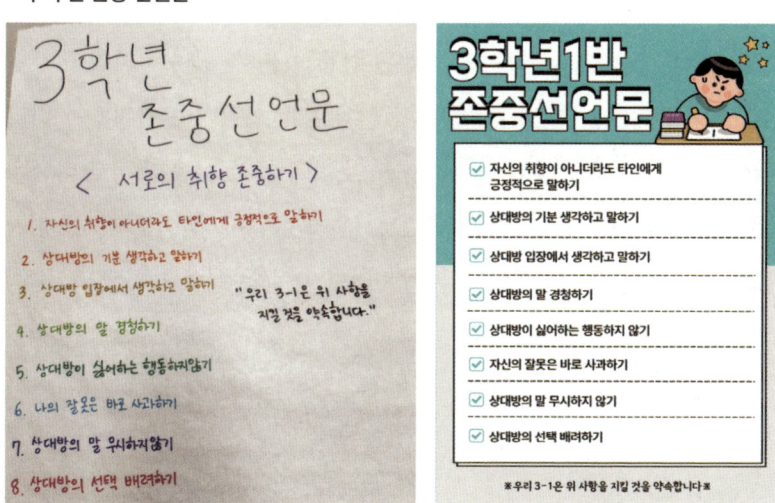

글을 마무리하며

담임 교사로 아이들을 만나면서, 친한 친구와의 관계가 갑자기 어색해지고 틀어져 힘들어하는 모습을 자주 보아 왔다. 심지어 친한 친구와 다툰 후 학교를 그만두려는 아이도 있었다. 다행히 상황이 잘 수습되어 무사히 진급하고 졸업도 했지만, 그 과정에서 아이, 부모, 교사 모두 큰 어려움을 겪었다. 이만큼 심각한 경우가 아니라도 아이들은 관계 속에서 쉽게 상처받고, 아직은 건강한 관계 맺기에 매우 서툴다.

이번 수업을 통해 아이들은 자신도 몰랐던 서운함이나 속상했던 경험을 털어놓으며, 어떻게 해야 서로가 편안하고 행복한 관계를 맺을 수 있을지 고민해 보았다. 특히 그림책을 매개로 대화를 시작하니, 자연스럽게 주인공의 감정에 공감하며 자신의 마음을 솔직하게 표현했다. 아이들은 친한 사이일수록 감정의 경계를 쉽게 넘을 수 있다는 사실을 깨닫고, 갈등의 원인을 성찰하는 기회를 얻었으며, 의견이나 감정뿐 아니라 취향 또한 존중받고 싶어 한다는 점도 보여 주었다. 아울러 서로 다름을 존중하는 태도도 배웠다. 마지막으로 '우리 반 존중 선언문'을 함께 만들면서 공동체 속 약속의 힘을 체감하였고, 소속감을 더 가지게 되었다.

관계 영역 - 관계 관리 핵심 역량
5. 대인 관계 기술 3

'관계 관리'는 한국형 사회정서교육의 핵심 역량 중 하나이며, 그중에서도 '긍정적 대인 관계 형성하기'는 타인과의 건강하고 지속적인 관계를 맺고 유지하는 데 꼭 필요한 전략이다. 이 전략은 단순히 친구를 많이 사귀는 것을 넘어, 상대방과 상호 존중을 바탕으로 신뢰를 쌓고, 자기표현과 감정 조절을 통해 균형 잡힌 관계를 유지하는 능력을 말한다.

어떤 학생은 자신을 무시하거나 상처 주는 친구와도 억지로 친해지려 하다가 오히려 스트레스를 받고 자존감이 낮아지는 경우가 있다. 이는 '관계 그 자체'보다 '관계의 질'을 놓치는 경우라 할 수 있다. 긍정적 대인 관계를 형성하려면 먼저 자신이 어떤 관계에서 편안함을 느끼는지, 어떤 상황에서 불편한 감정을 느끼는지 알아차리는 자기 인식이 선행되어야 한다. 다음으로, 불편하거나 서로 피해를 주는 관계라면 '적절한 거리 두기'를 해야 한다. 나를 지지해 주고 진심으로 아껴 주는 사람과 신뢰를 기반으로 관계를 깊이 있게 발전시킬 수 있어야 한다.

긍정적 대인 관계는 나와 타인 모두를 존중하는 균형 있는 관계를 만들어 가는 과정이라 할 수 있다. 이를 통해 학생들은 스트레스 없이 자기

다운 모습을 지키면서도, 서로를 지지해 주는 따뜻한 관계망 속에서 성장할 수 있을 것이다.

> **그림책 『나는 강물처럼 말해요』**
> 조던 스콧 글, 시드니 스미스 그림, 김지은 옮김, 책읽는곰, 2021
>
> 말을 더듬어 발표 시간에 위축되어 있던 아이가 아빠와 함께 강물을 보며 자존감을 회복해 간다. 아이는 자신의 목소리도 자연처럼 아름답고 의미 있다는 사실을 아빠의 위로를 통해 알게 된다.
>
> **그림책 『소년과 두더지와 여우와 말』**
> 찰리 맥커시, 이진경 옮김, 상상의힘, 2020
>
> 외로운 소년이 두더지, 상처 입은 여우, 지혜로운 말과 만나 함께 길을 떠난다. 이들은 짧고 울림 있는 대화 속에서 '사랑', '친절함' 같은 삶의 본질에 관해 묻고, 서로를 구하고 지지하며 진정한 우정과 자기 수용을 배워 간다.

두 권의 그림책은 학생들이 긍정적 대인 관계를 형성하는 데 깊은 울림과 통찰을 제공한다.

『나는 강물처럼 말해요』는 말더듬이라는 어려움을 겪는 아이가 아버지의 따뜻한 위로를 통해 자기표현 방식에 자신감을 찾고 자존감을 회복하는 과정을 담고 있다. 책을 읽으며 타인과의 차이를 이해하고 공감하는 능력을 기를 수 있다.

『소년과 두더지와 여우와 말』은 상처받은 존재들이 서로 위로하며 관계를 맺는 여정을 통해, 관계 속에서의 배려와 지지, 그리고 감정 표현의 중요성을 깨닫게 한다.

두 그림책은 고등학생들이 자신과 타인의 감정을 이해하고 표현하는 방식을 배우도록 돕는다. 또한 관계에서의 신뢰와 존중, 감정을 유연하게 조절하는 방법을 자연스럽게 익히게 하여 사회정서역량을 키워 주는 효과적인 학습 자료이다.

1. 그림책 읽고 이야기 나누기

『나는 강물처럼 말해요』를 읽고 학생들과 말을 더듬는 주인공의 감정을 중심으로 이야기 나누며, 타인의 감정을 이해하는 것이 왜 중요한지 함께 탐색한다. 수업 시간 중 발표를 해야 하는 상황에서 갑자기 말이 막힐 때 느끼는 두려움과 창피함, 주변의 시선을 의식하며 드는 위축감을 중심으로, 주인공이 겪는 감정에 공감해 보도록 한다. 그 후, 친구들이 말이 잘 안 나올 때, 혹은 긴장할 때 어떻게 도울 수 있을지 짝 또는 모둠 안에서 토의한다. '말을 끊지 않고 기다려 주기', '놀리거나 재촉하지 않는 태도', '따뜻한 눈빛과 고개 끄덕임으로 지지해 주기' 등 다양한 실천 방법을 이야기할 수 있다.

이 활동은 학생들이 실제 생활 속에서 타인의 어려움을 민감하게 감지하고 배려하는 태도를 기르는 데 도움이 된다. 또한 친구의 표현 방식을 존중하고 자신도 존중받는 경험을 통해 공감 능력과 긍정적 관계 형성의 중요성을 자연스럽게 깨달을 수 있다.

깊이 있는 활동을 위한 질문

1. 타인의 다름을 이해하고 존중하는 데 가장 어려운 점은 무엇일까?
2. 어떤 행동이 친구 관계를 더 좋게 만들까?
3. 친구와의 관계에서 나와 '속도'나 '방식'이 다를 때, 나는 어떻게 반응할까?
4. 말보다 더 깊은 위로를 줄 수 있는 '태도'는 어떤 것일까?
5. 누군가에게 "너는 지금 그대로도 충분해."라고 말해 준다면, 어떤 사람에게 어떤 마음으로 말하고 싶을까?
6. 관계에서 '나답게' 머무르기 위해 나는 어떠한 노력을 해야 할까?

2. 공감되는 장면 고르기

『소년과 두더지와 여우와 말』을 읽고 각자 가장 인상 깊었던 장면이나 대사를 선택한다. 그 장면이 왜 자신의 마음에 와닿았는지, 자신의 경험이나 감정과 어떻게 연결되는지를 생각해 본다. 이후 짝 토론, 모둠 토론을 통해 친구들과 각자 장면을 선택한 이유를 공유하고, 공감의 폭을 넓히며 긍정적 관계 형성의 중요성을 함께 이야기한다.

상대방과 대화할 때 공감 중심의 질문은 사회정서역량 수업에서 매우 강력한 도구이다. 단순한 질문을 통해서도 타인의 감정을 이해할 수 있기 때문이다. 학생들은 "도와줘."라는 말에 가장 많이 공감했다. 그 이유는 자신의 취약성을 드러내기 어려운 상황에서 도움을 요청하거나, 작은 친절을 베풀거나, 상처를 위로하고 돌보는 일들이 바로 성장하는 순간이기 때문이다. 이러한 장면들은 자기 돌봄, 관계 회복, 정서적 자립, 관계에서 신뢰 쌓기의 의미가 담긴 용기 있는 표현이기에 학생들이 깊이 공감하는 부분이다.

<학생들이 고른 가장 인상 깊은 장면과 그 이유>

[장면 1] 소년과 두더지가 나무에 나란히 걸터앉아 이다음에 커서 어떤 사람이 되고 싶은지 질문한다. 소년은 친절한 사람이 되고 싶다고 답한다.

- 선정 이유: 친구들끼리 별것 아니지만 작은 친절을 베풀고 인정받으면 '나도 할 수 있다.'는 자신감이 생긴다. 입시를 앞둔 친구들끼리 경쟁만 있는 살벌한 분위기에서 친절은 잠깐이라도 숨통을 터 주는 것 같다.

[장면 2] 소년과 말, 두더지와 여우가 들판에 앉아 이야기하는 장면이다. 소년이 말에게 마음이 상처받았을 때 어떻게 하는지 묻자, 상처는 우정으로 감싸안고 그 마음이 회복될 때까지 눈물과 시간을 함께 나눈다고 답한다.

- 선정 이유: 학원이나 독서실에서 스트레스가 폭발하기 직전일 때, 단순히 곁에 있어 주는 친구의 존재에 위로받을 때가 있다. 말 한마디 없지만 함께 있어 주는 것만으로도 '나는 혼자가 아니야.' 라는 안도감을 느낀다.

[장면 3] 소년과 말이 함께 길을 가던 중 지금까지 했던 말 중 가장 용감했던 말은 뭐냐고 소년이 질문한다. 그러자 말은 "도와줘."라고 답한다.

- 선정 이유: 수행 발표를 준비할 때, 실험 설계가 꼬였을 때, "도와줄 수 있어?"라고 하자 한 친구가 남아서 끝까지 도와주었다. 혼자 끙끙 앓던 문제가 해결되었다. 도움을 요청하는 것이 부끄러운 일이라 생각

했는데 이 장면을 보고 내가 용기 있었다는 생각이 든다.

3. 공감 표현을 찾고 연습하기

모둠별로 긍정적인 대인 관계 형성을 위한 공감 표현을 찾거나 직접 만들어 보게 한다. 상대방의 감정이나 입장을 인정하고 배려하며, 신뢰를 쌓는 데 도움이 되는 말들로 구성되어야 함을 안내한다.

공감 표현을 찾았다면 모둠원끼리 서로 바라보며 연습하도록 한다. 이 표현들은 타인의 감정을 이해하고 존중하는 태도를 자연스럽게 기르게 하여 관계를 깊어지게 하는 중요한 도구이다. 상대방은 자신이 존중받는다고 느끼게 되어 신뢰가 쌓이며, 만약 갈등 상황이 발생하더라도 평소 쌓인 신뢰 관계로 인해 부드럽게 해소될 수 있다. 또한 공감 표현을 사용할수록 자신의 자존감 향상과 긍정적 관계 유지에도 큰 도움이 됨을 알게 된다.

1단계 : 모둠별로 구체적인 사례 선정하기

긍정적 대인 관계 형성하기 수업에서 구체적인 사례 상황 설정은 학생들이 추상적인 개념을 실제 삶과 연결해 이해하도록 돕는 중요한 과정이다. 단순히 "공감해라.", "배려하라."는 말로는 학생들이 자신의 행동을 어떻게 바꿔야 할지 실감하기 어렵다. 하지만 친구와의 오해, 부모님과의 갈등, 발표 중 실수처럼 현실에서 일어날 수 있는 구체적인 상황을 제시하면, 학생들은 자신의 경험과 연결해 감정을 이입하고, 공감이나 배려가 어떤 말과 행동으로 표현되는지 더 분명하게 알 수 있다. 또한 역할극이나 토의 활동에서 사례를 중심으로 연습할 수 있기 때문에 단순한 지식 전달을 넘어 사회 정서적 역량을 실제로 사용해 보는 실천의 장이 된다.

모둠별로 친구나 가족, 학교생활 등에서 겪을 수 있는 갈등이나 힘든 상황을 하나 선정하도록 안내한다. 실제 경험이나 충분히 일어날 수 있는 사례면 좋다. 그 상황에서 상대방의 감정을 어떻게 이해하고 어떤 말을 건네면 좋을지도 함께 이야기해 보도록 한다.

[사례 1] 수연(고2)은 최근 부모님과 진로 문제로 갈등을 겪고 있다. 수연은 시각 디자인을 전공하고 싶지만, 부모님은 안정적인 보건직이나 행정 공무원을 강하게 권하신다. 대화는 점점 말다툼으로 번지고, 수연은 "왜 내 꿈을 믿어 주지 않으세요?"라고 말하고 방에 틀어박혀 우는 날이 많아졌다. 학교에서도 멍하게 앉아 있거나, 점심시간에 말수도 줄었다.

[사례 2] 해진(고3)은 유림과 중학교 때부터 이어져 온 단짝 친구다. 함께 공부하고 쉬는 시간마다 붙어 다녔던 사이지만 최근 수시 준비로 다른 진로를 걷게 되면서 거리감이 생겼다. 어느 날, 유림이 친구들과 함께 찍은 사진을 SNS에 올렸는데 해진을 태그하지 않았다는 이유로 해진이 상처를 받았다. 그 후로 해진은 일부러 유림을 피하고 말도 짧게 하며 서운함을 표현하지만 직접적으로 이유는 말하지 않는다. 유림은 당황스럽고 억울한 마음이 들면서도, 해진이 왜 그러는지 몰라 답답하다.

2단계 : 공감 표현 찾기

공감 표현은 상대방의 감정과 입장을 배려하고 인정하는 말이다. 일상생활에서 많이 사용하는 표현 중 상대방이 존중받는다고 느껴지는 언어를 찾도록 안내한다.

학생들이 많이 사용하는 공감 표현들

- "나도 그런 적 있어."
- "진짜 속상했겠다."
- "그건 네 잘못이 아니야."
- "혼자 버티느라 진짜 고생 많았네."
- "나라도 그랬을 것 같아."
- "언제든 말하고 싶을 때 말해. 들어줄게."
- "네 말 들으니까 나도 생각이 많아지네."
- "네가 말하니까 나도 용기가 생긴다."
- "같이 고민해 보자. 너 혼자 짊어지지 마."
- "네가 그렇게 느꼈다는 게 중요해."
- "그런 상황이면 누구라도 힘들었을 거야."
- "정말 고생 많았을 것 같아."

3단계 : 공감 표현 연습하기

특정 상황에 대한 공감을 표현하는 말과 행동을 모둠 내에서 반복하여 연습하고 느낌을 나눈다. 공감 표현은 머리로 이해하는 것보다 반복해서 말해 보고 체화하는 과정이 중요하다. 자주 연습하면 상황에 맞는 말과 태도가 자연스럽게 익혀져 실제 관계에서도 진심이 전달되기 때문이다. 또한 다양한 감정과 반응에 익숙해지며, 타인을 이해하고 배려하는 능력이 점차 깊어질 수 있다.

이때 유의할 점이 있다. 첫째, 경청 없이 표현하지 않는다. 공감은 상대의 말과 감정을 충분히 듣고 이해한 후에야 진정성 있게 표현할 수 있다.

상대방 감정을 제대로 파악하지 않고 무조건 "힘들었겠다."라고 말하면 오히려 무성의하다고 느낄 수 있으므로, 먼저 주의 깊게 경청하는 태도가 선행되어야 한다. 둘째, 조언보다는 감정에 집중한다. 상대방이 힘든 상황을 말했을 때 "그럴 땐 이렇게 해 봐."라는 식의 조언보다는 먼저 "그때 정말 속상했겠다."처럼 감정 자체를 인정하고 지지하는 것이 더 중요하다. 조언은 공감이 충분히 전달된 뒤 필요한 경우에만 덧붙이는 것이 바람직하다. 셋째, 상대의 감정을 판단하지 않는다. "에이, 그 정도로 힘들어할 일이야?", "네가 예민하게 받아들인 거 아냐?" 같은 말은 공감을 가로막고 관계만 더 멀어지게 한다. 감정에는 정답이 없다는 원칙을 기억하고, 있는 그대로 인정하는 태도를 유지해야 한다.

이러한 유의 사항을 잘 지킨다면 학생들은 진심 어린 공감의 표현을 익히고, 긍정적 관계 형성에 실질적인 도움을 받을 수 있다.

글을 마무리하며

이번 수업을 통해 학생들은 서로를 새로운 시선으로 바라보는 경험을 할 수 있었다. 수업 전에는 '좋은 관계란 단지 갈등이 없는 상태'라고 생각했던 학생들이, 수업을 거치며 갈등을 피하기보다는 감정을 솔직하게 표현하고 서로의 다름을 존중하는 것이 진정한 관계 형성임을 깨닫게 되었다고 하였다. 특히 그림책을 통해 타인의 상처와 느린 말투, 불안한 감정에 공감하는 활동을 하며 관계 속에서 배려와 이해가 얼마나 중요한지 느끼게 되었다고도 했다.

학생들은 "상대방에게 나를 이해해 달라고만 바랐지, 내가 먼저 이해하려는 노력이 부족했던 것 같다.", "친구의 말에 조금 더 귀 기울여야겠다는 생각이 들었다."는 반응을 보이며 자신의 관계 태도를 스스로 되돌아보았다.

교사 역시 학생들의 진지한 성찰과 변화의 말을 들으며, 관계에 관해 정서적으로 나누는 시간이 얼마나 의미 있는지 체감할 수 있었다. 좋은 관계는 거저 주어지는 것이 아니라 우리가 함께 만들어 가는 것임을 배운 귀한 시간이었다.

관계 영역 - 관계 관리 핵심 역량
6. 자기주장 및 의사소통의 기술 1

'자기주장 및 의사소통의 기술'은 한국형 사회정서교육 '관계' 영역 '관계 관리' 핵심 역량의 하위 기술 중 하나이다. 이는 자신 또는 타인의 관점에서 서로의 요구와 소망을 존중하며 분명하고 배려심 있게 의사소통할 수 있는 능력을 말한다. 타인과의 관계는 자신의 가치를 확인하는 중요한 요인이 되며, 긍정적인 대인 관계 유지는 긍정적인 자기감과 자아 정체성 형성에서도 중요한 역할을 한다. 여기에는 상대방의 권리를 침해하지 않고 불쾌감을 유발하지 않으면서도 자기 생각이나 감정을 솔직하게 전달하는 방법을 배우는 것을 포함한다.*

학교에서 여러 아이가 함께 생활하다 보면 서로의 생각이나 의견이 달라 갈등이 생긴다. 많은 아이가 다른 사람과 갈등이 생겼을 때 어떻게 의사소통해야 할지 몰라 문제를 해결하지 못한다. 상대방의 기분을 상하지 않게 하면서 자신의 주장을 분명하게 전달할 수 있는 '나 전달법' 의사소통 기술 수업을 통해 학급 친구들과 긍정적인 관계를 맺고 유지

* 「한국형 사회정서 성장 지원 모델 마련 연구」, 서완석 외, 한국교육환경보호원(2024)

할 수 있을 것이다.

> **그림책 『모모와 토토』**
> 김슬기, 보림, 2019
>
> '모모'와 '토토'는 서로 좋아하는 것이 다르지만 매일 함께 놀 만큼 단짝 친구다. 토토가 좋았던 모모는 자신이 좋아하는 것을 토토에게 자꾸 권하고 토토는 점점 불편한 감정을 느낀다. 어느 날 토토가 모모에게 쪽지를 남기고 떠나면서 벌어지는, 관계 관리에 관한 메시지를 담은 그림책이다.

그림책에 나타난 모모와 토토의 상황처럼, 함께 생활하는 친구 관계에서 원하는 것이나 불편한 것을 잘 표현하지 못해 갈등이 생기는 경우가 많아지고 있다. 『모모와 토토』는 학생들이 흔히 경험하는 친구 관계에 관한 내용으로, 자기 경험을 떠올리고 갈등 해결에 필요한 효과적인 표현 방법을 생각해 보는 데 좋은 동기 유발이 되는 책이다. 그림책을 읽고 서로 다름을 알고 이해하고 존중하면서 즐겁게 지낼 수 있는 관계와, 그런 관계를 유지하는 방법에 관해 이야기 나누어 볼 수 있다. 건강한 관계를 유지하기 위한 '나 전달법' 의사소통 기술도 배우고 익힐 수 있다.

수업을 통해 학생들이 친구뿐 아니라 주변 사람들과 갈등 상황에 놓였을 때 '나 전달법'으로 대화하면서 자기감정과 바람을 잘 표현하여 긍정적이고 건강한 관계를 이어 갈 수 있길 기대한다.

 수업 사례

1. 그림책 읽고 이야기 나누기

　그림책의 등장인물은 저마다 고유한 색깔로 표현된다. 아이들과 함께 그들의 색깔 변화와 일어나는 일의 관계, 인물의 감정 변화를 살펴보면서 책을 읽으면 내용을 한층 깊이 이해할 수 있다. 깊이 있는 활동을 위한 질문을 통해 인물의 마음에 공감하고 자신의 경험도 떠올려 보며 자기감정과 바람을 효과적으로 이야기하는 방법을 찾을 수 있도록 동기 유발을 한다.

> **깊이 있는 활동을 위한 질문**
> 1. 토토는 왜 모모에게 같이 놀지 않겠다고 했을까?
> 2. 모모가 토토에게 여러 가지 물건을 골라 주었을 때 토토는 어떤 마음이었을까?
> 3. 토토가 남긴 편지를 읽은 모모는 어떤 마음이었을까?
> 4. 모모나 토토와 같은 일을 경험한 적이 있나?
> 5. 내가 만약 토토라면 모모에게 어떻게 했을 것 같나?

2. 그림책 인물에게 질문 주고받기

　학생들이 등장인물이 되어 질문 주고받기를 통해 주인공의 감정과 생각에 공감해 보는 활동이다.
　학급 모든 아이가 모모와 토토에게 하고 싶은 질문을 1~2개 만든다. 모모와 토토 역할을 할 아이를 선정한다. 역할을 맡은 아이는 앞으로 나와 다른 아이들이 질문하면 등장인물의 입장에서 대답한다. 질문과 대답 활동이 끝나면 역할을 맡은 아이와 다른 아이들의 활동 소감을 나누며 두 등장인물이 효과적으로 의사소통하는 방법에 관해 간략히 이야기 나누어도 좋다.

아이들이 모모와 토토에게 한 질문	
모모에게	- 토토가 주황색을 좋아하는 것을 몰랐어? - 토토가 남기고 간 쪽지를 읽었을 때 기분이 어땠어? - 왜 토토가 너랑 놀지 않겠다고 했는지 이유를 알고 있니? - 너는 토토랑 어떻게 친구가 되었어? - 토토를 다시 찾아갔을 때, 무슨 생각이 들었어?
토토에게	- 모모에게 왜 놀지 말자고 한 거야? - 놀고 싶지 않다고 말하지 않고 쪽지만 놓고 간 이유는 뭐야? - 모모에게 쪽지만 남기고 갔을 때 마음이 어땠어? - 모모가 너에게 노란색 물건을 줬을 때 어떤 기분이 들었어? - 모모가 꽃을 들고 너에게 왔을 때 어땠어?

3. 그림책 인물이 되어 '나 전달법'으로 대화하기

'나 전달법'이란 '나'를 주어로 하여 자기의 생각과 감정을 솔직하게 표현하는 방식으로, '아이 메시지(I-message)'라고도 한다. 이는 갈등 상황이 생겼을 때, 상대방의 행동에 대해 '있었던 사실'을 이야기하고, 그때 내가 느낀 '감정'을 말한 후, 상대가 해 주기를 '바라는 행동'을 말하는 대화법이다. 이렇게 표현함으로써 상대의 기분을 나쁘게 만들지 않고 자기의 감정과 생각을 잘 전달하며 이야기할 수 있어, 문제를 해결하고 긍정적인 관계를 유지하는 데 도움이 된다.

교사는 학생들에게 '나 전달법'의 의미와 표현 방법을 설명한 뒤 그림책의 갈등 장면 중 '나 전달법'을 연습하기 좋은 장면 2~3개를 선정한다. 학생들은 제시된 장면을 보고 두 명이 짝이 되어 모모와 토토 역할을 맡고, '나 전달법'의 3단계(사실-감정-바람)로 상대에게 감정을 이야기하는 연습을 한다.

[제시 상황] 모모가 토토에게 노란색으로 된 물건을 주는 장면

토토 역할 아이: 네가 나에게 노란색 물건만 주어서(사실), 기분이 나빴어(감정). 앞으로는 내가 좋아하는 것을 물어봐 줄래?(바람)

모모 역할 아이: 내가 너에게 노란색 물건만 줘서 기분이 나빴구나(사실). 미안해(감정). 네가 어떤 색깔을 좋아하는지 알려 줄래?(바람)

두 명씩 짝으로 그림책 인물이 되어 '나 전달법'을 연습했다면, 전체 아이들을 대상으로 모모 역할을 할 아이와 토토 역할을 할 아이를 무작위로 뽑아 주어진 상황에 '나 전달법'으로 대화하는 활동을 여러 번 반복해서 연습한다.

4. 다양한 상황에서 '나 전달법'으로 대화하기

준비물 : 빈 카드(웜카드), 갈등 상황이 적힌 라벨지

이전 단계에서 '나 전달법'의 방법을 알고 그림책 상황에 맞추어 대화해 보았다면, 이제 일상에서 겪을 수 있는 구체적인 상황을 떠올리고 친구와 함께 '나 전달법'을 연습해 본다.

일상에서 겪을 수 있는 갈등 상황은 아이들의 사례를 모으거나 교사가 직접 제시할 수 있다. 활동 전, 갈등 상황을 이해할 수 있도록 학급 전체가 간략히 이야기를 나눈다.

일상에서 겪을 수 있는 갈등 상황	
친구가 내 물건을 허락 없이 썼을 때 - 역할 : 나, 허락 없이 쓴 친구	형제자매가 내 방에 함부로 들어왔을 때 - 역할 : 나, 형제자매
친구가 나를 놀릴 때 - 역할 : 나, 나를 놀린 친구	놀이를 하는데 내 의견을 무시할 때 - 역할 : 나, 내 의견 무시한 친구
급식 줄에 서 있다가 새치기 당했을 때 - 역할 : 나, 새치기한 사람	친구가 내 비밀을 다른 친구에게 말했을 때 - 역할 : 나, 비밀을 말한 친구
친구가 나를 무시하거나 따돌릴 때 - 역할 : 나, 나를 따돌린 친구	동생이 내 물건을 망가뜨렸을 때 - 역할 : 나, 동생
친구가 내가 만든 그림이나 작품을 비웃었을 때 - 역할 : 나, 비웃은 친구	놀이에서 친구가 규칙을 갑자기 바꾸자고 했을 때 - 역할 : 나, 규칙을 바꾸자는 친구
피구를 잘하지 못했는데 친구가 비난할 때 - 역할 : 나, 비난한 친구	놀이를 하는데 순서를 지키지 않을 때 - 역할 : 나, 순서를 지키지 않은 친구
친구가 다른 친구랑 놀고 나를 빼놓았을 때 - 역할 : 나, 다른 친구랑 논 친구	보드게임을 같이 하고 치우지 않을 때 - 역할 : 나, 보드게임 같이 한 친구

일상에서 겪을 수 있는 갈등 상황의 수는 학급 아이들 인원의 절반만큼이며, 하나의 갈등 상황이 적힌 카드 두 장씩이 필요하다. 일상에서 겪을 수 있는 갈등 상황 선정이 완료되면 갈등 상황을 두 장씩 라벨지에 출력해 빈 카드(뭔카드)에 붙인다. 또는 교사나 학생이 빈 카드에 갈등 상황을 수성펜으로 직접 쓸 수도 있다. 빈 카드를 활용하기 어려운 경우라면

교사가 상황이 적힌 종이를 출력해 주머니에 넣고 무작위로 뽑을 수도 있다. 두 명이 짝이 되어 갈등 상황을 무작위로 뽑아 '나 전달법' 대화를 연습한다.

■ 빈 카드(원카드)   ■ 갈등 상황이 적힌 카드

활동 준비가 끝나면 아이들은 갈등 상황이 적힌 카드를 무작위로 한 장씩 뽑는다. 모든 아이가 카드를 뽑은 후에는 자기와 같은 카드를 들고 있는 친구를 찾는다. 같은 상황이 적힌 카드를 가지고 있는 친구를 만나면 카드에 적혀 있는 역할 중 원하는 것을 고르고, '나 전달법'으로 어떻게 말해야 할지 생각한 후 대화를 시작한다. 앞선 친구가 말한 것을 듣고 다른 역할을 맡은 친구도 '나 전달법'으로 이야기한다. 자리로 돌아가서 자신이 뽑은 갈등 상황을 활동지나 종이에 적고, 자기가 친구에게 '나 전달법'으로 말한 내용과 친구가 자기에게 말한 내용을 정리하여 적는다. 활동 시간이 충분하다면 위 과정을 2~3번 반복하면서 다양한 갈등 상황에서 '나 전달법'으로 대화를 나누며 연습할 수 있도록 한다.

[제시 상황] 친구가 다른 친구랑 놀고 나를 빼놓았을 때

나 역할 아이: 네가 나를 빼놓고 다른 친구랑 놀아서(사실) 속상했어(감정). 다음에는 나도 같이 놀면 좋겠어(바람).

다른 친구랑 논 역할 아이: 내가 너를 빼고 다른 친구랑 놀아서 속상했구나(사실). 미안해(감정). 다음부터는 너도 같이 놀자(바람).

[제시 상황] 피구를 잘하지 못했는데 친구가 비난할 때

나 역할 아이: 네가 나에게 피구를 못한다고 비난해서(사실), 기분이 나빴어(감정). 앞으로는 못한다고 비난하지 않았으면 좋겠어(바람).

비난한 친구 역할 아이: 내가 너에게 피구를 못한다고 비난해서(사실) 미안해(감정). 앞으로는 피구를 못한다고 비난하지 않을게(바람).

활동 후 느낀 점이나 생각을 학급 전체가 나눈다. '나 전달법'을 다른 일상생활에서 실천해 보고 실천한 내용을 친구들과 나누게 하면 의사소통 기술을 삶에 적용해 볼 수 있어 좋다.

글을 마무리하며

학기 초 긴장했던 3, 4월이 지나고 나니 아이들끼리 다툼도 생기고 다툼이 잘 해결되지 않아 오해가 깊어지기도 하면서, 서로 감정이 상하는 일이 자주 일어나는 것을 보며 고민이 컸다. 학급 세우기를 하면서 간단한 의사소통 기술을 가르쳐 주었기에, 갈등이 생기면 알려 준 방법대로 평화롭게 잘 해결하겠거니 기대했다가 좌절하는 경험도 여러 번이었다.

'나 전달법' 수업 후 '이제 감정을 잘 표현할 수 있을 것 같다.', '힘들었지만 나 전달법으로 대화하니 뿌듯했다.'는 아이들의 소감을 보며, 한글을 배우는 과정처럼 학급에서 교사가 아이들에게 '나 전달법'을 단계별로 차근차근 알려 주고 여러 상황에서 반복적으로 연습하는 것이 필요하다는 생각이 들었다. 아이들이 갈등 상황에서 자기감정을 솔직하게 표현하고 바람을 이야기하면서, 다른 사람의 감정과 바람도 이해하고 수용할 수 있는 건강한 관계를 경험하고 삶에 적용해 보기를 바란다.

관계 영역 - 관계 관리 핵심 역량
7. 자기주장 및 의사소통의 기술 2

　'자기주장 및 의사소통의 기술'은 한국형 사회정서교육 '관계' 영역의 '관계 관리' 핵심 역량의 하위 기술 중 하나이다. 이 기술은 자신의 관점뿐 아니라 타인의 입장을 함께 고려하며, 서로의 요구와 소망을 존중하는 방식으로 분명하고 배려 깊게 의사소통할 수 있는 능력을 말한다. 특히, 상대방의 권리를 침해하거나 불쾌감을 주지 않으면서도 자기 생각이나 감정을 솔직하게 전달하는 능력을 포함한다.*

　자기주장 및 의사소통의 기술 중에서 학생들이 실천하기 어려워하는 부분 중 하나가 '거절하기 기술'이다. 거절을 잘하는 학생도 있지만 대부분의 학생들이 친구의 기대나 압력 속에서 "싫어."라는 말을 꺼내기 어려워하고, 그로 인해 원치 않은 행동에 참여하거나 자신의 감정을 억누르게 되는 경우를 경험한다. 거절하지 못하는 태도는 결국 상대와의 관계에서 불균형과 갈등을 유발하고, 장기적으로는 관계를 해치게 된다. 따라서 학생들이 자신의 거절 의사를 분명히 표현할 수 있도록 돕는

---
* 「한국형 사회정서 성장 지원 모델 마련 연구」 서완석 외, 한국교육환경보호원(2024)

수업은 자아 존중감을 높이고 타인과의 갈등을 예방하여 건강한 관계를 형성하는 데 중요한 의미를 가진다.

> **그림책 『좋아! 싫어!』**
> 경자, 작은코도마뱀, 2024
>
> 집에서 뭐든지 "좋아."라고 말하도록 배운 동그라미. 학교에 가니 좋다고만 하지 않는 친구들을 보고 깜짝 놀란다. 친구인 세모나 별처럼 싫다고 말할 수 있었으면 하는 마음으로 고민을 거듭한 동그라미가 마침내 자신만의 해법을 찾아가는 이야기다.

그림책 『좋아! 싫어!』의 주된 공간적 배경은 학생들에게 친근한 학교다. 거절을 힘들어하는, 소위 '착한 아이'로 불리는 학생들에게 꼭 들려주고 싶은 이야기가 담겨 있다.

수업에서는 그림책 속 상황을 함께 나누며 거절이 필요한 상황과 방법을 이야기 나눈 후, 일상의 영역으로 확장하려 한다. 거절하기 기술을 익히는 것은 쉽지 않지만, 수업 시간에 친구들과 함께 그 방법에 관해 이야기 나누어 보고, 동그라미처럼 용기 내어 연습하는 시간을 가진다면 충분히 익힐 수 있으리라 기대한다.

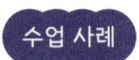

1. 그림책 읽고 이야기 나누기

그림책 표지의 등장인물 모양을 보고 그들의 성향을 짐작해 볼 수 있다. 그림책을 읽어 나가며 '학교'라는 공통된 장소에서 혹시 비슷한 경험들이 없는지 학생들이 스스로 생각해 볼 수 있도록 질문을 던진다. 책을 끝까지 읽은 뒤에는 앞면지와 뒷면지의 무늬를 살펴보며 무엇이 다른지, 어떤 것이 더 많은 이를 품을 수 있는지도 이야기 나눌 수 있다.

깊이 있는 활동을 위한 질문
1. 동그라미가 싫어한 것은 무엇인가? 그것을 하라고 할 때 마음이 어땠을까?
2. 왜 동그라미는 싫다고 말하는 것이 어려웠을까?
3. 좋아하는 것과 싫어하는 것을 자유롭게 이야기 나누면 좋은 점은 무엇일까?
4. 나는 동그라미와 세모, 별 중 어떤 친구와 비슷한가? 그 이유는?
5. 뭐든지 "좋아!", 뭐든지 "싫어!"라고 말하는 것은 바람직할까?

2. 거절이 힘들었던 상황 떠올리기

준비물 : 포스트잇

동그라미처럼 싫은데 싫다고 이야기하지 못했던, 거절해야 하는데 하지 못했던 상황을 함께 이야기 나누어 보는 단계다.
포스트잇에 거절이 힘들었던 상황을 쓰고, 그때의 감정을 단어로 표현하도록 한다. 거절하지 '못했던' 경험을 이야기하는 것이므로, 무조건 발표하게 하기보다는 원하는 학생만 발표하도록 한다. 활동을 하고 난 뒤에는 포스트잇을 칠판 한쪽에 모아 게시하여 발표하지 않은 친구들의 경험도 나눌 수 있게 한다.

■ 거절하지 못했던 상황과 느낌 쓰기

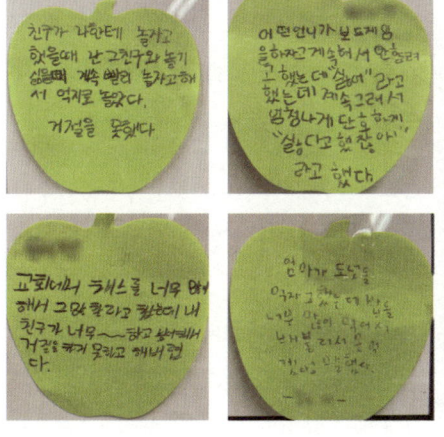

■ 거절하기 힘들었던 상황 모음

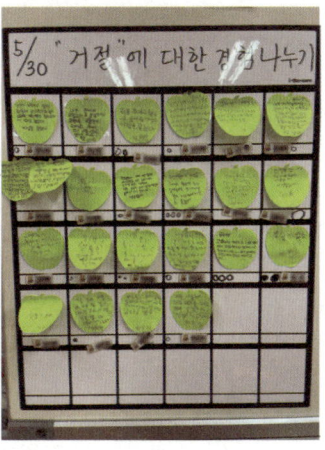

3. 여섯 가지 거절 기술 익히기

준비물 : 거절 상황 활동지

학생들과 거절을 직접 해 본 경험을 이야기 나눈다. 어떻게 거절하면 자신의 의견을 전하면서도 상대방 기분을 나쁘지 않게 할 수 있을지 함께 이야기 나누어 본다.

거절 기술 중 가장 널리 알려진 기법은 'say no' 전략*이다. 외국에서 시작된 예방 교육 프로그램으로, 우리나라에서는 이를 바탕으로 문화와 교육환경에 맞게 재구성하여 활용하고 있다. 거절 기술을 정리해 보면 '단호히 말하기', '이유 말하기', '대안 제시하기', '주제 바꾸기', '그 자리를 떠나기', '유머 사용하기'의 여섯 가지가 있다. 교사와 함께 하나씩 실제 사례를 들어 가며 거절 기술을 익힌다.

[상황 예시] 동그라미가 친구들 앞에서 춤추기 싫었을 때

- 단호히 말하기: "난 많은 사람 앞에서 춤추는 건 싫어해."
- 이유 말하기: "친구들이 나만 바라보고 있으면 부끄러워."
- 대안 제시하기: "나 혼자 춤추기는 부끄러우니까 함께 나와서 출 사람 있어?"
- 주제 바꾸기: "아니~, 우리 같이 공놀이나 하자!"
- 그 자리를 떠나기: (웃으면서 조용히 그 자리를 떠난다.)
- 유머 사용하기: "나 춤추는 거 보려면 콘서트 비용 내야 하는데~? 괜찮겠어?"

다음으로 학생들에게 거절 기술을 연습할 수 있는 활동지를 제공하여 스스로 해결해 보게 한다. 학생들은 활동지에 적혀 있는 상황들을 보고 어떤 거절 기술을 사용할지 선택하고, 자신이 할 수 있는 거절하는 말 또는 행동을 써넣는다.

* 『I Said No!: Refusal Skills』 Burstein, John. Crabtree Publishing Co.(2009)

■ 거절 상황 활동지

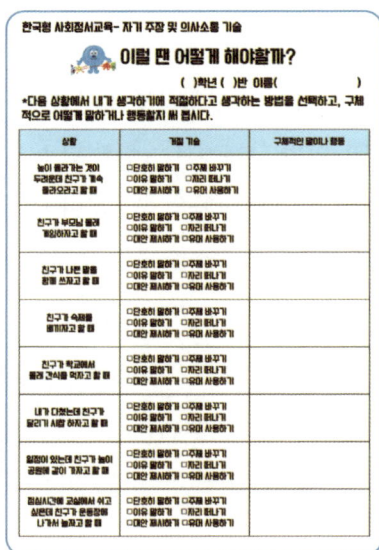

■ 학생들이 선택한 거절의 말과 행동

상황	거절 기술	구체적인 말이나 행동
친구가 학교에서 몰래 간식을 먹자고 할 때	☐단호히 말하기 ☑이유 말하기 ☐대안 제시하기 ☐주제 바꾸기 ☐자리 떠나기 ☐유머 사용하기	몰래 간식먹었다 절키면 선생님 한테 혼나
내가 다쳤는데 친구가 달리기 시합 하자고 할 때	☐단호히 말하기 ☑이유 말하기 ☐대안 제시하기 ☐주제 바꾸기 ☐자리 떠나기 ☐유머 사용하기	나 다쳐서 달리기하면 더 아플꺼 같아 다음에 하자
일정이 있는데 친구가 놀이 공원에 같이 가자고 할 때	☐단호히 말하기 ☑이유 말하기 ☐대안 제시하기 ☑주제 바꾸기 ☐자리 떠나기 ☐유머 사용하기	나 일정이 있어서 오늘 못 놀거 같아 미안해
점심시간에 교실에서 쉬고 싶은데 친구가 운동장에 나가서 놀자고 할 때	☐단호히 말하기 ☑이유 말하기 ☐대안 제시하기 ☐주제 바꾸기 ☐자리 떠나기 ☐유머 사용하기	나 오늘은 좀 쉬고 싶어 다음에 나랑 같이놀자

4. 역할극을 통한 거절 기술 익히기

준비물 : 거절 상황 역할극 활동지 또는 역할극 대본

이전 단계에서 활동지를 통해 그림책 내용과 일상생활에서 거절해야 할 상황을 개별적으로 연습해 보았다면, 이번 단계에서는 짝과 한 팀이 되어 한 가지 상황을 정하고 개별적으로 연습한 상황을 참고하여 대본을 만들고 역할극을 한다. 이때, 저학년 학생들이라면 교사가 대본을 제시해 주어도 좋다.

연습 후, 모든 팀이 발표하게 해 학생들이 친구들 앞에서 실제로 시연하는 경험을 하고, 동시에 많은 사례를 접하면서 거절 기술을 다양하게 사용할 수 있음을 알게 한다. 역할극을 본 뒤에는 어떤 거절 기술이 쓰였

거절 상황 예시	
상황 1 (그림책 장면)	높이 올라가는 것이 두려운데 먼저 올라간 친구가 계속 올라오라고 할 때
상황 2	친구가 부모님 몰래 게임하자고 할 때
상황 3	친구가 나쁜 말을 함께 쓰자고 할 때
상황 4	친구가 숙제를 베끼자고 할 때
상황 5	친구가 학교에서 몰래 간식을 먹자고 할 때
상황 6	내가 다쳤는데 친구가 달리기 시합을 하자고 할 때
상황 7	일정이 있는데 친구가 놀이공원에 같이 가자고 할 때
상황 8	점심시간에 교실에서 쉬고 싶은데 친구가 운동장 나가서 놀자고 할 때

는지 맞혀 보며 학생들이 거절 기술의 이름을 명확히 익힐 수 있게 한다.

<역할극을 통한 거절 기술 익히기 활동 예시>

학생 1, 2: "저희는 상황 4의 '친구가 숙제를 베끼자고 할 때'를 표현하였습니다."

학생 1: "야! 너 숙제 다 했지? 나 좀 베끼자."

학생 2: "음……. 미안하지만 안 돼."

학생 1: "왜? 나 어제 바빠서 못했단 말이야. 좀 베끼자~."

학생 2: "그래도 숙제는 스스로 해야 하는 거잖아. 내가 도와줄 수는 있어."

교사: "어떤 거절 기술을 사용하였나요?"

학생 3: "'단호히 말하기', '이유 말하기', '대안 제시하기'를 사용하였습니다."

모든 팀이 발표를 마치면 솔직한 소감을 나누는 시간을 갖는다. 수업을 마무리하면서 학생들에게 꼭 이야기해 주어야 할 점은, 이유 없이 단지 요청하는 사람이 싫어서 상대방의 요청을 거절하면 안 된다는 것이다. 나의 마음과 생각이 중요한 만큼 요청하는 사람의 마음과 생각도 중요하므로, 요청하는 말을 듣고 그것이 진짜 나의 의견과 맞지 않으면 거절해야 한다. 이런 점에 주의하며 거절의 기술을 사용한다면 학생들이 살아가며 타인과 건강한 관계를 형성하는 데 큰 도움이 될 것이다.

글을 마무리하며

　이 수업을 했을 당시 학생들이 주로 활용해 오던 거절 방법은 '단호히 말하기'였고, 다른 방법들은 알지 못하거나 직접 해 본 적이 없었다. 그래서 역할극으로 연습할 때 처음에는 많이 어색해했다. 그러나 직접 고민해 보고 역할극을 하고 또 다양한 사례를 관찰하는 경험을 통해 거절은 해도 되는 것이고 다양한 방법이 있다는 사실을 알게 되었다고 했다.

　일상생활에서의 활용이 중요하기에 수업 후에는 알림장과 활동지를 통해 학부모님께 수업 내용과 거절 기술에 관한 정보를 전달하고, 그것을 가정에서 연습할 수 있게 했다. 그랬더니 시간이 갈수록 학생들은 거절을 자연스럽게 할 수 있게 되었고, 학부모님들도 본인들의 삶에 도움이 되었다며 감사의 마음을 메시지로 전해 왔다.

　수업 후 교실 한쪽에 '나는 의사소통 능력자!' 게시판을 만들어 두고, 학생들이 생활 속에서 거절의 기술을 실천한 경험을 포스트잇에 써서 붙이고 친구들과 함께 나누게 하는 것도 좋다.

관계 영역 - 관계 관리 핵심 역량

8. 갈등 해결

'갈등 해결'은 한국형 사회정서교육 '관계' 영역 '관계 관리' 핵심 역량의 하위 기술 중 하나이다. 갈등 해결은 서로의 감정과 입장을 이해하고, 평화롭고 효과적으로 문제를 해결하는 능력을 의미한다. 갈등 해결은 갈등의 근본 원인 파악하기, 타협과 윈-윈(win-win) 접근하기, '나' 진술 사용하기, 사과와 용서를 해야 한다면 적극적으로 하기, 필요하다면 타인이나 전문가의 조언을 구하기, 갈등을 통해 긍정적으로 변화하기 등을 포함한다.*

학교에서는 다양한 갈등 상황이 발생하며, 이때 갈등의 작은 틈을 제때 해결하지 못하면 부정적인 관계가 지속되어 학교생활이 힘들어지는 경우가 많다. 자신의 마음을 표현하고 사과하기를 통해 갈등을 해결하여 긍정적인 관계를 형성하도록 도움을 주는 것은 사회정서교육에 꼭 필요하다.

---

* 「한국형 사회정서 성장 지원 모델 마련 연구」 53쪽 참고, 서완석 외, 한국교육환경보호원(2024)

> **그림책 『작은 틈 이야기』**
> 브리타 테켄트럽, 김하늬 옮김, 봄봄, 2020
>
> 모든 것은 보이지 않는 작은 틈으로부터 시작한다. 나쁜 말을 하면서 벌어지는 상황과 좋은 말을 하면서 벌어지는 상황을 비교하면서, 각 상황이 점점 어떻게 변해 가는지를 가운데 나무 모양의 변화로 잘 보여 준다. 작은 틈이 생기게 하는 말과 행동을 조심해야 한다는 메시지를 나무로 시각화하여 표현한 그림책이다.

『작은 틈 이야기』의 내용처럼, 함께 생활하다 보면 보이지 않는 작은 틈이 생겨서 여러 가지 갈등이 일어난다. 나쁜 마음에서 생겨난 작은 틈은 점점 친구 사이의 틈을 벌려 주변을 어둡게 하고 모두를 슬프게 한다.

갈등이 생겼을 때 이를 해결하는 방법을 알아보고 훈련하는 것은 사회정서교육에 꼭 필요한 활동이다. 그림책을 함께 읽으며 작은 틈을 해결하지 않았을 때 일어나는 일과 해결했을 때의 변화를 비교하여 보여 주고, 딩고 카드 놀이와 역할 놀이를 활용해 작은 틈을 해결할 수 있는 마음 표현하기와 사과하기 훈련을 해 본다.

수업 사례

1. 그림책 읽고 이야기 나누기

그림책에서는 모든 갈등이 보이지 않는 작은 틈으로부터 시작된다고 한다. 나쁜 마음에서 시작된 작은 틈은 자신도 외롭게 하고 주변 사람들도 어둡게 만들어 고립을 부르고, 좋은 마음에서 시작된 작은 틈에서는 사랑과 우정을 먹고 커다란 나무가 자란다는 것을 확인한다. 모든 갈등은 보이지 않는 작은 틈에서 시작되므로, 작은 갈등이라도 자신의 마음을 솔직하게 표현하고 진심 어린 사과를 전한다면 갈등은 사랑과 우정으로 변할 수 있음을 이야기 나눈다.

깊이 있는 활동을 위한 질문
1. 보이지 않은 작은 틈은 무엇인가?
2. 우정에 상처 주는 말들에는 어떤 것이 있을까?
3. 속상한 친구를 내버려 두면 작은 틈은 점점 커져서 어떻게 된다고 하였나?
4. 친구와 멀어지지 않으려면 어떤 말과 행동이 필요할까?
5. 친구와 나 사이에 작은 틈이 생겼을 때 우리가 할 수 있는 일은 무엇일까?

2. '갈등 레시피' 알아보기

준비물 : 빈 카드, 라벨지

친구와 갈등이 생겼을 때 해결하는 '갈등 레시피'를 알아보고 훈련해 보는 활동이다.

갈등 레시피는 '마음 표현하기 3단계'와 '사과하기 3단계'로 나눌 수 있다. 갈등이 생겼을 때 상대방에게 나의 불편한 마음을 표현하는 1단계는 '상대방의 행동 말하기', 2단계는 '감정 말하기', 3단계는 '바람 말하기'이다. 또한, 갈등 상황에서 상대방이 불편한 마음을 표현할 때 사과하는 1단계는 '인정하기', 2단계는 '사과하기', 3단계는 '약속하기'이다.

<마음 표현하기 3단계와 사과하기 3단계 활동 예시>

[갈등 상황] 친구가 나에게 청소하라고 소리를 지르며 말하는 상황

교사: 친구가 나에게 청소하라고 소리 지르며 말하는 상황에서 그 말을 들은 친구는 어떻게 마음을 표현해야 할까요?

학생 1(마음 표현하기): 청소하라고 소리 질러서(상대방의 행동 말하기) 내가 속상해(감정 말하기). 다음부터는 부드럽게 말해 줄래?(바람 말하기)

교사: 잘 표현했어요. 청소하라고 소리를 지른 친구는 이 말은 듣고 어떻게 사과해야 할까요?

학생 2(사과하기): 내가 청소하라고 소리 질러서(인정하기) 정말 미안해(사과하기). 앞으로는 부드럽게 말할게(약속하기).

3. 갈등 해결 딩고 카드 놀이하기

갈등 해결을 위해 딩고 카드 놀이를 하며 마음 표현하기와 사과하기를 연습하는 활동이다.

4명씩 모둠을 만들고 교사는 1인당 빈 카드를 4장씩 나눠 준다. 학생들은 빈 카드에 각각 갈등 상황, 역할, 마음 표현하기, 사과하기의 내용을 간단히 적는다. 모둠원 4명이 만드는 카드는 총 16장이며, 딩고 카드가 준비되면 모둠별로 카드 놀이를 진행한다.

먼저, 모둠원끼리 순서를 정한다. 호스트가 딩고 카드를 섞어 모둠원들에게 4장씩 나눠 준다. 모둠원은 카드 내용을 확인하고, 어떤 갈등 상황, 역할, 마음 표현하기, 사과하기를 모을지 생각해 둔다. 자신의 맞은편 책상에 놓여 있는 딩고 카드를 가져가 자신이 모으는 갈등 상황에 맞으면 가지고, 맞지 않으면 '하나, 둘, 셋' 하는 신호에 맞추어 카드를 자신

의 왼쪽에 있는 모둠원 책상에 내려놓는다. 같은 갈등 상황 카드에 해당하는 역할 카드, 마음 표현하기 카드, 사과하기 카드 4장을 먼저 모으면 "딩고"를 외친다. 먼저 외치는 모둠원이 이기는 놀이다.

<딩고 카드 작성 예>

1번 카드(갈등 상황): 친구가 나한테 못생겼다고 놀릴 때
2번 카드(역할): 나, 친구
3번 카드(마음 표현하기):네가 나를 못생겼다고 놀려서 속상했어. 앞으로 그러지 않았으면 좋겠어.
4번 카드(사과하기): 내가 못생겼다고 해서 정말 미안해. 앞으로 그러지 않을게.

■ 딩고 카드 만들기

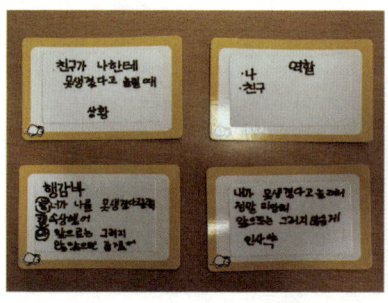

■ 딩고 카드 놀이하기

4. 짝과 함께 갈등 해결 역할 놀이하기

딩고 카드에 제시된 갈등 상황을 바탕으로 갈등 해결을 연습하기 위해 짝과 함께 역할 놀이를 한다.
먼저, 상황을 한목소리로 읽는다. 그런 다음 짝꿍과 가위바위보를 해

서 이긴 친구와 진 친구의 역할을 정한다. 이후 마음 표현하기와 사과하기로 갈등을 해결하는 역할 놀이를 한다. 역할 놀이를 하면서 마음 표현하기와 사과하기를 실생활에 적용할 수 있도록 충분히 연습한다. 역할 놀이를 위해 미리 학생들에게 갈등 상황 예시를 요청하면, 학생들이 제안한 상황을 화면으로 함께 보며 실생활에서 갈등 해결을 하기에 더욱 효과적이다.

■ 짝과 함께하는 역할 놀이의 갈등 상황 예시

갈등 상황	역할
줄넘기를 하다가 친구가 팔을 쳤을 때	나, 팔을 친 친구
친구가 나한테 못생겼다고 놀릴 때	나, 못생겼다고 놀린 친구
친구가 내 물건을 가져갔을 때	나, 물건을 가져간 친구
내 의견을 말하고 싶은데 친구가 자기 의견만 말할 때	나, 자기 의견만 말하는 친구
붓으로 그림을 그리고 있는데 친구가 실수로 팔을 쳐서 그림을 망쳤을 때	나, 팔을 친 친구
엄마, 아빠가 싸울 때	나, 엄마 또는 아빠
동생이 내 물건을 빼앗았을 때	나, 동생
동생이랑 놀다가 자기가 이겼다고 우길 때	나, 동생
친구한테 물어봤는데 내 말을 무시할 때	나, 내 말을 무시한 친구
내 생일 파티에 초대하지 않아 친구가 삐졌을 때	나, 삐진 친구

<짝과 함께하는 역할 놀이 예시>

[갈등 상황] 줄넘기를 하다가 친구가 팔을 쳤을 때

교사: 화면에 나와 있는 상황을 크게 읽어 봅시다.

학생들: (화면을 보며 한목소리로 읽는다. 읽으면서 갈등을 어떻게 해결할지 생각한다.)

교사: 짝과 가위바위보를 합니다.

학생들: (가위바위보를 한다.)

교사: 이긴 사람은 줄넘기하는 사람, 진 사람은 줄넘기하는 친구의 팔을 친 사람 역할을 맡습니다.

학생 1(이긴 사람): 줄넘기를 하고 있는데 네가 팔로 쳐서(상대방의 행동 말하기) 속상했어(감정 말하기). 다음부터는 조심해 주었으면 해(바람 말하기).

학생 2(진 사람): 내가 줄넘기를 하고 있는 너의 팔을 쳐서(인정하기) 미안해(사과하기). 앞으로는 조심할게(약속하기).

5. '우리 반 평화 나무'에 다정한 말 적어 붙이기

학생들 사이에 작은 틈이 생겼을 때 갈등 해결을 위해 할 수 있는 딩고 카드 놀이와 역할 놀이를 충분히 연습했다면, 이제 우리 반 친구들의 마음을 따뜻하게 해 주는 다정한 말하기를 연습해 본다. 고마운 말, 감사의 말, 미안함을 전하는 말, 응원하는 말, 위로하는 말, 공감하는 말 등을 적고 우리 반 평화 나무에 붙이며 우리 반을 평화롭게 만들기 위한 실천 의지를 높일 수 있다.

■ '우리 반 평화 나무'와 다정한 말들

글을 마무리하며

학급을 운영하면서 많은 노력을 기울이는 것 중 하나가 학생들 사이의 갈등을 중재하고 해결을 돕는 일이다. 이를 위해서는 아이들이 자신의 마음을 솔직하게 표현하고 잘못에 대해서는 사과하도록 지도해 평화롭고 긍정적인 학급을 만드는 것이 중요하다.

갈등 레시피 알아보기, 딩고 카드 놀이하기, 갈등 해결 역할 놀이하기, 우리 반 평화 나무에 다정한 말 적어 보기 활동이 학급 아이들 사이의 갈등을 해결하는 데 도움이 되었으면 한다.

딩고 카드 놀이를 대신해 마음 표현하기 카드, 사과하기 카드, 갈등 상황을 카드로 만들고 짝을 맞추는 메모리 카드 놀이 등을 진행해도 좋다.

―― 5부 ――

공동체 가치의 인식과 관리

마음 건강 이해

자기 인식

Social Emotional Learning

마음 건강 문제 인식과 관리

공동체 가치 인식과 관리

관계 인식과 관리

자기 조절

공동체 영역 - 공동체 가치의 인식 및 관리 핵심 역량
1. 협력하기

'협력하기'는 한국형 사회정서교육 '공동체' 영역 '공동체 가치의 인식 및 관리' 핵심 역량의 구성 요인 중 하나이다. 학교 구성원 전체는 학생들의 공동체 역량을 함양하기 위해 공동체 문화를 존중하고 배려하는 학교 문화를 만들어 가도록 노력해야 한다. 청소년기에 공동체에 관심을 가지고 참여하는 경험을 해 보지 않으면, 성인이 되어 공동체 활동에 참여하거나 공존하는 태도를 형성하기 어렵다.(Damon, 2008)*

협력은 공동의 목표를 위해 우호적인 집단 분위기를 형성하고, 힘을 합하여 서로 돕는 것을 의미한다. 협력하는 태도는 건강한 집단 문화와 분위기를 조성하는 열쇠라 하겠다. 혼자보다 함께하면 수월하게 해결할 수 있다는 우리 속담 '백지장도 맞들면 낫다.' 나 '혼자 가면 빨리 가지만, 함께 가면 멀리 간다.'는 아프리카 속담은 협력과 연대의 중요성을 일깨운다. 예부터 협력의 가치를 되새기게 하는 속담과 명언이 적지 않

---

* 「사회정서교육 가이드라인 개발 및 효과성 검증 체계 마련을 위한 정책 연구」 24쪽 인용, 교육부 (2025)

앚던 것만 봐도 협력은 바람직한 공동체를 만드는 필수 요소임이 틀림없다.

> **그림책 『함께 줄넘기』**
> 진수경, 봄개울, 2023
>
> 체육관 관장 맨드라미꽃 형제는 협동 줄넘기 대회에 나가기 위해 회원을 모집한다. 두 귀가 축 처진 검은 토끼, 버림받은 개, 떠돌이 고양이 등 아픈 사연을 가진 동물들이 체육관으로 모인다. 오합지졸 같던 팀은 맨드라미꽃 관장의 체계적인 훈련과 협동심으로 서서히 변화해 간다.
>
> **그림책 『절반 줘』**
> 야마시타 하루오 글, 초 신타 그림, 김희연 옮김, 천개의바람, 2015
>
> 무더운 여름날 토끼와 원숭이는 낚싯대에 수박을 매달고 바다로 향한다. 바다에서 즐겁게 수영하는 사이 낚싯대가 바다로 줄줄 끌려간다. 커다란 물고기를 낚으면 절반 준다는 말에 산속 동물들이 모여들어 낚싯대를 끌어 올린다. 과연 바다에서 낚은 것은 무엇일까?

협력하는 모습이 직관적으로 잘 드러나고, 협력을 통한 성과와 긍정적인 마음 변화가 뚜렷한 그림책을 찾다가 『함께 줄넘기』와 『절반 줘』를 골랐다. 두 그림책은 협력으로 문제를 해결하는 동물들의 모습을 그렸다.

『함께 줄넘기』는 저마다 아픈 사연이 있는 동물들이 모여 서로를 위로하는 모습과, 마음을 모아 협동 줄넘기를 성공시키는 장면에서 공동체의 소중함과 협력의 필요성을 느낄 수 있다. 『절반 줘』에서도 공동의 목표를 위해 힘을 모으는 동물들이 등장하며 협력을 통한 성취감을 느끼게 하고, 힘을 모은다면 어려운 일도 해결할 수 있다는 메시지를 전한다. 두 그림책 모두 아이들에게 '함께' 한다는 것 자체의 즐거움과, 혼자서는 할 수 없는 일을 협력하여 이뤄 내는 기쁨을 느끼게 해 준다.

놀이는 아이들의 사회적 기술 발달과 정서적 안정감 향상에 기여한다고 알려져 있다. 특히 또래와의 협력 놀이는 사회성, 문제 해결 능력, 감정 조절 등 전인적 발달을 돕는 중요한 경험이다. 아이들은 또래와 함께 놀면서 서로에 대한 존중, 배려, 책임감, 협력 같은 공동체 역량을 기르고 인간관계의 기본을 익힌다. 교실 안팎에서 간단하게 할 수 있는 협력 놀이로 바람직한 놀이 문화, 긍정적인 학급 분위기, 협력하는 학교 문화가 조성되길 기대한다.

수업 사례

1. 그림책 읽고 이야기 나누기

『함께 줄넘기』는 앞뒤 면지의 변화에 주목한다. 앞 면지에서 두 귀가 축 처져 있던 토끼가 뒤 면지에서 밝은 표정으로 바뀐 이유는 협동 줄넘기를 하며 협력의 기쁨과 성취감을 느꼈기 때문일 것이다. 오합지졸 같던 동물들이 꾸준한 연습과 서로에 대한 응원과 격려의 과정을 거쳐 줄넘기에 성공하는 장면에서는 학생들도 환호하며 기뻐한다. 긴 줄을 함께 넘을 수 있었던 힘이 어디에서 나왔는지 이야기하며 협동의 힘을 느낀다.

『절반 줘』는 읽는 내내 동물들이 힘을 모아 바다에서 무엇을 낚아 올릴지 궁금하다. 물고기를 잡으면 절반을 나눠 주겠다는 말에 산속 동물들이 너나 할 것 없이 낚싯대에 달라붙는다. 아이들은 고래 같은 아주 큰 물고기가 걸렸을 거라 예상하지만 낚싯줄에 매달려 온 건 다름 아닌 '바다'다. 동물들이 바다를 돌돌 말아서 산으로 가져가 펼치자 바다는 산속 동물들의 거대한 물놀이터가 된다. 아이들은 산속 동물과 바다 동물이 만나 즐겁게 노는 모습을 상상한다.

깊이 있는 활동을 위한 질문

1. (『함께 줄넘기』를 읽고) 긴 줄을 함께 넘을 수 있는 힘은 무엇일까?
2. (『절반 줘』를 읽고) 산속 바다에서 동물들은 무엇을 할까?
3. 혼자서는 해결하기 어려웠는데 함께 힘을 모아 해결했던 일이 있다면 무엇이 었나?
4. 협력을 하면 어떤 점이 좋을까?
5. 우리 반 친구들과 함께 협력해서 해 보고 싶은 놀이는 무엇인가?

2. 협력의 가치 이야기 나누기

그림책을 읽은 뒤 가장 인상적인 장면이나 감동적인 장면을 찾아보게 하니 많은 아이가 동물들이 힘을 모으는 장면을 고른다. 『함께 줄넘기』에서는 협동 줄넘기에 성공하는 장면을, 『절반 줘』에서는 동물들이 나란히 서서 바다를 둘둘 마는 장면을 뽑았다. 『절반 줘』에서 협력이 돋보이는 장면을 더 찾아보게 하니 원숭이와 토끼가 수박을 매단 낚싯대의 양쪽 끝을 잡고 바다로 가는 장면, 수박 반쪽을 낚싯대에 매달아 함께 미끼를 던지는 장면, 산속 동물들이 줄줄이 서서 낚싯대를 잡고 힘을 합쳐 큰 물고기(바다)를 낚는 장면을 다시 살펴본다.

　이어서 책 속 인물처럼 친구들과 힘을 모아 본 경험을 이야기 나눈다. 아이들은 수업 시간에 모둠 활동을 한 일, 체육 시간과 운동회 때 팀 경기에 참여한 일 등 다양한 경험을 쏟아 낸다. 협력하면 어떤 점이 좋은지 물으니 '친구들과 사이가 좋아지고 반 분위기가 밝다.', '혼자서는 못하는 일을 함께하면 해낼 수 있다.', '혼자 하는 것보다 재미있다.', '특히 체육 시간이 즐겁다.' 라는 반응들을 보인다. 협력하면 즐거운 우리 반이 된다는 사실은 아는데, 협력이 늘 쉽지는 않다는 말도 들린다.

　아이들은 모둠이나 팀 활동을 하면서, 내가 아니어도 다른 친구들이 대신해 줄 거라는 마음이나 나와 상관없는 일이라고 생각해 방관자가 되는 경우, 부족한 친구를 비난하거나 남 탓을 하는 상황을 종종 겪는다. 힘을 모아야 해낼 수 있는 활동에서는 협력의 가치를 떠올려 걸림돌이 되지 않도록, 나보다 우리를 먼저 생각하며 행동하자고 마무리한다.

3. 모둠 협력 놀이하기

학생들이 즐겁게 몰입하며 공동의 목표를 달성하기 위해 간단한 협력 놀이를 한다. 학생들이 모두 동시에 참여할 수 있고 집중해서 힘을 모아야만 해낼 수 있는 놀이를 선택한다. 수차례 시도 끝에 성공하는 경험을 하면 더욱 좋다. 학생들이 더 나은 방법을 찾아 서로 소통하며 전략을 짤 수 있기 때문이다.

놀이하기 전에 '협력 약속'을 정하는 과정도 중요하다. 놀이를 위한 약속과 규칙은 학생들이 토의해 긍정의 문장으로 정하도록 한다. 예를 들어 '비난하거나 다른 사람 탓을 하는 말은 하지 않는다.' 보다는 '응원하고 격려하는 말을 사용한다.'로 약속한다. 협력 놀이에서 사용할 말을 정해 보는 것도 좋다. '할 수 있어.', '다시 한번 해 보자.', '괜찮아, 그럴 수 있어.', '이번에는 다른 방법으로 시도해 보자.' 등으로 서로 격려하며 실패를 극복하고 재시도하게 한다. 모둠 이름이나 구호를 정해 활용하면 소속감을 높이고 시너지 효과를 기대할 수 있다.

교실에서 간단히 할 수 있는 모둠 협력 놀이로 '종이컵 쌓기'와 '보자기 공 바운스'를 한다.

'종이컵 쌓기'는 색종이 컵에 고무줄을 끼우고 고무줄에 묶인 네 개의 끈을 잡아당겨 종이컵을 쌓는 놀이다. 학생 네 명이 색종이 컵을 동시에 옮기기 위해서는 호흡과 소통, 힘 조절이 중요하다. 컵이 엉뚱한 곳으로 가거나 잘 쌓아 올리던 탑이 무너질 때 어떤 말로 서로를 격려하고 다시 시작하는지에 중점을 둔다. 협력 약속에서 정한 긍정의 말로 서로를 응원하며 색종이 컵 10개로 4층 탑을 쌓는 데 성공하는 것이 목표다.

네 명이 끈을 당겨 종이컵 옮기기에 익숙해졌다면 탑 쌓는 시간 단축을 목표로 바꿀 수도 있다. 쌓은 탑을 해체하며 컵을 포개어 정리하는 것까지 놀이로 넣는다면 마무리까지 훌륭하다. 학생들이 능숙하게 참여하면 컵 개수를 늘려 더 높은 탑을 쌓게 하는 등 놀이를 변형해 볼 수 있다.

'보자기 공 바운스'는 학생 네 명이 보자기의 네 귀퉁이를 잡고 보자기 한가운데 둔 공을 튀겨 올리는 놀이다. 공을 떨어뜨리지 않고 최대한 많이 던지고 받는다. 공은 셔틀콕이나 탁구공, 고무공, 풍선 등을 활용할 수 있다. 교실에서 이 놀이를 할 때는 학생들이 움직일 때 서로 방해되지 않도록 공간을 충분히 확보해야 한다. 이 놀이 역시 네 명의 힘 조절이 중요하며 방향 감각을 잘 살려야 한다. 네 명 중 한 명이라도 협력하지 않으면 성공하기 힘들다.

놀이를 마무리하며 모둠 친구들과 오늘 우리가 함께한 놀이의 특징을 찾아보게 한다. 아이들은 모둠 친구들이 모두 힘을 모으고 집중해야만 성공할 수 있는 놀이였다고 말하며, 다른 협력 놀이도 더 해 보고 싶다는 기대를 밝힌다.

■ '종이컵 쌓기' 협력 놀이

■ '보자기 공 바운스' 협력 놀이

4. 공동체 놀이 더 하기

공동체 역량을 강화하기 위해 모둠 협력 놀이에서 교실 전체 학생들이 참여할 수 있는 공동체 협력 놀이로 나아간다. 학급 내에서 공동체 역할에 기여할 수 있음을 놀이를 통해 경험하고, 작은 힘일지라도 공동체에서 중요한 역할을 하고 있음을 스스로 인식할 수 있다. 공동의 목표를 설정하고 서로의 신뢰를 바탕으로 함께 호흡을 맞춰 가며 공동체를 만들어 가는 과정을 연습할 수 있는 놀이를 골라 활동을 안내한다.

'손 엇갈려 잡고 풀기'*는 반 학생 전체가 원 형태로 안쪽을 보고 서서 손을 엇갈아 잡았다가 손을 떼지 않고 엇걸었던 손을 풀어 원을 만드는 놀이다. 처음부터 학급 전체 학생을 대상으로 하기보다 참여 학생 수를 점차 늘려 간다. 짝과 성공하면 4명 모둠으로 시도하고, 모둠 활동에 성공하면 다른 모둠과 합쳐서 8명 팀을 만들어 놀이하고, 나중에는 학급 전체 학생이 큰 원을 만들어 놀이한다. 손의 위치나 이동 방향이 헷갈릴 때는 아이들이 서로 알려 주며 원을 만드는 시간을 단축할 수 있다.

그 밖에 학생들의 수준, 학급 규모와 상황에 따라 다양한 공동체 협력 놀이**를 하며 학생들에게 실제적인 소통의 기회와 친밀감을 높이는 시간을 준다.

수업 마무리로 협력 놀이를 하며 배운 것과 느낀 점을 쓰게 한다. 교사는 학생들이 단순히 친구들과 노니까 즐겁고 신났다는 것에 머무르지 않도록, 놀이를 하기 전과 후 달라진 나의 마음과 우리 반 분위기, 협력

---

* 유튜브 채널 '열정기백쌤'(https://www.youtube.com/@passionkibaek)에서 활동 영상을 참고할 수 있다.

** 『그림책 공동체 놀이』(그림책사랑교사모임, 학토재, 2025)에서 다양한 사례를 참고할 수 있다.

하는 태도를 더 발휘해 보고 싶은 활동 등을 생각해 보라고 안내한다.

글을 마무리하며

아이들은 협력 놀이를 통해 즐거움을 느낄 뿐 아니라 목표 달성을 통한 성취감과 반 친구들에 대한 신뢰, 유대감을 쌓는다. 협력하는 과정을 통해 처음보다 더 공동체에 믿음이 생기고 신뢰가 쌓여 공동체 의식을 형성해 간다. 공동체에서 건강하게 살아갈 수 있는 역량이 생기면 그 힘으로 공동의 문제를 잘 해결할 수 있다.

협력하는 태도는 마음가짐보다 행동이기에 눈에 잘 보인다. 협력을 강조하면서 정작 협력이 필요한 상황에 힘을 합하지 않으면 협력한다고 할 수 없다. 동물행동학자인 최재천 교수는 "손잡지 않고 살아남은 생명은 없다."고 말한다. 그는 자연과 더불어 살아야 하는 이유로 "생명은 모두 이어져 있고, 손잡지 않고는 살아남을 수 없기 때문이지요."라고 했다. 비단 생태계에만 적용되는 말은 아닌 것 같다. 어떤 공동체도 마찬가지다. 연대하고 협력할 때 건강한 공동체를 만들어 나갈 수 있다. 아이들이 놀이를 통해 협력의 중요성을 경험하고 협력하는 태도를 길러, 공공선을 추구하고 공동의 문제를 해결하는 데 힘을 보태길 바란다.

공동체 영역 - 공동체 가치의 인식 및 관리 핵심 역량
2. 규칙 준수

'규칙 준수'는 한국형 사회정서교육 '공동체' 영역 '공동체 가치의 인식 및 관리' 핵심 역량의 구성 요소 중 하나이다. '공동체 가치의 인식 및 관리'란 공동체의 규범과 목표에 대한 인식, 공동체 구성원으로서 개인의 행동에 대한 성찰, 공동체 구성원에 대한 배려를 기반으로 생각하고 행동하는 능력을 의미한다. 공동체의 가치를 제대로 인식하지 못한다면 배척과 따돌림이 발생할 수 있고, 과도하게 경쟁적인 분위기가 형성될 수 있으며, 분열과 다툼, 역할 갈등이 생길 수 있다.* 공동체의 소중함을 제대로 인식한다면 공동체를 유지·관리하기 위해서 규칙이 필요하다는 점도 이해할 수 있을 것이다.

학급 구성원 모두가 행복하게 생활하려면 나의 자유뿐 아니라 다른 친구들의 자유도 존중해야 한다. 서로의 자유와 권리를 존중하기 위해서 규칙은 필요하다. 규칙은 통제 수단이라기보다 서로를 배려하게 도와주는 약속이다. 그래서 평화로운 공동체, 안전한 학급을 만들기 위해

* 「한국형 사회정서 성장 지원 모델 마련 연구」 54쪽 참고, 서완석 외, 한국교육환경보호원(2024)

서 규칙을 세우고 지키는 태도는 중요하다. 또한, 학급 구성원들이 규칙의 필요성과 중요성을 인식하여 함께 규칙을 만들 때 그 실효성은 더 크다. 자신들이 만든 규칙이라면 훨씬 잘 지키고, 책임감을 느끼게 된다.

> **그림책 『두 마리 당장 빠져!』**
> 신디 더비, 이숙진 옮김, 천개의바람, 2021
>
> 지킴새는 나무에 오르는 새들의 모습과 행동을 하나하나 통제한다. 끊임없이 "금지!"를 외치며 규칙을 준수하라고 강요한다. 사건은 100마리만 오를 수 있는 나무에 새로운 생명이 탄생하며 벌어진다. 행복한 공동체를 유지하기 위한 규칙과 자유의 소중함에 관해 생각해 볼 수 있다.

학기 초 학급 세우기 활동이나 학급 회의를 통해 학급의 약속과 규칙을 만든다. '친구를 때리지 않는다.'는 당위적인 내용부터 우리 반 인사말이나 1인 1역할 정하기까지, 행복한 한 해 학급살이를 위해 함께 지켜야 할 내용을 정한다. 매해 반복되어 새로울 게 없어 보이지만 공동체의 약속과 규칙을 정하는 활동은 평화로운 학급을 만드는 밑거름이 된다.

『두 마리 당장 빠져!』는 예외 없이 철저하게 규칙을 지키는 경직된 공동체가 규칙과 책임이 사라져 방종에 빠진 사회로 변하는 모습을 보여준다. 단, 자유와 규칙 중 어느 것이 더 중요한 가치라고 강요하지 않는다. 자유 존중과 규칙 준수 모두 중요한 가치임이 틀림없다.

그림책을 읽으며 우리 반이 지향하는 공동체의 모습을 그려 보고, 행복한 우리 반을 만들기 위해서 규칙과 자유 중 어느 쪽에 조금 더 가치를 둘지 의견을 나눈다. 토의 결과를 바탕으로 함께 가꾸고 지켜 나갈 우리 반 규칙과 고운 말 약속을 정한다. 학생들이 정한 약속과 규칙은 잘 보이는 곳에 게시하여 내면화하고 규칙 준수 의지를 다진다.

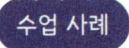

1. 그림책 읽고 이야기 나누기

겉싸개를 벗기면 표지에 줄지어 선 각양각색의 새들이 보인다. 일렬로 선 줄은 면지와 속표지로 이어진다. 아이들은 새들이 어디에 가기 위해 줄을 서는지, 표를 사서 향하는 곳이 어딘지 궁금하다. 지킴새는 최대 100마리까지만 오를 수 있는 나무의 통제관 역할을 하며 새들의 사소한 행동 하나하나에 "금지!"를 외치며 행동을 제한한다. 지킴새의 통제하에 별문제 없이 굴러가던 공동체에 균열이 생긴 건 아기 새 두 마리가 태어나면서다. 제목처럼 지킴새가 "두 마리 당장 빠져!"라고 외치자 100마리 새들은 연대하여 아기 새를 지키고 지킴새를 쫓아낸다. 학생들은 100마리 새가 모여 큰 새 모양으로 바뀌는 장면에서 탄성을 지른다. 강압적이던 지킴새를 물리치는 장면이 통쾌한 모양이다. 미묘하게 변한 새들의 표정 역시 인상적이다.

그림책을 읽은 뒤 가장 인상적인 장면을 고르게 했더니 다양한 장면을 이야기한다. 100마리 새가 떼를 지어 큰 새 모양으로 바뀌는 장면, 아기 새가 지킴새에게 도토리를 건네는 장면, 모든 새가 각자 오를 수 있는 자신의 나무를 심어 풍성한 숲을 이룬 마지막 장면 등 공동체 구성원들이 서로 존중하고 배려하는 모습이 드러난 장면을 고른다.

깊이 있는 활동을 위한 질문

1. 지킴새가 나무를 지켰을 때와 떠났을 때 나무는 어떻게 달라졌나?
2. 지킴새와 어린 새가 추구하는 가치와 빛낸 미덕은 무엇인가?
3. 평화롭고 행복한 우리 반을 만들기 위해 추구할 가치는 무엇인가?
4. 우리 반에 규칙이 없다면 어떤 일이 벌어질까?
5. 평화롭고 행복한 우리 반을 위해 어떤 말을 해야 할까?

2. 등장인물이 추구한 가치와 빛낸 미덕 찾기

 이 책의 등장인물은 크게 지킴새, 아기 새 두 마리 그리고 나머지 새 무리다. 등장인물의 말과 행동에서 그들이 추구하는 가치와 빛낸 미덕을 찾는 활동을 한다.
 지킴새는 매사에 "금지!"를 외치며 새들을 통제하고 억압하는 모습을 보인다. 질서정연한 공동체를 유지하기 위해 규칙 준수를 중요하게 여긴다고 볼 수 있다. 반면 새들은 규칙만 강조하는 경직된 공동체에 살다 보니 자유에 목말라 있다. 아이들은 이 그림책에서 규칙 준수와 자유 존중이라는 가치를 발견한다. 두 가치 모두 행복한 공동체를 만드는 데 필수 불가결한 요소다.
 이어서 등장인물이 빛낸 미덕을 찾는 활동은 미덕의 보석을 활용한다. '버츄 프로젝트(The Virtues Project)'에서는 누구나 태어날 때부터 52개의 미덕의 보석을 가지고 태어나며, 마음속 보석들을 갈고 닦아 내면의 빛을 낼 수 있다고 믿는다. 52개의 미덕 가운데 등장인물이 특히 빛낸 미덕을 찾아보게 했더니 다양한 답이 돌아온다. 지킴새는 공동체를 위해 규칙을 세우고 열심히 일하는 모습에서 '절도'와 '근면'을 보여 준다. 아기 새는 지킴새와 다른 새들의 파랑새가 되어 '화합', '친절', '도움'의 미덕을 빛낸다. 다른 새들은 아기 새를 구하고 행복한 공동체를 만들기 위해 '용기'와 '협동'의 미덕을 발휘한다. 아이들이 고른 모든 미덕은 바람직한 공동체를 구성하는 씨앗이 된다.

등장인물	빛낸 미덕
지킴새	절도: 규칙을 세우고 자신을 조절하는 것
	근면: 꾸준히 그리고 열심히 일하는 것
아기 새	화합: 평화롭게 함께 살아갈 수 있게 도와주는 것
	친절: 다른 사람들에게 배려심을 보여 주고 도움 되는 일을 하는 것
	도움: 누군가에게 다가가 도움을 주고받는 것
다른 새들	협동: 함께 일하고 짐을 나누는 것
	용기: 두려움 앞에 당당히 맞서는 것

3. 행복한 공동체를 위해 추구할 가치 토의하기

그림책을 읽은 뒤 궁금한 점을 써 보게 하니 다양한 질문을 쏟아 낸다. '금지만을 외치던 지킴새가 왜 마음을 바꾸었을까?', '아기 새는 왜 지킴새에게 도토리를 주었을까?', '규칙은 지킴새 혼자 다 만들었을까?', '규칙이 없었더라면 나무가 500년까지 살 수 있었을까?', '오히려 지킴새가 있었기 때문에 새들의 사회가 균형 있게 버틴 것은 아닐까?', '새들은 왜 불평하지 않았을까?' 등 주로 지킴새와 새들의 행동과 규칙에 관해 궁금해한다. 학생들의 질문을 바탕으로 이야기 나누고 싶은 토론 주제를 함께 생성한다.

규칙과 자유를 가치 수직선의 양 끝에 두고 '행복하고 평화로운 학급을 위해 추구할 가치는?' 을 주제로 가치 수직선 토론을 한다.

가치 수직선 토론 방법

① 그림책을 읽고 가치 판단이 필요한 상황을 떠올려 제시한다.
② 교사는 칠판에 수직선을 크게 그린다.
③ 학생들은 논제에 대한 자신의 생각을 숫자로 표현한다. 수직선의 0(중립)을 기준으로, 자신의 주장 정도를 강한 찬성(5)과 강한 반대(-5), 찬성(3)과 반대(-3)로 표현한다. 숫자는 학급 상황에 따라 교사가 조절할 수 있다.
④ 포스트잇에 그렇게 결정한 까닭을 쓰고 수직선 아래에 붙인다.
⑤ 가치 수직선의 포스트잇 분포와 내용을 보며 전체 학생의 생각을 살핀다.
⑥ 서로 반대 의견을 가진 학생들끼리 만나 각자의 의견과 그 이유에 관해 토론한다.
⑦ 토론을 통해 의견이 바뀐 학생들은 다시 까닭을 써서 가치 수직선 아래에 붙인다.
⑧ 토론 과정에서 든 생각과 느낌을 이야기한다.

자유와 규칙 모두 소중하며 이분법적으로 나눠 하나만 고를 수는 없다. 가치 수직선 토론을 하는 목적은 '행복하고 평화로운 공동체, 우리 반'을 위해 두 가치가 상충 될 때 가치 갈등을 상상하여 어떻게 해야 할지 생각해 보기 위함이다.

아이들은 자유보다 규칙에 무게를 더 실어 준다. 개인의 자유만 존중하고 규칙을 지키지 않을 때 구성원 간에 신뢰가 무너지고 무질서하며 공동체가 와해된다는 사실을 잘 알고 있다. 이어서 '잘못된 규칙도 지켜야 하는가?' 등 추가 논제를 찾아 가치 수직선 토론을 이어 가도 좋다.

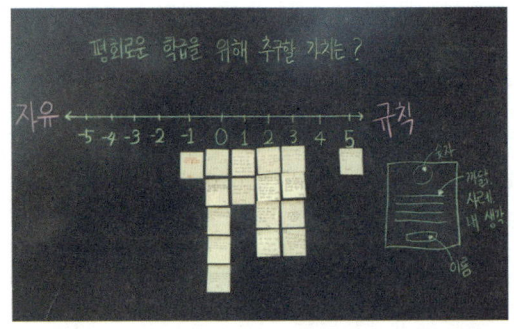
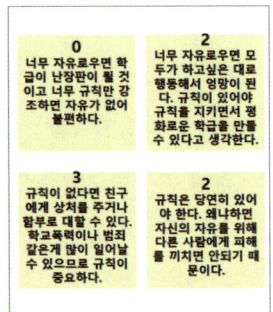

4. 우리 반 규칙과 고운 말 약속 정하기

그림책 내용을 아이들의 삶과 연결해, 자유와 자율, 자유와 방종의 차이, 규칙을 만드는 주체와 방법에 관해 더 이야기를 나눈다. 학급 규칙은 학생 스스로 만드는 게 가장 좋으며 선생님의 의견도 존중해야 한다고 이해시킨다.

아이들은 우리 반 규칙을 만들 때 다른 사람의 입장과 안전 등 여러 면에서 살펴보고, 모두가 지킬 수 있는 내용으로 만들어야 한다는 점을 알게 된다. 아이들이 바라는 행복하고 평화로운 학급을 만들기 위한 우리 반 규칙과 고운 말 약속을 함께 정한다. 우리 반 고운 말은 친구에게 바라는 것을 기분 나쁘지 않게 긍정적인 표현으로 간단히 말해 보게 한다.

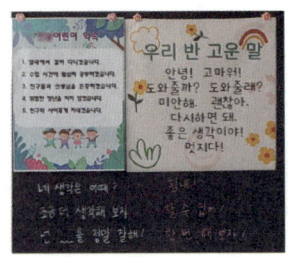
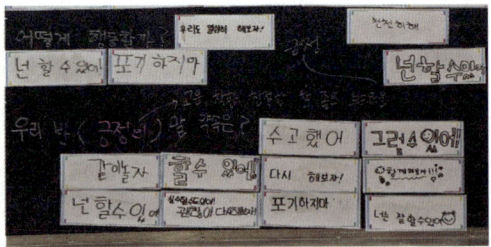

모두 동의한 내용은 교실의 잘 보이는 곳에 게시하거나 판서하여 상시 볼 수 있게 한다. 마무리 활동으로 규칙과 약속을 잘 지키려는 나의 다짐을 써서 공언한다.

글을 마무리하며

『두 마리 당장 빠져!』는 다양한 해석이 가능해 매력적인 그림책이다. 작품 속 새들의 공동체를 우리 사회에 대입해 보면 군부 독재 시절이 스친다. 지킴새는 독재자로, 새들의 태도 변화는 정의를 추구하며 연대하는 민주 시민의 모습을 그린 것 같다. 새들이 도토리나무를 가꾸는 장면은 자율과 협동의 가치를 떠올리게 한다. 마지막 장면에서 수많은 나무가 들어선 숲은 다양성을 존중하는 사회로 읽힐 수도 있다.

지킴새의 변화와 아기 새의 성장도 눈여겨볼 만하다. 개성과 자유를 존중하고 다른 사람을 배려하는 마음으로 규칙을 준수할 때 정의롭고 행복한 공동체가 유지된다. 학교와 학급 역시 그렇다. 규칙을 지키려는 마음과 행동은 다른 사람에 대한 존중과 배려의 마음뿐 아니라, 나도 존중받고 싶다는 표현이기도 하다. 아이들이 학급이라는 작은 공동체에서 경험한 규칙 준수의 마음과 습관을 다른 공동체, 더 큰 공동체에 바르게 뿌리내리길 바란다.

공동체 영역 - 공동체 가치의 인식 및 관리 핵심 역량
3. 문제 확인 및 해결

학교에서 여러 학생이 함께 생활하다 보면 규칙을 지키지 않거나 다른 사람에게 불편을 주는 행동 때문에 문제가 생기기도 한다. 하지만 많은 아이들이 공동체 안에서 생겨나는 이런 문제를 어떻게 해결해야 할지 몰라 갈등이 깊어지거나 오해가 쌓이기도 한다. 공동체 속 문제를 해결하는 데는 먼저 무엇이 문제인지 정확히 확인하고, 서로의 입장을 이해하며, 함께 해결 방법을 찾는 태도가 필요하다.

한국형 사회정서교육에서는 이를 '공동체 가치의 인식 및 관리' 핵심 역량으로 보고, 하위 구성 요인으로 '문제 확인 및 해결'을 두었다. 공동체 구성원으로서 책임감 있게 문제를 인식하고, 규칙과 약속을 바탕으로 함께 해결해 나가는 과정은 공동체에 대한 소속감과 협력의 가치를 배우는 중요한 기회가 된다. 우리 반이나 학교에서 일어나는 문제를 그냥 넘기지 않고 함께 이야기하며 해결해 나간다면, 더 건강하고 따뜻한 공동체를 만들 수 있을 것이다.

> **그림책 『사슴에게 문제가 생겼어요!』**
> 클라우디오 고베티 글, 디야나 니콜로바 그림, 이현경 옮김, 주니어RHK, 2023
>
> 어느 날 조용히 찾아와 사슴 옆에 찰싹 붙어 버린 '문제'. 사슴은 이 문제를 떼어내려고 애쓰지만, 문제는 점점 커지고 다른 친구들에게까지 번져 간다. 이 골칫덩어리 문제는 친구들과 함께 이야기를 나누고 마음을 모으면서 조금씩 작아지기 시작한다. 문제의 속성과 공동체적 해결 과정을 풀어낸 그림책이다. 문제는 혼자 껴안는 것이 아니라, 함께 이야기하며 해결해 나가는 것임을 말해 준다.

『사슴에게 문제가 생겼어요!』에 나오는 사슴처럼, 우리 학생들도 공동체 안에서 예상하지 못한 문제를 종종 겪게 된다. 문제를 혼자 감당하려 하거나 무시하려다 문제가 점점 커지고 결국 주변 친구들과의 관계에까지 영향을 주기도 한다. 이 그림책은 문제를 캐릭터로 표현하여, 문제의 속성과 해결 과정을 학생들이 쉽게 이해하고 공감할 수 있게 했다. 또한 학생들이 일상에서 겪는 다양한 갈등이나 불편한 상황을 돌아보고, 그 상황에서 우리가 어떻게 문제를 확인하고 해결해 나갈 수 있는지 생각해 보는 좋은 동기 유발 자료가 된다. 그림책을 함께 읽은 뒤에는 문제를 혼자서 고민하기보다 친구들과 함께 이야기 나누고 서로 다른 생각을 들어보며 해결의 실마리를 찾아가는 활동을 이어 갈 수 있다.

수업에서는 특히 문제를 인식하는 것의 중요성과 함께, 문제를 해결하는 데 필요한 공동체 내 소통과 협력의 태도를 경험해 볼 수 있도록 서클 활동을 구성한다. 학생들이 자신의 공동체 속에서 실제로 해결하고 싶은 문제를 꺼내고, 친구들과 함께 해결 방법을 찾는 과정을 통해 공동체 구성원으로서 책임감과 참여 의식을 기를 수 있을 것이다.

수업 후에는 학생들이 문제를 덮어 두지 않고 용기 있게 꺼내어 말하고, 함께 해결 방안을 찾는 경험을 통해 공동체의 소중함과 문제 해결의 즐거움을 느끼길 기대한다. 이 과정이 반복될수록 학생들은 공동체 속 문제에 더 민감하게 반응하고, 함께 해결하려는 태도를 자연스럽게 익히게 될 것이다.

1. 그림책 읽고 이야기 나누기

그림책 속에서 '문제'는 귀엽고도 성가신 캐릭터로 표현된다. 아이들과 함께 문제의 등장 방식과 점점 커지는 모습, 그리고 주변으로 퍼지는 과정을 살펴보며 책을 읽으면 문제의 속성과 그 영향을 깊이 이해할 수 있다. 사슴이 문제를 겪으며 보이는 감정과 행동 변화를 따라가다 보면, 학생들은 자연스럽게 자기 경험을 떠올리고 문제를 대하는 태도에 관해 생각하게 된다. 이야기 속 친구들이 사슴과 함께 문제를 해결해 가는 과정을 통해, 공동체 안에서 문제를 함께 인식하고 해결하는 방법을 배우는 데 동기를 부여할 수 있다.

깊이 있는 활동을 위한 질문
1. 사슴에게 '문제'는 어떻게 생기게 되었을까?
2. 사슴은 '문제'를 혼자 해결하려고 했을 때 어떤 기분이었을까?
3. 친구들이 사슴을 돕기 위해 함께 이야기 나눴을 때, 사슴의 마음은 어떻게 달라졌을까?

4. 사슴처럼 혼자서 문제를 안고 힘들었던 경험이 있을까? 그때 기분을 표현한다면?

5. 내가 사슴이라면 '문제'를 해결하기 위해 친구들에게 어떻게 도움을 요청했을까?

2. 공동체 놀이로 서클 준비하기

준비물 : 매직 공(크기가 조절되는 그물 공)

'문제를 줄여라!'는 공동체 안의 문제를 함께 인식하고 나누는 경험을 해 보는 공동체 놀이다. 활동에 앞서 교사는 아이들에게 "이 공은 우리 반의 문제를 상징해요."라고 설명하고, 크기가 조절되는 매직 공을 보여 준다.

아이들은 원을 이루어 앉아서 매직 공을 음악에 맞춰 돌린다. 음악이 멈췄을 때 공을 들고 있는 아이는 요즘 우리 반에 어떤 문제가 있다고 느끼는지 말한다. 그리고 그 문제의 원인을 말할 수 있는 친구가 손을 들면 그 친구에게 공을 준다. 이때 공을 던지지 말고 옆으로 전달한다. 그 친구는 문제의 원인을 말하면서 매직 공을 약간 줄인다. 다음으로는 문제 해결 방법을 아는 친구가 손을 들면 그 친구에게 역시 공을 전달한다. 그 친구가 문제 해결 방법을 말하면서 또 매직 공을 약간 줄인다. 자신이 생각한 문제 해결 방법을 더 말할 사람이 있으면 얼마든지 이 과정을 반복하며 문제를 의미하는 공의 크기가 줄어드는 것을 관찰한다. 마지막에는 모든 친구들이 "이 문제를 너 혼자 안고 있지 않아. 함께 해결할 수 있어."라고 말하고 다시 음악을 튼다.

놀이 후에는 공을 들고 말할 때나 공을 전달할 때 어떤 기분이 들었는지, 문제를 혼자만의 것이 아니라 우리 모두의 일로 느꼈는지를 함께 이야기해 본다. 이 놀이로 아이들은 공동체 안의 문제는 혼자 짊어지는 것이 아니라, 함께 나누고 해결할 수 있음을 자연스럽게 체험하게 된다. 놀이 속 상징적인 경험을 바탕으로 이후 진행될 문제 해결 서클 활동으로 부드럽게 연결할 수 있다.

■ 공동체 놀이 '문제를 줄여라!'

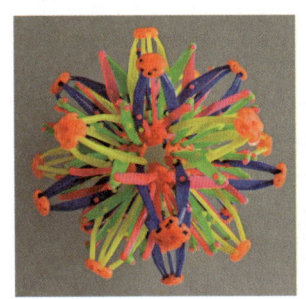

3. 문제 해결 서클 활동

'문제 해결 서클'은 공동체 안에서 생기는 문제를 함께 인식하고 해결 방안을 찾기 위해 대화하는 활동이다.

모든 아이가 큰 원 모양으로 둘러앉아 우리 반에 함께 해결해야 할 문제가 있는지 생각해 보고, 각자 떠오르는 문제를 돌아가며 말해 본다. 자신이 생각하는 문제를 직접 말하면서, 아이들은 공동체 안의 다양한 시각과 입장을 이해할 수 있다.

문제를 확인한 후에는 그 문제에 대한 각자의 해결 방법을 이야기하며 다양한 대안을 탐색한다. 서클 대화를 통해 서로의 의견을 존중하면서도 우리 반 전체에 가장 적절한 해결책이 무엇인지 함께 고민하고 결정해 본다. 문제 해결을 위해 담임 선생님이나 교장 선생님의 도움이 필요하다고 느낀 부분이 있다면 함께 건의해 보는 시간도 가질 수 있다. 일정 기간이 흐른 뒤에는, 이 문제가 실제로 어떻게 해결되었는지, 해결 과정에서 또 다른 문제는 발견되지 않았는지를 돌아보는 시간을 갖는다.

이러한 서클 활동은 문제를 회피하지 않고 공동체 속에서 함께 해결해 가는 경험을 통해, 아이들이 서로를 신뢰하고 책임감 있게 공동체에 참여하는 태도를 기르도록 돕는다.

<내가 생각한 문제 돌아가며 말하기>

- 친구와 장난을 치다가 기분이 상하거나 싸우게 되는 일이 있다.
- 청소 시간에 일부 친구만 열심히 하고, 다른 친구는 놀거나 미루는 경우가 있다.
- 쉬는 시간에 차례를 지키지 않거나, 놀이 도중 갈등이 생기는 일이 있다.
- 수업 시간에 집중하지 않고 떠들거나 방해하는 친구가 있어 수업에 지장이 생긴다.
- 준비물을 자주 빌리거나, 친구 물건을 허락 없이 사용하는 일이 있다.
- 급식 시간에 줄을 서지 않거나 새치기해서 다투는 일이 있다.
- 신발장에 있는 친구 실내화를 다른 장소에 갖다 두는 일이 있다.

<문제 정하고 문제 해결 방법 탐색하기>

[정한 문제] 신발장에 있는 친구 실내화를 다른 장소에 갖다 두는 일이

있다.

[해결 방법 탐색]
- 친구 실내화를 장난으로 옮기면 안 된다는 걸 반 전체가 다시 한번 함께 약속하면 좋겠다.
- 그런 행동을 하면 친구가 얼마나 불편하고 속상할지 다 같이 이야기해 보면 좋겠다.
- 실내화를 일부러 옮기지 않도록 주의하자는 내용을 담은 학급 규칙을 만들면 좋겠다.
- 실내화에 이름을 또렷하게 써 놓아서 누가 옮기면 바로 알 수 있게 하면 좋겠다.
- 실내화가 자꾸 없어지면 선생님이나 친구들에게 바로 알려서 같이 해결하면 좋겠다.
- 쉬는 시간이나 하교 전에는 서로의 실내화 자리를 한 번씩 살펴보는 '실내화 지킴이' 활동을 해 보면 좋겠다.
- 실내화를 옮긴 사람이 있다면 장난이라도 친구에게 사과하고 다시는 그러지 않겠다고 약속하면 좋겠다.
- 친구 물건을 함부로 건드리는 게 왜 안 되는 일인지 그림이나 글로 표현해서 게시판에 붙이면 좋겠다.
- 신발장 앞에 CCTV를 설치한다.

<문제 해결을 위해 도움 요청하기>
- 신발장 주변에 CCTV를 설치해 주시면 좋겠다.
- 방송 조회 때 실내화 분실 문제를 안내하고, 그 행동의 문제점을 얘기해 주면 좋겠다.

- 실내화를 옮기는 행동을 한 학생이 누구인지 알게 되면, 선생님께서 친구들과 개별로 대화해 주셨으면 좋겠다.

<문제 해결 추이 살펴보기>
- 반 전체에서 실내화를 옮기면 안 된다고 다시 약속한 뒤로 그런 일이 줄어들었다.
- 친구 물건은 건드리지 않기로 정하고 실내화에 이름을 다시 쓰면서, 실내화가 제자리에 없어도 찾기가 쉬워졌다.
- 문제를 이야기하고 나서 친구들이 서로 실내화를 잘 챙기게 되었다.
- 장난으로 한 행동이 친구를 얼마나 불편하게 만드는지 알게 되어서 다들 조심하려는 분위기가 생겼다.

<새롭게 발견된 우리 반 문제>
- 특정 친구를 따돌리거나 무시하는 분위기가 있다.
- 복도나 화장실 벽에 물 묻힌 화장지를 붙이는 일이 있다.
- 학급에서 공통으로 쓰는 물품이나 간식이 사라지는 일이 있다.

실내화 문제를 가지고 문제 해결 서클 활동을 해 본 뒤, 학생들과 함께 마무리 소감 나누기를 진행하였다. 학생들은 처음에는 누가 한 것인지 그 사람을 찾고 싶은 마음이 컸지만, 이야기를 나누면서 문제를 함께 해결하는 방법에 집중하게 되었다. 서로의 생각을 듣고 나니 장난처럼 했던 행동이 친구에게는 큰 불편이 될 수 있다는 사실을 알게 되었다는 말도 했다. 앞으로는 물건을 함부로 옮기지 않고, 친구 입장에서 한 번 더 생각해 보겠다는 다짐도 나왔다. 문제를 나누고 함께 해결 방안을 찾으면서 우리 반이 조금 더 믿을 수 있는 공동체가 된 것 같다는 소감이 많았다.

글을 마무리하며

실내화 문제는 단순한 장난처럼 보일 수 있지만, 누군가에게는 상처가 되고 학급 전체 분위기에도 영향을 줄 수 있다는 점에서 그냥 넘길 수 없었다. 처음에는 어떤 방식으로 접근해야 할지 고민이 많았지만, 문제 해결 서클로 아이들과 함께 문제를 들여다보고 솔직한 생각을 나누면서 실마리를 찾을 수 있었다. 대화를 이어 가며 아이들 스스로 문제의 심각성을 깨닫고, 다시는 이런 일이 생기지 않도록 각자의 자리에서 노력하겠다고 말했다.

'우리 반의 문제는 우리가 함께 해결할 수 있다.'는 경험은 아이들에게 책임감과 공동체 의식을 심어 주는 소중한 계기가 되었다. 앞으로도 학급 안의 다양한 갈등과 문제들을 함께 이야기하고 해결해 가며, 건강한 공동체 문화를 만들어 가고 싶다.

공동체 영역 - 공동체 가치의 인식 및 관리 핵심 역량
4. 정당하지 않은 압력에 대응하기

사회적 측면에서 '정당하지 않은 압력에 대응하기'는 한국형 사회정서교육의 '공동체' 영역 '공동체 가치의 인식 및 관리' 핵심 역량의 하위 기술 중 하나이다. 한국형 사회정서교육에서의 '공동체' 영역은 가정, 학교, 지역 사회 등 공동체를 중시하는 한국의 문화적 특성이 반영되었으며, 특히 정당하지 않은 압력에 대한 대응은 한국형 사회정서학습의 특징이다. 사회정서학습의 5대 역량 중 '책임 있는 의사결정'이 한국형 사회정서교육에서는 '공동체 가치 인식 및 관리'로 전환된 것으로도 보인다. 책임 있는 의사결정 역량은 윤리적 기준, 사회적 규범, 안전 등을 고려한 의사결정 능력을 포함하는데, 이는 학생들이 자율성과 사회적 책임감을 동시에 갖추도록 교육하는 핵심 요소이다.

특히 공동체 가치의 인식 및 관리의 구성 요소 중 하나인 정당하지 않은 압력에 대응하기(방관자가 되지 않기)는 자기 성찰, 소속감, 책임감, 주도성, 협력하기, 규칙 준수, 문제 확인 및 해결과 더불어 중요한 요소라고 볼 수 있다.

> **그림책 『아무도 지나가지 마!』**
> 이자벨 미뇨스 마르틴스 글, 베르나르두 카르발류 그림, 민찬기 옮김, 그림책공작소, 2016
> 장군은 군인에게 그림책 오른쪽 페이지로는 그 누구도 지나가지 못하게 막으라고 명령한다. 그러나 군인은 시민들의 빗발치는 요구에 못 이겨 오른쪽 페이지를 내주고, 화가 난 장군이 군인을 처벌하려 하지만 오히려 시민들의 항의로 말에서 떨어지고 만다. 이 그림책은 장군에게 저항하는 시민들의 모습을 통해 정당하지 않은 압력에 대한 바람직한 대응 방안을 제시하고 있다.

『아무도 지나가지 마!』는 공공의 유익과 가치를 훼손하는 부당한 일이 발생할 때 어떻게 인식하고 대응해 가는 것이 바람직한지 방향성을 제시함으로써, 공동체를 이루어 살아가는 데 있어 중요한 요소가 무엇인지 말해 준다.

학생들은 이 책을 읽으며 정당하지 않은 일에는 바른 방법으로 한목소리를 내야 함을 알게 될 것이다. 또한, 민주정치와 역사 이슈들과 더불어 학교폭력 예방에 이르기까지, 다양한 주제와 접목해 생각을 키우는 활동을 해 볼 수 있다.

수업 사례

1. 그림책 읽고 이야기 나누기

그림책 표지의 제목과 인물을 보며 어떤 내용일지 추측하며 자유롭게 이야기를 나눈다. 면지를 펼쳐 수많은 등장인물을 살펴본다. 마음에 드는 인물을 자유롭게 말해 보며 표지에 있는 인물과 연결해 어떤 이야기가 펼쳐질 것 같은지 이야기 나누어도 좋다. 표지에 나온 장군의 모습에서 어떤 성격이 느껴지는지 말해 본다.

깊이 있는 활동을 위한 질문
1. 장군과 군인, 시민들에게 어떤 일들이 있었는지 사건의 흐름에 따라 이야기해 보자.
2. 그림책 작가에게 하고 싶은 질문이나 더 알아보고 싶은 점은 무엇인가?
3. 가장 인상 깊은 장면은 무엇이고, 왜 그런가?
4. 장군이 군인에게 화를 내며 혼내는 자리에 있었다면 나는 어떤 태도를 보였을까?
5. 내가 겪은 경험 중 정당하지 않은 일은 어떤 것이 있었나?

모둠원들끼리 등장인물과 사건을 바탕으로 그림책의 줄거리를 간추려 본다. 궁금한 점이나 작가에게 하고 싶은 질문도 만들어 본다. 그런 다음, 각자 인상 깊은 장면이나 구절을 적어 보고 발표하게 한다. 그림책 내용을 깊이 탐구하며 수업 주제에 더 쉽게 접근할 수 있다. 그림과 내용을 자세히 보면서 서로 질문을 주고받아도 된다.

<학생 질문 예시>
학생 1: 시민들은 언제 62명에서 63명이 되었을까?
학생 2: 이 책의 진짜 주인공은 누구일까?
학생 3: 군인이 오른쪽으로 못 지나가게 했을 때, 시민들이 예상했던 이유는 무엇이었나?

학생 4: 시민들이 장군에게 항의하지 않았다면 어떤 상황이 벌어졌을까?

2. 그림책 탐구하고 등장인물 되어 보기

내가 시민이 되어 그 자리에 있었다면 어떤 태도를 보였을지 서로 의견을 나누어 본다. 그림책의 시민들은 장군이 오른쪽 페이지로 못 넘어가게 하는 것은 정당하지 않은 행위라고 말한다. 나라면 어떻게 말할 것인지 이야기를 나눈다. 교사는 부당하다고 표현하는 것이 자신과 자신이 속한 공동체를 이루어 가는 건강한 요소가 될 수 있음을 알려 준다.

다음으로, 학생들이 그림책 등장인물이 되어 본다. 자신은 어떤 시민의 모습으로 나오고 싶은지 캐릭터를 생각해 그려도 되고, 좋아하는 캐릭터를 그려도 된다. 캐릭터 옆에 말풍선을 넣고 장군에게 하고 싶은 말을 적어 보게 한다. 오려서 협동 작품을 만든 후, 친구들은 어떤 모습으로 어떤 말을 하는지 함께 살펴보며 이야기를 나눈다.

■ 시민이 되어 장군에게 하고 싶은 말 쓰기

이 활동은 정당하지 못한 경우에 대한 바람직한 대처 자세를 간접적으로 실습해 보는 효과가 있다. 교사는 이때 학생들에게 정당하지 않다고 해서 욕설과 격한 표현으로 항의하는 것은 상대방뿐 아니라 듣는 사람 모두에게 공감보다 불쾌감을 불러일으키고 설득력을 잃을 수 있다고 말해 준다. 땅은 모두의 것이므로 지나갈 수 있다고 말하거나, 합리적인 이유 없이 못 지나가게 하는 것은 부당하다고 표현할 줄 알아야 한다.

3. 정당하지 않은 압력에 관한 사례 찾아보기

준비물 : 씽킹보드, 포스트잇

다양한 상황 예시를 통해 프레젠테이션을 활용하여 정당한 일과 부당한 압박에 대한 O/X 퀴즈를 진행한다. 어떤 상황이 정당하고 정당하지 않은지에 대한 구분을 통해 개념을 명확히 하는 효과가 있다. 정당한 압력이면 O, 정당하지 않은 압력이면 X로 답한다.

상황 예시	O/X
선생님이 심부름을 시키는 일	
힘센 학생이 수업을 방해하여 교실 전체에 피해를 주는 일	
누군가가 옳지 않은 것을 시키는 일	
경찰 아저씨가 속도위반 차량을 단속하는 일	
엄마가 학원에 지각하지 말라고 말하는 일	
죄 없는 시민을 함부로 체포하는 일	

다음으로, 우리 주위에는 어떤 부당한 일들이 있는지 이야기 나눈다.

수업을 진행한 6학년 학생들은 민주정치의 역사와 개념에 관해 배웠기 때문에, 일제 강점기와 '3·15 부정 선거'를 비롯해 우리나라 민주화 과정에서의 부조리함과 독재를 떠올렸다. 최근 있었던 과거 정부의 계엄령을 이야기한 친구들도 있다. 학원에서 일어나는 부조리한 일에 관해서도 의견을 표했다. 수업 시간에 떠들어서 다른 아이들에게 피해를 준 학생이 남아서 문제만 빨리 풀면 혼나지 않고도 집에 가는 경우가 부당하다는 것이었다.

친구를 따돌리는 일, 친구가 계속해서 무언가를 시키는 일 등 교실에서 일어나는 부당한 일도 발표한다. 6학년 교실이 왜 4층에 있는지도 물었는데, 저학년을 위한 배려와 안전을 고려한 교실 배정임을 설명해 주었다. 이런 다양한 의견을 씽킹보드에 적어 붙인 다음, 학생들은 의견들 중 한 가지 상황을 선택해 하고 싶은 말을 포스트잇에 써서 붙인다.

■ 정당하지 않은 일들과 대처 방법

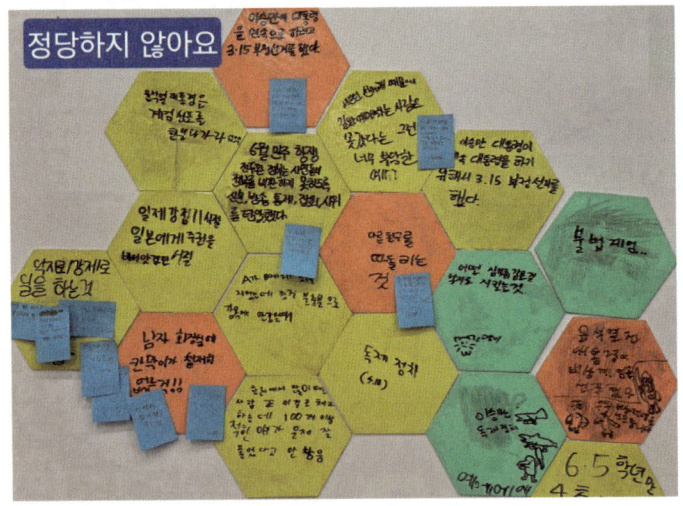

4. 포스터 만들기

캔바(Canva)*를 활용하여 정당하지 않은 일에 대한 자신의 의견을 포스터로 만든다. 캔바는 그림을 잘 못 그리는 학생도 자신의 생각을 빠르고 쉽고 효과적으로 표현하도록 돕는 교육용 도구다. 또한, 포스터는 간략한 글과 그림으로 널리 알리고자 하는 내용을 전달하는 효과적인 방법이다. 학생들은 포스터 만들기 활동을 통해 정당하지 않은 압박에 대응하는 건강하고 바른 표현을 경험할 수 있다.

먼저 캔바 제작 도구 중 '교실용 포스터'를 선택하고 탬플릿과 스타일 중 하나를 선택한다. 그런 다음, 정당하지 않은 상황을 한 가지 떠올리고 넣어야 할 내용을 생각해 본다. 글자 크기와 글꼴을 적용하고, 함께 넣고 싶은 그림이나 디자인 요소를 배치한다. '매직 미디어' 기능을 활용해 관련 키워드를 입력하면 인공 지능의 도움을 받아 원하는 이미지나 그래픽을 만들 수도 있다. 포스터가 완성되면 공유 링크를 통해 서로의 작품을 보며 피드백을 주고받는다.

■ '캔바' 활용해 포스터 만들기

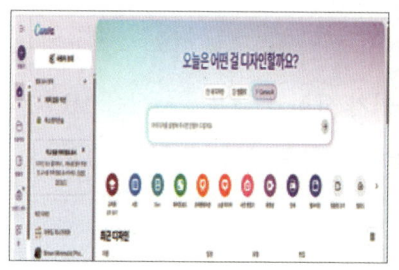
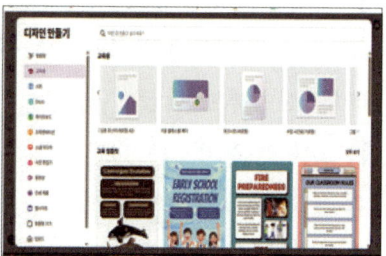

* 디자인 플랫폼 캔바(https://www.canva.com/ko_kr)

■ 학생들이 만든 포스터 예시

글을 마무리하며

학생들은 그림책을 보며 정당하지 않은 압박이 어떤 것인지 생각해 보았다. 그리고 다양한 등장인물들의 표현을 보면서 부당하다고 생각되는 압력에는 어떻게 대처하는 것이 바람직한지 알게 되었다.

사회정서학습에서 공동체 가치의 인식 및 관리는 자신과 이웃의 소중함을 이해하고 공동체의 소중한 가치를 지키기 위한 역량을 함양하는 것이다. 정당하지 않은 일을 인식하는 것도, 그것을 바르게 표현하는 것도, 교육을 통해 이루어진다. 그림책 『아무도 지나가지 마!』를 통해 학생들이 자신이 속한 학급이나 주변, 나아가 사회와 국가의 현상을 보며 올바른 판단력을 기르는 첫 단추를 끼우는 수업을 할 수 있었다.

공동체 영역 - 공동체 가치의 인식 및 관리 핵심 역량
5. 책임감

'책임감'은 한국형 사회정서교육의 '공동체' 영역 '공동체 가치의 인식 및 관리' 핵심 역량의 하위 요소 중 하나이다.

'공동체' 영역에서 '책임감'이란 구성원들 간의 상호 의존성을 고려할 줄 알며, 가족, 공동체, 지역 사회에 긍정적으로 기여하는 능력을 의미한다. 집단의 건강한 관례를 형성하고 유지할 줄 아는 능력과 성향을 갖추는 것도 포함하고 있다.*

학생들은 가족, 학교, 지역 사회, 국가, 세계와 같은 다양한 공동체 속에서 살아가지만, 학교에서 가장 뚜렷하게 인식하는 공동체는 학급이다. 학생들이 더 큰 공동체를 인지하고 건강한 삶을 살아가기 위해서는 학교 공동체 안에서 학급 구성원 간의 상호 의존성을 알고, 학급에 긍정적으로 기여하는 방법을 꾸준히 실천해 나가는 힘을 기르는 수업이 필요하다.

---

* 「한국형 사회정서 성장 지원 모델 마련 연구」 서완석 외, 한국교육환경보호원(2024)

> **그림책 『티나의 알』**
> 심명자 글, 강서해 그림, 고래책빵, 2025
>
> 타조 마을에는 걱정이 하나 있다. 알을 낳기만 하면 자칼이 훔쳐 가 버리는 것. 타조들이 회의를 열어 의논한 끝에, '티나'와 다른 타조들은 각자 역할을 맡아 알을 지키기로 한다. 각자의 자리에서 맡은 역할에 책임감을 가지고 임하는 타조들의 이야기이다.

사람처럼 공동체 생활을 하는 타조의 습성을 모티브로 한 『티나의 알』은 공동체 안에서 개개인이 자신이 맡은 역할을 책임감 있게 잘 수행해 나가는 것이 얼마나 중요한지 보여 준다.

수업에서는 그림책을 읽으며 등장인물에게 책임감이 필요했던 상황과, 책임감 있게 행동하지 않아 생기는 일들을 함께 이야기 나누어 본다. 나아가 아이들이 속해 있는 사회에서 책임감이 필요한 상황을 알아보는 활동을 함께하며 사회적 책임감을 향상하고자 한다.

학생들이 경험하는 사회의 종류는 가정, 학급, 학교, 지역 사회, 국가, 세계, 지구 등 학년과 직간접 경험에 따른 사고 범위에 따라 다를 수 있다. 각 학급에 맞게 수업에 참여하는 학생 모두가 이해할 수 있는 사회 범주를 제시하고, 그곳에서 나는 어떤 책임을 가지고 있으며 어떤 마음으로 행동해야 하는지 생각해 보고 책임감을 향상할 수 있길 기대한다.

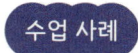

1. 그림책 읽고 이야기 나누기

표지의 제목과 그림을 보며 주인공이 어떤 동물일지 함께 이야기 나눈다. 알을 낳는 동물 중 날개를 가진 동물은 조류이니, 조류 중에서 어떤 새일지 함께 추리한다. 또한, 어떤 이야기가 펼쳐질 것 같은지 추측해 본다. 이 그림책은 글이 적지 않으므로 다 읽고 나서 깊이 있는 활동을 위한 질문을 통해 이야기를 다시 정리한 후 다음 활동을 이어 간다.

깊이 있는 활동을 위한 질문
1. 시간 순서대로 어떤 일들이 있었나?
2. 티나처럼 친구 또는 가족을 위해 내가 하기 싫었던 일을 했던 상황이 있었나?
3. 티나가 자신의 책임을 다하지 않았던 첫날에 아무 일도 일어나지 않았는데, 그렇다면 티나의 행동은 해도 되는 행동이었을까? 이유는 무엇인가?
4. 티나가 자칼의 공격을 막아 내고 너스레를 떨었을 때, 티나는 어떤 생각이 들었을까?
5. 이야기에서 티나의 책임감이 나타난 부분은 어디인가?

2. 책임감이 필요한 상황 찾기

깊이 있는 질문 중 다섯 번째 질문에 대한 답을 함께 이야기 나눈 후, 다음 활동을 시작한다. 일상생활에서 책임감을 가져야 할 상황을 떠올려 보고 학급 전체가 함께 이야기를 나눈다. 교사는 학생들이 찾은 사례들을 칠판에 쓰며 정리한다.

학생들이 찾은 책임감이 필요한 상황들	
가정	- 수저 놓기, 이불 개기 등 맡은 집안일을 할 때 - 동생을 돌봐야 할 때 - 숙제와 준비물을 챙길 때 - 내 물건을 정리정돈할 때
학급 및 학교	- 1인 1역(청소 역할 분담) 할 때 - 배추흰나비 애벌레를 키울 때 - 우리 반 회장이 되었을 때 - 선생님 심부름을 할 때
지역 사회 또는 국가	- 공중화장실을 이용할 때 - 횡단보도를 건널 때 - 투표에 참여할 때 - 분리수거를 할 때

3. 대안적 상황 탐색 연극하기

준비물 : 활동지, '책임감이 있는 사람이라면/책임감이 없는 사람이라면' 표지판

'대안적 상황 탐색 연극'이란 '포럼 시어터(Forum Theatre)'나 '프로세스 드라마(Process Drama)' 같은 교육 연극 기법에 바탕해, 학급에서 학생들이 이야기 속 인물의 선택이나 장면을 비판적으로 재해석하고 새로운 방향으로 구성해 연극으로 표현하는 활동을 말한다.

먼저, 그림책에서 책임감이 필요한 상황을 함께 찾고 대안적 상황을 탐색해 본다.

교사: 『티나의 알』 앞부분에서 티나는 책임감이 있었나요?

학생 1: 아니요.

교사: 그래서 어떤 일이 일어났나요?

학생 2: 알이 굴러떨어졌어요. 다른 타조들의 마음을 불안하게 했어요.

교사: 티나가 자신의 역할에 책임감을 가지고 자리를 떠나지 않고 알을 품었다면 어땠을까요?

학생 3: 알이 좀 더 일찍 부화했을 것 같아요.

학생 4: 다른 친구들도 자기 역할을 다해서 자칼이 둥지 근처로 오는 일은 없었을 거예요.

교사: 이처럼 공동체 생활에서 책임감이 필요한 상황을 찾아보고, 구성원이 책임감을 가진다면 어떨지, 책임감이 부족하면 어떨지 모둠 친구들과 생각해 보고 연극을 준비해 봅시다.

연극해 보고 싶은 주제가 같은 학생들끼리 모둠을 만들거나 원래 학급에 있는 모둠으로 책임감이 필요한 상황들을 나누어 맡은 후, 활동지에 상황을 쓰고 책임감이 있는 경우와 부족한 경우를 나누어 펼쳐질 상

■ 책임감이 필요한 상황

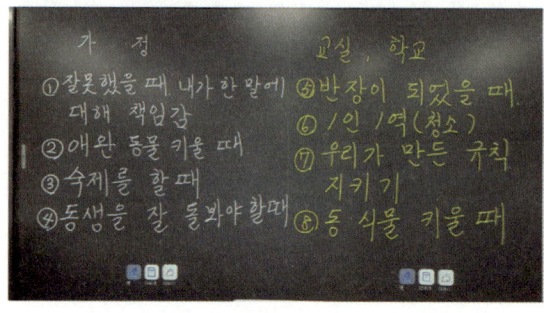

■ 책임감 모둠 활동지

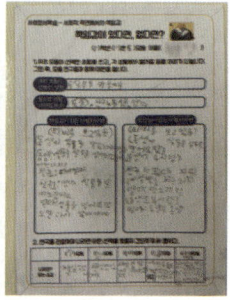

황을 함께 이야기 나눈다. 다음으로, 나눈 이야기를 바탕으로 연극에 필요한 역할을 정하고 대본을 간단하게 쓴다.

<대본 예시 : 1인 1역을 할 때>

[상황 1] 책임감 없는 경우

학생 1: (미끄러지며) 아! 이게 뭐야? 점심으로 나왔던 바나나 껍질이잖아!

학생 2: 괜찮아? 이거 급식 당번이 마무리했어야 하는 거 아니야?

급식 당번 1: 헐! 급식 당번은 배식만 잘하면 되는 거 아니야?

학생 3: 그게 무슨 말이야! 급식 당번은 배식 전 준비, 배식, 배식 후 정리까지 하자고 3월에 함께 이야기 나누었잖아.

[상황 2] 책임감 있는 경우

급식 당번 1: 모두 다 먹었어? 그럼 이제 정리한다~! (배식 도구와 통을 정리한다.)

급식 당번 2: (걸레질하며) 급식판도 다 정리했고. 이제 배식차 끌고 나가자!

급식 당번 3: 그럼 나는 교실 바닥 한 번 더 닦고 있을게.

학생 1: 와! 진짜 급식 당번 멋지다. 나도 도와줄게!

(배식이 질서 있게 잘 이루어지고, 학생들 모두 기분 좋은 표정으로 식사를 마무리한다.)

모둠별로 대본을 보고 연습을 충분히 했다면 친구들 앞에서 연극을 한다. 이때 '책임감 있는 경우' '책임감 없는 경우' 표지판을 활용해 같은 상황에서 개인의 책임감에 따라 결과가 어떻게 달라지는지를 좀 더 명확하게 알 수 있도록 한다. 학생들은 어떤 선택이 바람직한지 생각하며 볼 수 있도록 활동지에 기록하며 연극을 관람한다.

■ 책임감 표지판　　　　　■ 대안적 상황 선택 연극 장면

모둠 모둠의 연극 관람을 마치면 소감을 자유롭게 이야기해 보도록 한다. 서로의 소감을 경청한 뒤에는, 사회와 공동체의 성장을 위해서는 사회적 책임감을 가지고 생활하는 것이 바람직하다는 점을 다시 한번 정리한다.

4. 책임감 있는 우리가 되기 위한 방법 선택하고 실천하기

준비물 : 청소 역할 분담표, 청소 역할 체크리스트, 개인별 상장

책임감의 필요성을 알았다면 생활에서 직접 실천하며 내면화하는 과정이 따라야 한다. 학생들에게는 학급이 물리적, 심리적으로 가까운 사

회이기도 하고 교사가 직접 확인할 수 있으니, 책임감 향상을 위해 학생 개개인이 학급에서 할 수 있는 일들을 함께 정한다.

여러 일 중에서도 학생들에게 좋은 영향을 주고 학급에도 필요한 것은 '청소 역할 분담'이다. 학급 청소를 해 보지 않은 저학년 학생들에게는 다소 어려울 수 있지만, 역할을 세세하게 나누고 방법을 알려 준다면 오히려 더 적극적으로 참여하는 모습을 볼 수 있다.

학급 학생 수만큼 청소 역할을 나누고 누가 맡을지 함께 정한 뒤, 2주 동안 실천하며 매일 스스로 체크하도록 한다. 2주 동안 모든 학생이 최선을 다해 자신의 역할을 해냈다면, 학급 전체에 보상을 하거나 개인별로 상장을 수여한다. 이러한 과정을 통해 학생들이 일상생활 속에서도 책임감을 가지고 생활할 수 있도록 독려한다.

■ 역할 분담표* ■ 개인별 상장

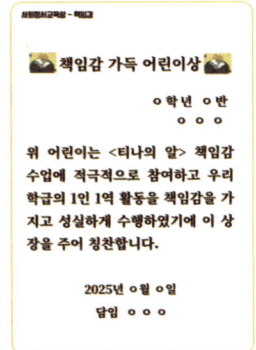

---

* 인디스쿨 홈페이지 '1인 1역 재미있는 이름으로 열심히(1인 1역 표, 점검표) 22명'(https://indischool.com/boards/libClass/37222653)에서 인용, 소소함.

글을 마무리하며

　3학년 학생들과 3월부터 역할을 분담해 청소를 했다. 4월이 지나갈 즈음에는 책임감이 투철한 학생들만 청소를 하고 다수의 학생들이 맡은 역할을 잊고 있었다.

　그런데 수업 시간에 그림책 『티나의 알』을 함께 읽고 관련 활동을 하고 난 뒤 학생들이 확실히 달라졌다. 누군가 책임을 다하지 않을 때 일어날 수 있는 일을 알고 나니 '안 하면 안 되겠구나.' 하는 생각이 들었다고 한다. 결국 2주 동안 학생 모두가 열심히 자신의 역할을 수행하여 학급 전체 보상과 개인 상장을 받았다.

　학교에서 책임감 실천하기를 성공적으로 마쳤다면, 가정에 선택 과제를 제시하는 것도 추천한다. 가족이 함께 집안일을 분담하고 2주 동안 그 역할을 책임 있게 실행하는 과제를 통해 가족 구성원들의 사회적 책임감 또한 향상될 수 있을 것이다.

공동체 영역 - 공동체 가치의 인식 및 관리 핵심 역량
6. 사회적 측면에서의 자기 성찰

'사회적 측면에서의 자기 성찰'은 한국형 사회정서교육 '공동체' 영역 '공동체 가치의 인식 및 관리' 핵심 역량의 하위 기술 중 하나이다. 사회적 측면에서의 자기 성찰은 자신의 의사결정과 행동에서 비롯될 가능한 결과를 충분히 고려하고, 그 결과가 공동체의 안녕에 기여하는지 살피는 능력을 말한다.

학급, 사회 등 공동체 안에서 자신에게 주어진 역할을 중요하게 여기고, 그 역할을 수행하는 가운데 자신의 성장을 성찰하는 과정은 학생이 공동체의 구성원으로 살아가는 데 매우 중요한 기반이 된다. 학생들은 스스로를 돌아보며 '나는 어떤 존재일까?', '나는 누구에게 어떤 도움을 주는 사람일까?'를 고민하며, 공동체 내 타인과의 관계와 사회적 책임에 관해 자연스럽게 생각해 보게 된다.

> **그림책 『나는 지하철입니다』**
> 김효은, 문학동네, 2016
>
> 지하철은 매일 같은 길을 달리며 다양한 사람들과 시간을 함께한다. 각기 다른 감정과 사연을 지닌 사람들이 지하철을 지나며 자신의 여정을 이어간다. 그들의 이야기에 귀 기울일 때, 평범해 보였던 존재들이 소중하게 느껴진다.

　외부에서 지하철을 보면 정해진 시간표대로 정해진 여정을 가는 무미건조한 일상으로 보인다. 그러나 『나는 지하철입니다』에서처럼 지하철에 탄 개개인의 목소리에 집중하면, 각각이 지닌 사연, 성장 등을 확인할 수 있다. 교실도 지하철처럼 매일 정해진 일정에 따라 같은 시간표대로 움직인다. 겉으로는 비슷한 하루를 반복하는 것 같지만, 그 안에는 서로 다른 생각, 감정, 경험을 가진 학생들이 함께 머물며 살아간다.
　이 수업은 학생들이 '교실 안의 나'를 돌아보고, 내가 맡고 있는 역할, 다른 친구들과 맺고 있는 관계 그리고 그 속에서 내가 어떤 성장을 하고 있는지를 성찰하는 시간으로 이어진다. 자신을 교실 속 사물에 빗대어 표현해 보는 활동은 자신의 존재가 교실이라는 공동체 안에서 어떤 의미를 갖는지 발견하게 해 준다. 또한, 친구들의 표현을 함께 나누는 과정에서 타인의 입장에서 생각해 보는 공감력, 다양한 존재의 가치를 존중하는 태도, 공동체 안에서 나의 사회적 정체성을 인식하는 자기 성찰 능력을 키우게 된다.

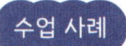
수업 사례

1. 그림책 읽고 이야기 나누기

그림책에서 등장인물들은 각각의 사연을 가지고 지하철에 탑승한다. 아이들과 지하철 인물들의 사연에 집중하며, 사람들의 감정, 역할을 이해할 수 있다. 또한, 깊이 있는 활동을 위한 질문에 답해 보며 인물의 마음에 공감하고, 감정과 관계를 추론하며, 나아가 자신의 경험과 연결해 보는 자기 성찰의 기회를 가질 수 있다.

깊이 있는 활동을 위한 질문
1. 지하철 안에서 가장 기억에 남는 인물은 누구인가?
2. 모두 다른 삶을 살고 있는 승객들을 지켜보는 지하철은 어떤 마음일까?
3. 지하철 안 승객들은 공동체 안에서 어떤 가치 있는 행동을 하였을까?
4. 나는 지금 속한 공동체(학급, 가정, 친구 관계 등)에서 어떤 역할을 하고 있다고 생각하는가?
5. 평소에 친구들을 그냥 지나쳤는데 자세히 알고 난 뒤 다르게 다가온 경험이 있나?

2. 나는 ○○○입니다.

처음에 그림책 속 승객들은 그저 바쁘게 스쳐 가는 사람들이었다. 그러나 승객 한 명 한 명에 주목해 그들 사연을 알고 그들의 삶 속으로 들어가자, 각각이 사회 또는 가정에서 감당해 내는 역할과 삶의 무게를 알 수 있었다. 이처럼 개인의 역할과 삶에 집중하기 전에 학생들과 함께 우리 학급에 있는 사물들을 관찰하고 그 사물들의 역할에 주목하는 활동을 해 본다.

'나는 ○○○입니다.' 로 시작하는 문장으로 자신이 학급에 있는 사물이 되어 각 사물의 역할을 기록한다. 이는 자신이 가진 성격과 습관, 공동체 안에서의 위치와 기능을 돌아보는 자기 성찰의 기회가 된다.

<학생들이 작성한 '나는 ○○○입니다.'>

- 나는 '필통' 입니다. 여러 가지 필기구를 조용히 품고 있습니다. 내가 잘 있어야 친구들이 필요한 것을 꺼내어 쓰고, 정리된 마음으로 공부할 수 있지요. 보이지 않지만 항상 곁에서 도와주는 것이 나의 기쁨입니다.
- 나는 '메뉴 게시판' 입니다. 멀리서도 오늘의 급식을 알려 주는 역할을 하고 있어요. 기대되는 메뉴를 보고 기분 좋아하는 친구들을 보면 나도 덩달아 즐거워져요. 작은 글씨 하나에도 하루의 기분이 담겨 있다는 걸 알고 있답니다.
- 나는 '손 소독제' 입니다. 친구들이 깨끗하게 손을 닦고 건강하게 지낼 수 있도록 도와주는 게 내 일이에요. 나는 냄새도 강하고 조금 차갑지만, 그건 모두를 지키기 위한 마음이에요. 나를 눌렀을 때 안심하는 친구들을 보면 괜히 뿌듯해져요.
- 나는 '선풍기' 입니다. 여름엔 내가 없으면 곤란하죠. 땀 흘리는 친구들을 시원하게 해 주는 게 내 몫이에요. 소리는 조금 크지만, 항상 같은 자리에서 열심히 바람을 보내고 있어요. 친구들이 편안함을 느낄 수 있도록 오늘도 쉼 없이 돌아갑니다.

- 나는 '책'입니다. 조용히 누워 있지만, 마음을 열면 수많은 이야기를 꺼내 줄 수 있어요. 친구들이 궁금한 게 있거나 힘들다고 느낄 때, 나를 찾아 주면 가장 기쁩니다. 나는 언제나 곁에서 지식과 상상을 나눌 준비가 되어 있어요.

3. 사회적 역할로 확장하기-유목화 활동

앞서 학생들이 작성한 '나는 ○○○입니다.'에는 자신의 성격, 감정, 행동 방식이 교실 속 사물에 자연스럽게 투영되어 있다. 이번 활동에서는 그 글들을 모아 공통된 특성이나 기능에 따라 범주를 나누는 유목화를 진행한다. 학생들이 기록한 사물들을 각 역할에 따라 유목화하면서 개별 특성이 사회 속에서 어떤 역할로 확장될 수 있는지 탐색한다. 또한, 작은 특성과 관심이 어떤 사회적 가치와 연결될 수 있는지 확인할 수 있다.

자신을 '커튼'이나 '손 소독제'로 표현한 학생들은 보이지 않는 '돌봄'과 '보호'라는 공통점을 지니고 있고, 자신을 '종', '메뉴판', '시계'라고 표현한 학생들은 '안내', '질서', '흐름'을 조율하는 역할을 하고 있었다. 또 '책'이나 '필통'처럼 도움을 주거나 정보를 담고 있는 사물은 '교육'과 '지식 전달'의 역할로 묶을 수 있다. 이러한 범주화 과정을 통해 학생들은 개별적인 특징이 단지 개인적 특성에 머무르지 않고, 사회 속에서 어떤 역할, 어떤 가치와 연결될 수 있는지 발견하게 된다.

사물	주요 역할	유목화 분야
손 소독제	위생 유지	보건/환경
선풍기, 전등	쾌적한 환경 조성	환경/에너지
필통, 필기구류	학습 도구 제공	교육/미술
책, 칠판	지식 전달 및 학습 매개체	교육
시계, 시간표	시간 및 일정 관리	시간 관리/교육
스피커, 메뉴 게시판	정보 전달	커뮤니케이션/정보 접근성
접근 금지 표시	안전 확보	안전/포용
천장 무늬	심미적 아름다움	환경 디자인/예술

학생들은 가벼운 마음으로 눈에 보이는 교실의 사물과 역할을 적기 시작했으나, 활동을 하면서 다양한 역할들을 통해 학급이 유지된다는 사실을 깨닫게 된다.

4. 월드 카페-사회적 가치와 역할에 관한 생각 나누기

학생들이 유목화 활동을 통해 탐색한 자신의 특징과 역할을 사회적 가치와 연결 지어 보고, 다양한 사회적 역할의 필요성과 의미에 관해 친구들과 대화하며 사고를 확장시키는 활동이다. 나와 다른 성격이나 표현 방식을 지닌 친구들의 이야기를 들으며, 공동체 안에서의 다양한 기여 방식과 역할이 모두 가치 있다는 것을 자연스럽게 배울 수 있다.

앞선 유목화 활동을 기반으로 4인 모둠을 구성하여 대표 주제 세 가지를 선정하고, 자아 성찰 질문을 제공하여 월드 카페 토론을 진행한다. 본 수업에서는 총 8개 모둠을 구성해, '지속 가능한 환경과 에너지' 3개 모둠, '배움과 표현의 다양성' 2개 모둠, '관계와 소통, 모두를 위한 사회' 3개 모둠으로 토론을 진행한다.

모둠 인원 네 명 중 한 명은 호스트가 되어 대화가 원활히 진행되도록 돕고 전지에 생각을 메모하며 토론한다. 정해진 시간이 지나면 호스트 외에 세 명이 다른 주제의 다른 모둠으로 흩어지며 자리를 바꿔서 새로운 주제로 토론을 이어간다.

<주제 1: 지속 가능한 환경과 에너지>

[유목화 분야] 환경 보호, 에너지 절약, 건강한 생활 습관

[자아 성찰 질문]

- 나는 환경을 위해 어떤 습관을 실천하고 있는가?
- 내가 무심코 한 행동(예: 플라스틱 사용, 전기 낭비 등)이 사회에 어떤 영향을 줄까?
- 공동체의 건강한 삶을 위해 내가 맡을 수 있는 역할은 무엇일까?

<주제 2: 배움과 표현의 다양성>

[유목화 분야] 나의 학습 태도, 시간 관리, 예술적 표현

[자아 성찰 질문]

- 나는 어떤 방식으로 배우고 표현할 때 가장 나답다고 느끼는가?
- 나의 배움과 성장이 친구들이나 공동체에 어떤 긍정적인 영향을 줄 수 있을까?
- 나는 수업이나 활동 속에서 다른 친구의 생각을 존중하고 있는가?

<주제 3: 관계와 소통, 모두를 위한 사회>

[유목화 분야] 정보 접근성, 공감 소통, 포용, 안전

[자아 성찰 질문]

- 나는 친구나 가족의 이야기를 잘 듣고 공감하려고 노력하고 있는가?
- 내가 쉽게 할 수 있는 일이 누군가에게는 어려운 일이 될 수도 있다는 점을 생각해 본 적이 있는가?
- 내가 공동체 안에서 소외된 사람을 바라보는 태도는 어떠한가?

글을 마무리하며

 학기 초 1인 1역할을 정하며 아이들은 학급에서 자신의 자리와 책임을 고민했고, 그림책 『나는 지하철입니다』로 수업하며 교실이라는 공동체에서도 각자의 역할이 의미 있다는 점을 돌아보았다. '나는 ○○○입니다.' 글쓰기는 자신의 모습을 사물에 비유하며 사회적 역할로 확장해 보는 기회가 되었다. 유목화 활동에서는 학생 글을 환경, 배려, 질서 등

가치별로 분류하고, 월드 카페 활동에서 주제별 테이블을 돌며 친구들과 토론했다. 이때 학생이 직접 질문을 만들어 참여하면 더 주도적인 태도를 끌어낼 수 있다.

추가로 '나는 ○○○입니다.'를 사물 인터뷰, 사라진 역할 상상 글쓰기 등의 활동으로 확장해 보면 자아 성찰과 공동체 이해를 더욱 풍부하게 할 수 있다. 이런 경험을 통해 아이들이 스스로 사회 속에서 자신의 역할을 찾고, 공동체에 기여하는 마음을 키워 가길 기대한다.

공동체 영역 - 공동체 가치의 인식 및 관리 핵심 역량
7. 소속감

'소속감'은 한국형 사회정서교육 '공동체' 영역 '공동체 가치의 인식 및 관리' 핵심 역량의 하위 기술 중 하나이다. 소속감은 자신이 특정 집단에 속해 있으며, 그 안에서 연결되어 있고 가치 있는 존재라고 느끼는 감정이다. 이를 기반으로 집단의 정체성을 이루고 공동체 의식을 키워 더 큰 가치와 성과를 만들어 내는 원동력이 된다.

학급 내에서 소속감을 가지고 생활하는 것과 소속감을 가지지 않고 생활하는 것에는 아주 큰 차이가 있다. 소속감은 우리 반을 위해 함께 노력하고 성장하는 원동력이 되어, 긍정적이고 협력적인 학급 문화를 형성하는 데 도움을 주기 때문이다.

> **그림책 『들어와 들어와』**
> 이달 글, 조옥경 그림, 달달북스, 2021
>
> '들어와, 들어와! 우리 하나가 돼.' 주문을 외는 순간, 모두 하나가 되어 김밥, 샌드위치, 수박화채, 꼬치, 떡볶이, 튀김, 만두가 된다. 혼자일 때도 좋지만 함께 하면 더 좋다는 것을 알게 해 주는 그림책이다.

『들어와 들어와』에 등장하는 왕관 쓴 달걀은 수없이 많은 선택의 순간에 놓인다. 김밥에 들어 가면 맛있는 김밥 재료가 되고, 샐러드 속 달걀이 되고, 메추리알 대신 꼬치가 되고, 떡볶이 속의 달걀 되고, 토핑이 되어 맛난 피자도 될 수 있다. 혼자일 때는 달걀로 남아 있지만 함께할 때 여러 가지 맛있는 음식이 되는 것처럼, 학생들도 같은 반이라는 소속감을 가지고 학급의 다양한 활동에 참여하면 무엇이든 될 수 있다는 경험을 해 본다.

수업 사례

1. 그림책 읽고 이야기 나누기

그림책에서 왕관 쓴 달걀은 다양한 재료가 모여 어떤 맛을 내는지 보여 준다. 학생들과 함께 내가 왕관 쓴 달걀이라면 어떤 음식 속에 들어가고 싶은지 이야기 나누며, 재료들이 함께 어우러질 때 맛있는 음식이 된다는 사실을 알게 한다.

수업에서는 달걀이 여러 가지 다른 재료와 어우러져 맛있는 음식이 되는 것처럼, 우리 반이 함께하면 좋은 점에 관해서 이야기 나눈다. 또한 우리 반이 함께할 수 있는 것을 찾아보고 함께하는 데 필요한 미덕도 이야기하며, 소속감을 갖게 해 주는 여러 가지 활동들을 생각해 내도록 유도한다.

깊이 있는 활동을 위한 질문

1. 왕관을 쓴 달걀은 무엇이 되었는가?
2. 내가 만약 왕관 쓴 달걀이라면 어떤 음식 속에 들어가 보고 싶은가?
3. 혼자일 때보다 함께하면 좋은 점은 무엇인가?
4. 우리 반이 함께하면 좋은 것들에는 어떤 것이 있을까?
5. 우리 반이 함께할 때 필요한 미덕은 무엇일까?

2. 우리 반이 함께하면 좋은 것 발표하고 대표 미덕 정하기

준비물 : 포스트잇, 육각 보드

반 친구들과 함께 혼자 할 때 좋은 일과 함께할 때 좋은 일에 관해 이야기 나눈다. 『들어와 들어와』에서처럼 우리가 하나되기 위해 함께하면 좋은 것이 무엇인지 이야기 나누고 발표한다. 친구들의 발표를 토대로 우리 반이 하나 되는 데 도움이 되는 것을 포스트잇에 적도록 한다. 포스트잇에 적은 내용을 가지고 이야기하며 우리가 하나 되면 어떤 것이 좋은지도 함께 이야기하게 한다.

함께할 때 필요한 미덕도 정해 본다. 교실 환경에 〈미덕의 보석들〉을 플로터로 뽑은 것을 게시해 놓으면 필요할 때 미덕을 확인하는 데 도움이 된다. 육각 보드에 대표 미덕을 적기 전에 우리 반에 필요한 미덕과 그것이 필요한 이유를 발표하게 하여 학생들의 의견을 들어본다. 아직 미덕을 정하지 못한 학생들에게는 생각할 시간을 주는 것도 좋다. 발표가 끝나면 우리 반에 꼭 필요한 미덕을 적어 칠판에 붙인다. 육각 보드의 미덕을 분류하여 가장 많이 적은 대표 미덕 세 가지를 정한다. 우리 반이 선택한 미덕은 '존중', '배려', '협동(협력)'이다.

■ 우리 반이 함께하면 좋은 것

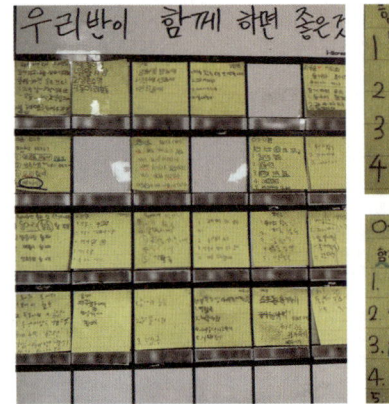
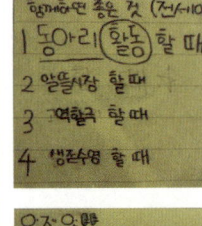

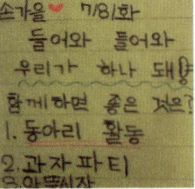
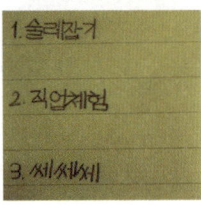

■ 함께할 때 필요한 미덕

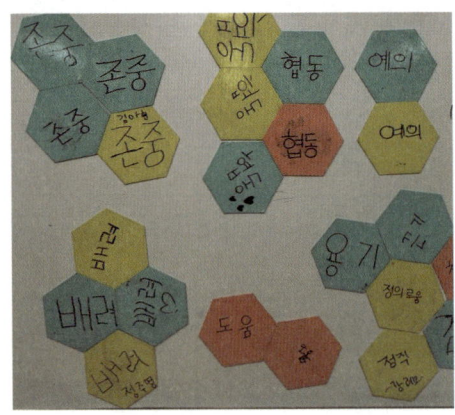

3. 우리 반 존중 약속 정하기

우리 반 학생들이 원하는 모습을 만들기 위해 함께할 때 필요한 미덕을 포함하여 문장으로 구체화하도록 한다. 모둠별로 문장을 만들고 우리 반 존중 약속을 정해 본다. 이때 모둠별로 비슷한 내용이 있어도 특징을 찾아 칭찬해 주며 격려한다.

우리 반이 선택한 대표 미덕인 '존중', '배려', '협동'을 넣어 학생들이 정한 존중 약속들은 다음과 같다.

- 협동하고 어른을 존중하고 서로 배려하는 어린이
- 존중하고 배려하며 협동하는 3학년 4반
- 서로 존중하고 배려하는 행복한 어린이

모든 모둠이 존중 약속을 발표한 뒤에는 가장 적절한 존중 약속을 뽑아 한 해 동안 사용할 존중 약속으로 정한다. 이 과정에서 학생들은 우리 반에 대한 소속감을 갖게 되고 존중 약속을 지키려 노력하며, 함께 성장하는 원동력을 얻을 수 있다.

4. 우리 반 로고 및 배지 만들기

준비물 : 우리 반 로고, 버튼 프레스(버튼 만드는 도구)

우리 반이 함께하는 활동으로, 소속감을 높여 주는 배지를 만든다. 배지에는 우리 반이 함께할 때 필요한 미덕과 존중 약속이 들어가도록 한다. 이를 위해 학생들이 로고 도안을 디자인한다. 우리 반 로고를 처음 만들어 보는 학생들이 있으므로 기존에 다른 반에서 만든 배지를 예시로 보여 주고, 우리 반 로고에 꼭 들어가야 할 요소에 관해 의논한다. 예를 들어, 우리가 정한 대표 미덕 세 가지와 우리 반 존중 약속, 선생님이 1년 동안 만들고 싶은 반 이름, 로고 색의 의미 등을 넣을 수 있다.

그런 다음, 학생들이 디자인한 로고를 칠판에 게시하고, 우리 반의 미덕, 존중 약속, 로고의 의미, 학급 이름이 잘 표현된 로고 두 개를 뽑고, 손을 들어 투표하여 최종 로고를 결정한다. 대표로 뽑힌 로고는 버튼 프레스(배지 만드는 도구)를 이용해 우리 반 배지로 제작한다.

버튼 프레스를 사용한 배지 제작 과정은 다음과 같다. 먼저 왼쪽 몰드에 메탈 상판을 넣고, 그 위에 우리 반 로고 종이와 투명지를 올린다. 이후 몰드를 가운데로 위치시키고 손잡이를 눌러 배지 앞면을 만든다. 다음으로 오른쪽 몰드에 배지 뒷면이 될 메탈 핀을 넣고 같은 방식으로 눌러 배지를 완성한다.

버튼 프레스로 배지를 만들 때는 학생들이 직접 버튼 프레스를 조작하는 과정이 중요하다. 자신의 손으로 우리 반 로고 종이와 투명지를 넣어 누르면 버튼이 만들어져 나오는 것을 보며 신기해하기도 하고 배지를 더 소중하게 느낀다. 배지에는 핀이 달려 있어서 옷에 곧바로 달고 다닐 수 있다. 일주일 정도 등교할 때 달고 다니게 하는 것도 소속감을 갖게 하는 좋은 방법이다. 책가방에 달고 다니거나, 필통 속에 넣어 두고 필요할 때 활용하는 것도 좋다.

버튼 프레스로 배지 만드는 과정

왼쪽 몰드에 메탈 상판, 로고 종이, 투명지를 올리고 가운데로 옮겨 손잡이를 누른다.

오른쪽 몰드에 메탈 핀을 넣고 가운데로 옮겨 손잡이를 누른다.

오른쪽 몰드에 우리 반 배지가 완성되어 나온다.

글을 마무리하며

우리 반이 하나라는 소속감을 갖게 하기에 적절한 시기는 3월이다. 학기 초, 수업 시간을 활용해 존중 약속을 정하고 배지 만들기를 함께하는 활동은 우리 반이 하나가 되는 소중하고 의미 있는 경험을 제공한다. 우리 반이 함께하는 데 필요한 대표 미덕 세 가지, 대표 미덕이 들어가는 우리 반의 존중 약속, 교사가 만들고 싶은 최종적인 학급 목표인 학급 이름 등을 함께 고민하고 정하는 동안 학생들은 하나라는 소속감을 느끼고 함께 노력하며 성장하겠다는 신념을 갖게 된다. 학생들이 우리 반 활동 중 가장 재미있고 기억에 남는 활동으로 꼽기도 한다.

버튼 프레스가 없으면 아크릴로 된 배지 만들기 재료를 구입하여 간단하게 배지를 만들 수 있다.

공동체 영역 - 공동체 가치의 인식 및 관리 핵심 역량
8. 주도성

'주도성'은 한국형 사회정서교육 '공동체' 영역 '공동체 가치의 인식 및 관리' 핵심 역량의 하위 기술 중 하나이다. 이는 공동체 문제의 바람직한 결과를 위해 자신이 무엇을 해야 하는지를 알고, 필요한 지식과 정보를 스스로 파악하여 일을 완수하려는 의지와 행동을 의미한다. 이러한 태도는 자기 결정감과도 깊은 관련이 있으며, 스스로 선택하고 계획하며 실천해 나가는 과정에서 학습자의 책임감과 자율성을 높이는 데 중요한 역할을 한다.

또한 주도성을 발휘하는 경험은 자신의 행동에 대한 결과를 수용하고 성찰하는 기회를 제공하여 자기 이해와 성장에 긍정적인 영향을 미친다. 학교생활에서 다양한 활동을 하다 보면 스스로 생각하고 움직여야 할 기회가 자주 주어진다. 하지만 많은 아이가 친구에게 의지하거나 지시에 따라 움직이며 스스로 결정을 내리거나 계획을 세우는 데 어려움을 겪는다. 이럴 때 학교생활에서 내가 할 수 있는 일을 생각해 보고, 나의 선택이 공동체에 어떤 영향을 주게 될지 고민해 보는 주도성 교육이 필요하다.

> **그림책 『헤엄이』**
> 레오 리오니, 김난령 옮김, 시공주니어, 2019
>
> 빨간색 물고기로 가득한 무리에서 홀로 검은 물고기인 '헤엄이'는 천적인 다랑어에게 친구들을 모두 잃는다. 무섭고 외로운 바닷속을 떠돌다 헤엄이가 또 다른 친구들을 만나고, 다시 다랑어를 만났을 때 친구들과 협력하여 어려움을 극복해 내는 이야기가 펼쳐진다.

위기 상황이 닥쳤을 때 공동체의 구성원으로서 어떻게 행동할 수 있을지 생각해 보는 것은 중요한 배움의 출발점이 된다. 『헤엄이』는 친구들을 잃고 혼자가 된 작은 물고기 '헤엄이'가 다시 다른 물고기들과 어울려 지내며 협력과 주도성을 발휘하는 과정을 담고 있다.

그림책을 읽은 후, 작은 물고기들이 힘을 합쳐 큰 물고기 형상을 만들고 함께 헤엄쳐 나가는 장면을 바탕으로 협동화 그리기를 한다. 이 활동에서 학생들은 각자 맡은 역할을 책임감 있게 수행하고 친구들과 협력하여 하나의 큰 그림을 완성하게 된다. 이 경험으로 아이들은 스스로 계획하고 행동하는 주도성의 즐거움, 그리고 공동체 안에서 자신의 역할을 다함으로써 얻는 성취감을 느낄 수 있다. 또한, 주도적인 태도는 단지 앞에 나서거나 지시하는 것만 아니라, 나에게 주어진 역할을 성실히 수행하고 친구들과 함께 목표를 이루는 과정 속에서 자연스럽게 길러질 수 있음을 직접 체험할 수 있다. 이러한 활동을 통해 학생들이 공동체의 일원으로서 책임감, 협력, 주도성을 함께 배워 가며 건강한 관계를 형성하고 유지해 나가길 기대해 본다.

 수업 사례

1. 그림책 읽고 이야기 나누기

아이들과 함께 『헤엄이』를 읽으며 헤엄이의 감정과 행동 변화를 따라가다 보면, 공동체 안에서 스스로 선택하고 행동하는 모습의 의미를 생각해 볼 수 있다. 특히 위기 상황에서 헤엄이가 친구들과 함께 문제를 해결하려고 앞장서는 장면은, 아이들에게 책임감을 가지고 공동체의 일에 참여하는 태도의 중요성을 자연스럽게 느끼게 해 준다.

책을 읽으며 '내가 헤엄이라면 어떻게 했을까?' 라는 질문을 던져 보는 활동은 주도적으로 문제를 인식하고 해결 방안을 찾는 힘을 기르는 데 도움이 된다. 이를 통해 학생들은 공동체 안에서 자신의 역할을 돌아보고, 스스로 할 수 있는 일을 찾아 행동으로 옮기는 경험을 할 수 있다. 이런 활동은 교실이라는 작은 공동체 안에서 주도성을 실천해 보는 소중한 기회가 된다.

깊이 있는 활동을 위한 질문

1. 친구 물고기들이 모두 다랑어에게 잡아먹힌 뒤, 헤엄이는 어떤 기분이었을까?
2. 헤엄이는 여행하며 무엇을 보고 느꼈을까?
3. 헤엄이는 어떻게 해서 다른 작은 물고기들과 함께 다시 헤엄칠 수 있었을까?
4. 내가 만약 헤엄이었다면, 친구들에게 어떤 말을 해 주었을까?
5. 나도 헤엄이처럼 공동체를 위해 주도적으로 이바지한 경험이 있나? 그때 어떤 기분이 들었나?

2. 그림책 인물 감정 탐구하기

준비물 : NVC 느낌 욕구 목록표 또는 감정 카드

등장인물의 상황 변화에 따른 감정을 탐구하는 활동이다.

헤엄이와 친구들은 공동체 안에서 함께 지내다가 다랑어라는 천적을 만나면서 삶에 큰 변화를 겪는다. 그때 헤엄이와 친구들 마음속에 일어난 감정 변화를 확인하면서, 어려움을 만날 때 생기는 감정을 예측해 볼 수 있다. NVC 카드나 감정 카드를 활용하여 헤엄이와 친구들의 감정을 탐구하는 시간을 가져 본다. 헤엄이와 친구들의 상황 변화는 아래처럼 다섯 장면으로 나눌 수 있다.

1. 친구들과 함께 평화롭게 지낼 때
2. 큰 물고기에게 친구들을 잃었을 때
3. 혼자 바다를 여행할 때
4. 새로운 친구들을 만났을 때
5. 다시 큰 적(천적)을 만났을 때

각 상황에 따라 헤엄이와 친구들의 감정을, 준비한 NVC 느낌 욕구 목록표 안에 있는 느낌말로 찾는다.

상황	헤엄이의 감정	친구들의 감정
친구들과 함께 평화롭게 지낼 때	즐거움, 안정감, 유대감	즐거움, 소속감
큰 물고기에게 친구들을 잃었을 때	슬픔, 충격, 두려움, 상실감	
혼자 바다를 여행할 때	외로움, 두려움 → 점차 호기심, 용기	
새로운 친구들을 만났을 때	기쁨, 희망, 다시 연결된 느낌	경계심 → 점차 친밀감, 신뢰
다시 큰 적(천적)을 만났을 때	긴장, 걱정 → 주도성, 책임감	두려움 → 용기, 협동심, 자신감

헤엄이는 친구들과 함께 지낼 때는 긍정적인 감정을 지녔으나, 천적을 만나거나 혼자 있을 때는 감정이 변하는 모습을 보인다. 헤엄이 개인의 감정 변화뿐 아니라 헤엄이의 감정과 태도가 변함에 따라 친구들의 감정도 변하는 모습을 발견하면서, 개인의 감정과 태도가 공동체에 영향을 끼친다는 사실을 배울 수 있다.

3. 친구들과 함께 천적을 만났을 때 헤엄이의 행동 분석하기

헤엄이는 친구들과 함께 지내면서 두 차례 천적을 만난다. 그러나 두 번의 만남에서 헤엄이는 전혀 다른 반응으로 천적을 대하는 모습을 보인다. 학생들도 학교에서 생활하면서 다양한 어려움을 만나게 된다. 개인적인 어려움도 있지만 학교라는 공동체 안에서 생활하기 때문에 공동체가 함께 어려움을 만나는 경우도 많다. 헤엄이가 친구들과 함께 어려움을 만났을 때 어떻게 행동했는지 분석해 보면서, 어려움에 처했을 때 어떻게 행동할지 배울 수 있다.

상황	인물	한 행동	이유	결과
1. 처음 큰 물고기를 만났을 때	헤엄이	빠르게 도망침	너무 무섭고 놀라서 반응함	혼자 살아남음
	친구들	도망치려 했지만 잡힘	큰 물고기를 피하지 못함	모두 잡아먹힘
2. 혼자 있을 때	헤엄이	바다를 여행하며 다양한 생물 탐색	외로움을 이기고 새로운 친구를 찾기 위해	다른 물고기들과의 만남으로 이어짐
3. 두 번째 큰 물고기를 만났을 때	헤엄이	함께 모여 큰 물고기 모양으로 헤엄치자고 제안함	친구들을 지키고 함께 살아가기 위해	협동을 통해 큰 물고기를 쫓아냄
	친구들	모양을 맞춰 움직임	헤엄이를 믿고 함께 힘을 모음	위험에서 벗어나며 공동체 의식 형성

헤엄이가 친구들과 처음에 천적을 만났을 때는 개인의 헤엄 능력으로 혼자 어려움을 벗어나고, 친구들은 모두 큰 물고기에게 잡아먹혀 공동체가 파괴되는 모습을 보인다. 하지만 혼자 지내는 시간을 보내고 두 번째로 큰 물고기를 만났을 때는 헤엄이의 주도성으로 본인뿐 아니라 공동체 전체가 위험을 극복해 내는 모습을 보인다.

4. 공동체 위기를 극복하기 위한 협동화 그리기

교사인 내 눈에는 평소 우리 반 학생들의 생각이나 행동에서 주도성을 발견하기가 쉽지 않았고, 그 이유가 궁금했다. 그래서 "공동체 안에서 생긴 문제를 해결하려고 먼저 나서는 게 망설여질 때도 있지? 어떤 점이 걱정되니?"라고 묻자, 한 학생이 조심스럽게 답했다. "솔직히 말하면 먼저 나섰다가 친구들이 너무 튄다고 생각할까 봐 부담돼요. 괜히 나만 혼자 진지한 사람처럼 보일까 봐 걱정되기도 하고요. 그리고 뭔가 제안했다가 사람들이 무시하거나 관심 없으면 실망할 것 같아요." 다른 학생들도 고개를 끄덕이며, 실패했을 때 책임을 혼자 져야 할 것 같은 불안감도 있다고 덧붙였다.

학생들은 이런 고민을 나눈 뒤, 몇 가지 현실적인 해결 방법을 스스로 제안했다. 먼저, 혼자 나서기보다 몇 명이 함께 의견을 모아 이야기하면 부담이 덜하다고 했다. 또, 문제를 지적하기보다 "우리 다 같이 더 나아지면 좋겠다."는 식으로 말하면 거부감이 줄어든다고 했다. 처음부터 큰 해결책을 내기보다 작은 실천부터 시작하면 자신감도 생기고 주위 반응도 더 좋다는 의견도 나왔다. 친한 친구 한두 명과 먼저 이야기를 나눠 보고, 반 분위기를 살핀 뒤 말하는 것도 좋다고 했다. 무엇보다 모두가 처음엔 어색하고 걱정된다는 걸 인정하고, 서로 격려해 주는 분위기가 필요하다는 데 의견이 모였다.

학생들이 제안한 해결 방법을 살펴보니, 대부분이 혼자서 해결하기보다는 공동체가 함께 힘을 모아야 가능한 일들이었다. 이처럼 함께 고민하고 함께 움직이는 경험이 필요하다는 데 공감했기에, 교사는 그 실천의 장으로 협동화 그리기 활동을 제안했다. 헤엄이가 친구들과 힘을 합쳐 큰 물고기 모양을 만들어 바다를 헤엄친 것처럼, 우리도 각자의 조각을 맡아 하나의 큰 그림을 완성해 보기로 했다.

물고기 협동화는 큰 전지에 그림을 그려 나눈 뒤 채색하거나, 미리 분할된 큰 그림 도안을 출력해 각자 색칠한 뒤 하나로 모으는 방식이 있다. 우리 반은 후자를 선택해 학생들이 각자의 조각에 책임감을 갖고 채색을 완료한 뒤, 전체 그림을 함께 맞춰 보며 자신의 작은 역할이 공동체 전체에 기여하는 경험을 체감할 수 있도록 활동을 구성했다.

■ 모두 함께해 완성한 물고기 협동화

글을 마무리하며

공동체에는 아이들의 성향에 따라 주도성을 가지고 위기에 대처하는 학생들과 그렇지 않은 학생들이 공존한다. 성향은 각자 다르지만 나름의 역할을 주도적으로 수행하도록 돕는 작업은 필요하다.

협동화 그리기는 학생들 각자가 나름의 역할을 수행하며 주도성을 기를 수 있는 활동이다. 교사는 그림책 주제와 어울리는 협동화 도안을 준비해 함께 작업하도록 돕는다. 협동화 도안을 마련할 때는 생성형 AI를 활용할 수 있다. 원하는 형태와 함께 작업할 인원을 입력한 뒤 협동화 도안을 만들어 달라고 요청하면 손쉽게 완성된 도안을 받을 수 있다.

함께 협동화 도안을 색칠하고, 부분을 이어 하나의 큰 그림을 완성하는 작업을 통해 아이들의 공동체성이 회복되는 모습을 발견한다. 나름의 주도성을 발휘하는 모습도 볼 수 있다. 작은 한 걸음이지만 교사가 좀 더 다양한 방식으로 아이들이 공동체 안에서 역할을 수행할 수 있는 계획을 짜고, 그것을 수행해 내는 주도성을 계발하는 시도가 필요하다.

── 6부 ──
마음 건강 문제의 인식과 관리

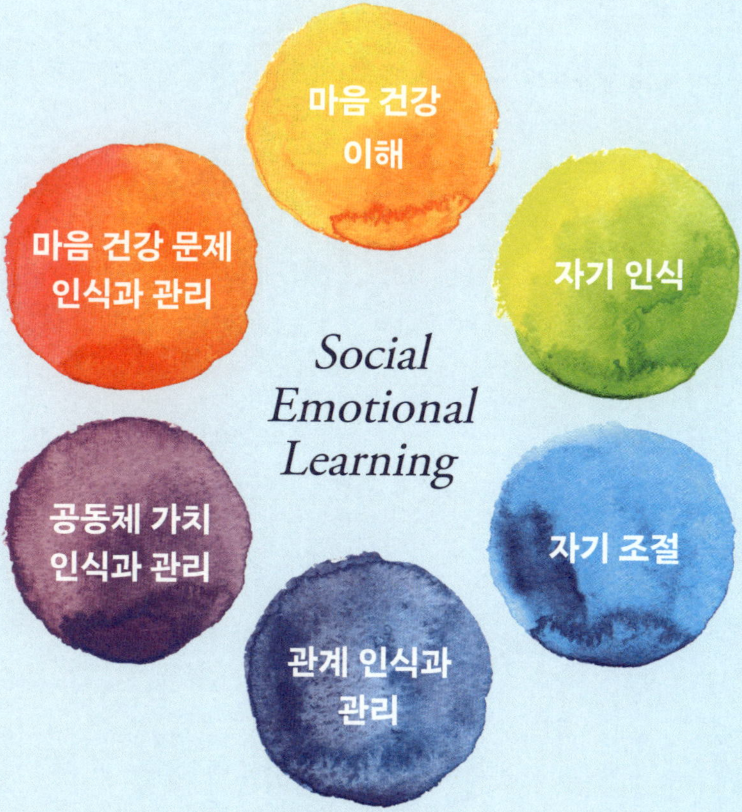

- 마음 건강 이해
- 자기 인식
- 마음 건강 문제 인식과 관리
- Social Emotional Learning
- 자기 조절
- 공동체 가치 인식과 관리
- 관계 인식과 관리

마음 건강 - 마음 건강 문제의 인식과 관리
1. 마음 건강 문제의 이해와 대처

한국형 사회정서교육의 '마음 건강' 영역에서 마음 건강 문제의 올바른 이해와 적절한 대처 방법을 아는 것은 학생들의 마음 건강을 지키는 데 필수 요소이다. 마음 건강 문제는 누구에게나 나타날 수 있는 심리적 어려움이며, 감기처럼 적절한 관심과 치료를 요구한다. 그러나 마음 건강에 문제가 발생해 생길 수 있는 어려움은 사회적 편견이나 오해로 인해 제때 도움을 받지 못하고 방치되는 일이 많다. 따라서 마음 건강 문제는 일상 속에서 누구나 겪을 수 있는 마음의 어려움이라는 점을 학생들이 자연스럽게 받아들이도록 하는 것이 중요하다. 이러한 인식은 자신이나 친구가 감정적으로 힘든 상태에 놓였을 때, 비난하거나 외면하지 않고 공감하며 도움을 요청할 수 있는 태도를 지니는 데 도움이 된다.

마음 건강 문제에 대한 교육의 목표는 두려움과 오해를 줄이고, 예방과 조기 개입의 기회를 높이며, 학생들이 자신의 마음을 돌보는 힘을 기르는 데 있다. 이를 통해 학생들은 보다 건강한 정서 상태를 유지하고, 타인과의 관계에서도 따뜻하고 존중하는 태도를 갖추게 된다.

> **그림책 『마음을 담은 병』**
> 데버라 마르세로, 김세실 옮김, 나는별, 2023
> 감정을 병에 담아 숨기던 '르웰린'이 마음을 솔직하게 마주하면서, 진짜 감정을 느끼고 삶의 깊이와 아름다움을 발견하게 되는 이야기다. 감정을 억누르기보다 있는 그대로 받아들이는 것이 왜 중요한지를 따뜻한 그림과 서사로 전한다.

『마음을 담은 병』은 감정을 억누르는 것이 오히려 마음의 어려움을 키울 수 있음을 보여 주며, 마음 건강 문제를 이해하고 적절히 대처하는 방법을 자연스럽게 전달한다. 이 그림책을 함께 읽으며 학생들은 마음 건강 문제를 단순히 '특별한 누군가'의 문제가 아닌, '누구에게나 일어날 수 있는' 감정의 어려움이라는 점을 알고, 편견 없이 이해하는 태도를 기를 수 있다. 또한 감정을 숨기기보다 표현하고, 필요할 때는 도움을 요청하는 것이 건강한 마음을 위한 올바른 대처임을 배우게 된다.

수업을 통해 학생들은 자신의 감정을 인식하고 다루는 힘을 기르며, 마음 건강의 기초인 자기 이해와 정서 조절 능력을 키우게 될 것이다. 나아가 마음 건강 문제에 대한 공감과 존중의 시선을 갖고, 자신과 타인의 마음을 돌보는 태도를 배우는 계기가 될 것이다.

수업 사례

1. 그림책 읽고 이야기 나누기

그림책을 함께 읽은 후, 르웰린이 감정을 병에 담아 숨긴 이유와 그로 인해 어떤 일이 일어났는지 생각하며, 감정을 억누르는 것이 마음에 어떤 영향을 줄 수 있는지 자연스럽게 이야기하도록 한다. 이후 학생들은 자신이 평소에 느끼는 다양한 감정들을 떠올려 보고, 그런 감정을 어떻게 표현하거나 다루고 있는지에 관해서도 이야기 나눈다. 이야기 나누기를 통해 감정을 말로 표현하는 경험을 하고, 감정을 건강하게 표현하는 것이 왜 중요한지 이해할 수 있다.

깊이 있는 활동을 위한 질문

1. 르웰린은 왜 자신의 감정을 병에 담아 숨기려고 했을까?
2. 병에 감정을 담았을 때 르웰린의 마음은 어땠을까?
3. 마음을 담은 병이 모두 깨졌을 때 르웰린은 어떤 감정을 느꼈을까?
4. 르웰린처럼 마음을 숨기고 싶었던 적이 있었나? 그때 기분은 어땠나?
5. 앞으로 힘든 감정을 느낄 때, 어떤 방법으로 마음을 돌보고 싶은가?

2. 마음을 담은 병을 그리고, 마음 건강 문제 이해하기

준비물 : 학생별로 A4 용지 1장, 1/4 A4 4장

'마음을 담은 병'을 그리는 활동은 학생들이 자신의 감정을 시각적으로 표현하며, 감정을 인식하고 받아들이는 연습을 하는 데 의미가 있다. 또한 평소 자주 느끼는 감정이 무엇인지 돌아보고, 스스로 부정적이라고 여긴 감정을 숨기기 위해 애쓴 경험이 있는지 성찰해 볼 수 있다.

학생들에게 A4 용지 한 장과 A4 용지를 4등분해 자른 종이 네 장을 나누어 준다. 먼저 자른 종이를 반으로 접어 접힌 선이 병 왼쪽 면이라 여

기고 '내 마음을 담은 병'을 그린다. 병 모양은 정해진 틀이 없으며, 학생들은 자신이 자주 느끼는 감정(예: 기쁨, 슬픔, 분노, 외로움, 불안 등)을 떠올리며 병 모양을 디자인한다. 병을 그린 후 오려 내면 병이 접힌 형태로 완성되며, 카드처럼 펼치면 똑같은 모양의 병 두 개가 나타난다. 병을 다시 접고 겉면에 그 감정을 상징하는 '감정 캐릭터'를 그린다. 이 캐릭터는 감정을 의인화해 친숙하게 표현하도록 돕는다.

이후 온전한 A4 용지에 마음을 담은 병을 붙이고, 병 안쪽 면에는 그 감정을 느꼈던 상황을 간단히 적는다. 겉면의 감정 캐릭터가 그 감정을 느끼는 이유를 연결 지어 생각해 보도록 유도한다.

다음 단계로, 감정을 병에만 담아 둘 경우 생길 수 있는 문제점에 관해 전체 토의를 진행한다. 감정을 억누를 때 생길 수 있는 신체적·정서적 어려움이나 친구와의 관계에서 겪는 갈등, 마음 건강 문제 등을 이야기 나누며, 불안과 걱정을 마음에 가두어 두었을 때 나타날 수 있는 마음 건강 문제에는 어떤 것들이 있는지 생각해 본다. 이를 통해 감정을 억누르기보다는 표현하고 해소하는 것이 필요하다는 인식을 가질 수 있다.

마지막으로, 마음을 건강하게 유지하거나 마음의 건강을 회복하기 위해 감정을 어떻게 잘 표현할 수 있을지 함께 토의한다. 학생들은 말로 감정을 표현하기, 감정 일기 쓰기, 가족이나 선생님에게 털어놓기, 운동이나 활동을 통해 기분 전환하기, 전문가에게 도움 요청하기 등 다양한 방법을 제안한다. 토의가 끝난 후에는, 각자 마음 건강을 지키기 위한 자신만의 감정 표현 방법을 마음을 담은 병 안쪽에 적는다. 이 활동을 통해 학생들은 자신의 감정을 돌보는 힘을 기르고, 감정을 표현하는 것이 곧 건강한 마음을 지키는 길이라는 점을 배우게 된다.

■ '마음을 담은 병'을 접었을 때와(왼쪽) 펼쳤을 때(오른쪽) 모습

3. 균형 잡기 놀이로 마음 균형의 필요성 알기

준비물 : 균형 잡기 교구(크로스 스틱 균형 잡기, 중심 잡기 3종 교구)*

    이번에는 마음의 균형이 마음 건강에 얼마나 중요한지를 체험적으로 이해해 본다. 이 활동에서는 '크로스 스틱 균형 잡기'와 '중심 잡기 3종 교구(린스틱, 골프공과 너트, 우드 코인)'를 활용하여 학생들이 집중과 조절, 인내를 통해 균형의 의미를 몸으로 느껴 본다.

    먼저 크로스 스틱 균형 잡기는 손으로 스틱의 중심을 잡고 좌우로 기울어지지 않도록 조절하는 활동이다. 막대를 안정적으로 유지하기 위해서는 손과 눈의 협응, 집중력이 필요하며, 마음이 흔들릴 때 균형을 잡기 어려운 상태와 연결해 생각해 볼 수 있다. 이 과정을 통해 학생들은 감정이 불안정할 때 자신도 쉽게 흔들릴 수 있으며, 균형을 회복하기 위해 꾸준한 조절이 필요하다는 점을 체감하게 된다.

    다음으로 진행되는 중심 잡기 3종 활동은 린스틱, 골프공과 너트, 우드

---

*   학토재(https://www.happyedumall.com)

코인을 순차적으로 활용한다. 린스틱 활동에서는 가느다란 막대를 책상 위에 세운 뒤 손으로 중심을 잡아 세운다. 막대가 넘어지지 않도록 조심스럽게 중심을 잡아야 하므로, 감정을 억누르거나 방치하지 않고 조절해 나가는 감정 관리와 연결하여 학생들과 이야기 나눌 수 있다. 골프공과 너트 활동은 골프공 위에 너트를 올려 중심을 맞추고, 그 위에 다시 골프공을 쌓는다. 단순해 보이지만 작은 흔들림에도 구조가 무너지기 쉬워, 감정이 격해지거나 쌓일 때 마음이 쉽게 무너질 수 있다는 것을 학생들이 느끼게 한다. 학생들은 신중함과 집중력을 발휘하여 구조물이 무너지지 않도록 조절하며, 감정의 균형을 유지하는 것이 얼마나 어려운지 체험하게 된다. 우드 코인 활동은 작은 원형 나무 조각들을 하나씩 수직으로 쌓으며 균형을 유지한다. 조각을 무작정 쌓기보다는 구조를 고려하고 중심을 맞춰야 하며, 쌓는 과정에서 조심스러운 태도가 필요하다. 이는 조급해하거나 무리하게 감정을 억누르면 마음이 쉽게 무너질 수 있음을 느끼게 한다.

활동을 모두 마무리한 뒤에는 '왜 마음에도 균형이 필요할까?' 라는 주제로 전체 토의를 진행한다. 활동 중 어떤 점이 어려웠는지, 균형을 유지하기 위해 어떤 노력이 필요했는지를 함께 나누고, 이것이 감정과 마음에 어떻게 적용될 수 있을지 생각해 본다. 감정이 쌓일수록 더 무겁게 느껴질 수 있다는 점, 그리고 감정을 잘 조절하고 조화롭게 다루는 것이 건강한 마음을 유지하는 데 매우 중요하다는 점을 자연스럽게 이해하는 시간이 된다. 또한 스스로 감정을 조절하거나 표현하기 어려울 때는 전문가의 도움을 받아 마음의 균형을 이루는 것이 중요하다는 사실도 자연스럽게 인식할 수 있다.

■ 크로스 스틱으로 균형 잡기 ■ 린스틱과 우드 코인으로 균형 잡기

4. '마음 건강 슬로건' 제작하고 전시하기

준비물 : 1/2 8절 도화지

　수업 마지막 활동으로는 지금까지 배운 내용을 바탕으로 '마음 건강 슬로건'을 제작하고 전시하는 활동을 진행한다. 이 활동은 학생들이 감정의 인식, 표현, 조절, 균형에 대한 이해를 바탕으로 마음 건강의 중요성을 스스로 정리하고 창의적으로 표현해 보는 시간이다.

　먼저, 학생들과 함께 '마음 건강'에 어울리는 슬로건 문구를 자유롭게 떠올려 본다. 생각한 슬로건 중 학급 인원수만큼 슬로건 문구를 선정한 후, 각자 자신이 표현하고 싶은 슬로건을 하나 선택해 제작한다. 슬로건 글자는 눈에 잘 띄게 크게 적고, 그 의미를 살릴 수 있는 그림이나 상징적인 이미지를 함께 구성하도록 지도한다. 학생들은 색연필, 크레파스, 사인펜 등을 활용해 감정을 자유롭게 표현하며, 말로 하기 어려운 마음의 메시지를 시각적으로 담아낸다.

　슬로건이 완성되면 교실이나 복도에 전시하여 학생들이 서로의 마음 건강 메시지를 공유할 수 있게 한다. 이를 통해 학생들은 자신뿐 아니라

친구의 감정에도 관심을 기울이고, 서로의 마음을 존중하는 분위기를 만들어 갈 수 있다.

글을 마무리하며

이번 수업은 마음 건강 문제를 바르게 이해하고, 편견 없는 인식을 키우는 데 초점을 두고 진행되었다. 학생들은 감정의 흐름과 마음의 균형을 직접 체험하며, 마음 건강도 몸처럼 돌봄이 필요하다는 사실을 자연스럽게 인식할 수 있다.

수업을 진행할 때는 주제가 민감한 만큼 학생들이 서로의 이야기를 존중하는 분위기를 조성하는 것이 중요하며, 강요 없이 자유롭게 표현하도록 유도하는 것이 효과적이다.

추가 활동으로는 전문가 초청 강연 등을 통해 마음 건강에 관해 깊이 생각해 보게 할 수 있다. 이번 수업을 계기로 학생들이 스스로의 마음을 돌아보고, 타인의 감정에도 공감할 수 있는 따뜻한 시선을 갖게 되기를 바란다.

마음 건강 - 마음 건강 문제의 인식과 관리
2. 중독

한국형 사회정서교육에서 '중독' 교육은 '마음 건강 문제의 인식과 관리' 측면에서 매우 중요하다. 중독이 단순한 습관의 문제가 아니라, 학생의 정서 상태와 자아 조절 능력, 사회적 관계 형성, 스트레스 대처 방식 등과 밀접하게 연결된 마음 건강 문제이기 때문이다.

이 중에서도 인터넷 중독은 학생들의 스트레스, 외로움, 불안, 우울감 등 다양한 정서적 어려움을 해소하려는 방식으로 나타나기도 하며, 감정을 회피하거나 도피하는 수단으로 정서 문제를 심화시킬 수 있다. 또한 수면 부족, 학업 태도 저하, 가족 및 또래와의 소통 단절 등 삶의 여러 영역에 부정적인 영향을 미치며, 자존감 저하나 분노 조절 어려움 같은 심리적 불균형으로 이어질 가능성도 높다. 이러한 상태가 지속되면 우울증, 불안 장애, 충동 조절 장애 등으로 발전할 수 있어 조기 인식과 관리가 필요하다. 따라서, 사회정서교육에서 인터넷 중독에 대한 이해와 예방 교육을 함께 하는 것은 마음 건강을 지키고 강화하는 데 매우 중요하다.

> **그림책 『게임하고 싶어!』**
> 김영진, 길벗어린이, 2022
>
> 게임에 빠진 아이와 이를 걱정하는 부모의 갈등을 유쾌하고 현실감 있게 그려 낸 그림책이다. 게임만 하고 싶은 '그린이'의 마음과 그린이를 걱정하는 가족의 마음을 담아 아이와 부모가 서로를 이해할 수 있도록 도와준다.

『게임하고 싶어!』는 게임에 몰두하는 아이의 속마음과 이를 걱정하는 부모의 입장을 동시에 담아내며, 인터넷 중독 문제를 자연스럽게 들여다볼 수 있도록 돕는다. 주인공 그린이가 게임에 빠진 이유와 그로 인해 생기는 가족 간의 갈등을 따라가며, 학생들은 자신이 느끼는 감정과 행동을 돌아보게 되고, 게임 사용 뒤에 숨겨진 스트레스나 외로움 같은 감정들을 인식하게 된다. 이야기 속 가족의 갈등과 대화 과정을 통해, 감정을 억누르거나 회피하기보다는 솔직하게 표현하고, 서로의 상황을 이해하며 해결해 나가는 방법을 배울 수 있다. 또한 게임 사용이 문제가 아니라, 그것을 조절하지 못할 때 일상생활이나 인간관계에 어떤 영향을 줄 수 있는지를 깨닫게 된다.

수업을 통해 학생들이 인터넷 중독을 이해하고 인터넷 사용 습관을 스스로 성찰하면서 균형 있게 다루는 태도를 형성해 나가기를 기대한다.

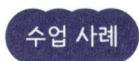 수업 사례

1. 그림책 읽고 이야기 나누기

그림책을 읽고 주인공 그린이가 왜 게임에 빠졌는지, 게임이 그린이와 가족에게 어떤 영향을 주었는지 생각해 보며, 그린이의 속마음을 상상해 본다. 깊이 있는 활동을 위한 질문을 통해 그린이와 자신의 경험을 비교하고 부모의 걱정과 화난 마음도 함께 들여다보며 서로의 입장을 이해하는 연습을 할 수 있다.

깊이 있는 활동을 위한 질문

1. 그린이는 왜 숙제나 가족과의 시간보다 게임을 더 하고 싶어했을까?
2. 그린이의 가족은 게임 문제를 해결하려고 어떤 노력을 했을까?
3. 게임이나 유튜브를 하고 싶지만 참아야 했던 경험이 있었나? 그때 기분은 어땠나?
4. 가족이나 친구와 인터넷 사용 문제로 다툰 적이 있었나? 어떻게 해결했나?
5. 내가 좋아하는 활동 중 게임 말고 기분이 좋아지는 활동은 무엇인가?

2. 몸과 마음이 보내는 중독의 경고

준비물 : 사람 모양 활동지

인터넷 중독에 대한 인식을 높이기 위한 첫 번째 단계로, 학생들은 스마트 기기(태블릿, 크롬북 등)를 활용해 인터넷 중독으로 나타날 수 있는 대표적인 신체적·정신적 증상들을 스스로 조사하는 활동을 한다. 이 과정에서는 단순히 정보를 나열하기보다는, 인터넷을 과도하게 사용할 때 우리 몸과 마음에 어떤 변화가 생기는지, 그 증상들이 실제 생활에 어떤 영향을 미치는지를 중심으로 탐색하도록 지도한다. 이때 휴대폰 중독, 게임 중독의 증상도 자유롭게 찾아보도록 한다.

조사가 끝난 후에는 각자 사람 모양 활동지를 받아, 방금 조사한 내용을 바탕으로 신체 부위별 증상과 감정 상태를 시각적으로 표현한다. 눈이 피로한 경우에는 눈 부위에 해당 내용을 적거나 그림을 그리고, 손목 통증이나 어깨 결림이 있다면 그 부위에 표현하도록 한다. 가슴 부위에는 불안, 초조함, 답답함처럼 내면의 감정을 적을 수 있으며, 머리 부분에는 집중력 저하, 짜증, 생각이 많아지거나 멍한 상태 등을 표현할 수 있다.

학생들은 조사한 증상들이 자신의 경험과 어떻게 연결되는지 생각해 보며 활동지를 작성한다. 이 과정은 평소 게임이나 스마트폰을 오래 사

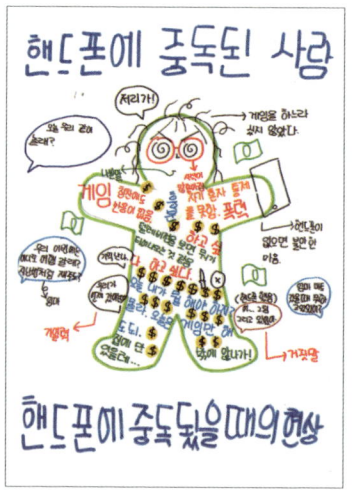
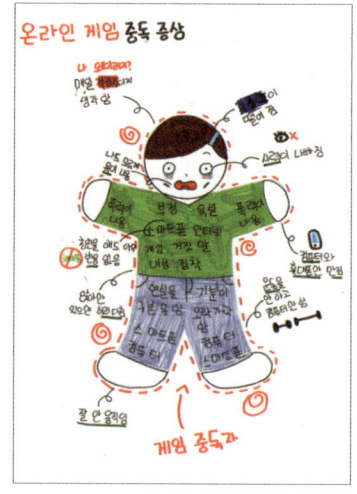

용한 후 어떤 신체 변화나 감정을 느꼈는지, 최근 집중이 안 되거나 예민했던 이유가 인터넷 사용과 관련이 있는지 돌아보게 한다.

그런 다음, 자신의 활동지를 발표하며 친구들과 내용을 공유한다. 다양한 경험과 증상을 나누는 이 시간은 자신만 그런 것이 아니라는 공감과, 다른 친구들도 비슷한 어려움을 겪고 있다는 연결감을 형성하는 데 도움이 된다. 또한 이를 통해 인터넷 중독은 단순한 습관 문제가 아니라, 마음 건강과 밀접하게 관련된 주제임을 자연스럽게 인식하게 된다.

활동이 끝나면 자신의 스마트폰 이용 습관이 어떤지 보다 구체적으로 점검해 보는 실태 조사 활동으로 이어진다. 이때 사용하는 도구는 '청소년 미디어 이용 습관 진단 조사'로, 이는 학생 개인의 미디어 사용 유형과 위험 수준을 파악할 수 있는 신뢰도 높은 평가 도구이다. 이 진단 조사는 '스마트쉼센터(https://www.iapc.or.kr)'의 과의존 진단 시스템에서 무료로 제공되며 [과의존이란? → 스마트폰 과의존 척도 → 청소년 대상 메뉴]에서 이용할 수 있다.

3. 인터넷 중독 예방! 보드게임으로 해결법 만들기

준비물 : 8절 도화지, 색종이 등 모둠별로 필요한 재료

이제 인터넷 중독 예방을 위한 보드게임을 만들어 본다. 이 활동은 게임처럼 재미있게 하면서도, 인터넷을 건강하게 사용하는 방법을 다시 한번 생각해 보도록 도와준다.

먼저, 학생들은 모둠을 나누고 각 모둠에서 어떤 보드게임을 만들지 함께 아이디어를 나눈다. 어떤 게임판을 만들지, 주사위를 굴려서 움직

이는 방식인지, 카드 뽑기 형식인지, 아니면 퀴즈나 미션이 들어가는지 등을 정한다. 이때 가장 중요한 것은 게임 안에 '인터넷을 너무 오래 쓰면 어떤 일이 생기는지', '어떻게 하면 인터넷을 건강하게 사용할 수 있는지' 와 같은 내용을 넣는 것이다.

게임 규칙도 함께 정한다. '휴대폰을 너무 오래 해서 눈이 아프면 한 칸 쉬기', '가족과 함께 시간을 보냈다면 두 칸 앞으로 가기' 같은 식으로, 좋은 습관은 보너스를 주고 나쁜 습관은 벌칙을 주어 게임을 만든다. 게임 속에 퀴즈 문제나 상황 카드를 넣어서, 문제를 맞히거나 올바른 행동을 선택하면 점수를 주는 방식도 좋다.

게임 내용과 규칙이 정해지면 모둠별로 게임판, 카드, 말, 주사위 등 필요한 도구들을 직접 만들기 시작한다. 색종이나 도화지 등을 사용해서 꾸미고, 손으로 오리고 붙이면서 협동심도 기를 수 있다. 교사가 기본 재료를 제공하고 모둠에서 창의적으로 꾸며 보게 하면 학생들이 더 적극적으로 참여할 수 있다.

보드게임을 완성한 후에는 다른 모둠과 게임을 바꾸어 해 본다. 친구들이 만든 게임을 직접 체험해 보며, 인터넷 사용에 대한 새로운 생각도 하고 서로의 아이디어를 보며 배우는 기회가 된다. 게임을 마치면 어떤 점이 재미있었는지, 어떤 내용이 인상 깊었는지 함께 이야기 나누며 게임을 통해 느낀 점과 배운 점을 정리하는 시간을 갖는다.

이 활동은 인터넷 중독의 문제를 놀이와 협동을 통해 즐겁게 배우고 실천하는 힘을 기를 수 있게 한다. 학생들은 자신도 모르게 인터넷을 오래 쓰게 되는 이유를 생각해 보고, 건강한 사용 습관을 만들기 위해 스스로 노력하는 계기로 삼을 수 있다.

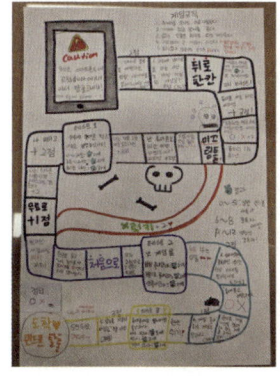 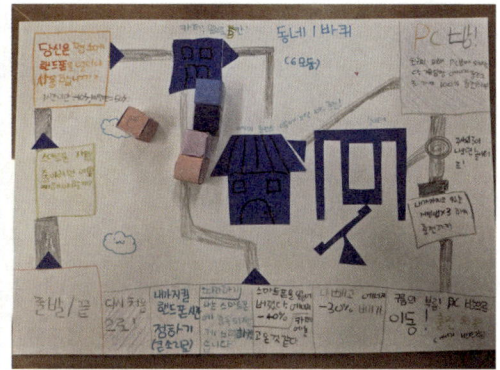

4. 디지털 없이도 행복해! 미니 북으로 표현하기

준비물 : A4 용지, 크라프트지

마지막으로 '디지털 없이도 행복해!'를 주제로 인터넷 없이 할 수 있는 활동을 미니 북으로 만들어 보고, 그것을 실천하겠다는 의지를 다지는 활동이다. 지금까지 인터넷 중독의 문제점과 조절 방법을 배웠다

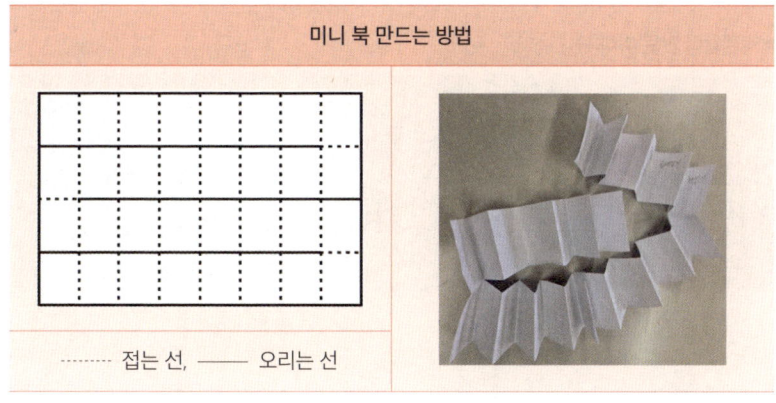

면, 이번에는 직접 실천할 수 있는 건강한 생활 습관을 정리하고 계획해 본다.

먼저, A4 용지를 32등분으로 접고 지그재그로 오려서 작은 책처럼 접으면 32면으로 구성된 미니 북이 완성된다. A4 용지로 만든 미니 북에 10.5×5.5㎝ 크기의 크라프트지를 겉 커버로 씌운다.

미니 북 형태를 완성한 뒤 학생들은 미니 북 표지에 제목을 쓰고, 안쪽에는 '인터넷 없이도 즐겁게 할 수 있는 활동'을 하나씩 적거나 그림으로 표현한다. 책 읽기, 친구와 수다 떨기, 산책하기, 그림 그리기, 가족과 요리하기 등 인터넷 대신 할 수 있는 활동을 자유롭게 그리고 글로 쓴다. 책 마지막 장에는 '작가의 말'을 쓴다. 이는 단순한 소감문이 아니라, 지금까지의 학습을 정리하며 인터넷 중독에 대한 자신의 생각과 느낀 점, 친구들에게 인터넷 중독의 위험을 알리는 글이다. 모든 책이 완성되면 교실 앞이나 벽면에 작은 전시 공간을 마련해 서로의 책을 살펴보거나, 친구들과 책을 교환해 감상하는 시간을 가진다.

이 활동을 통해 학생들은 자신의 생활을 돌아보고 인터넷 중독에 관한 생각을 정리하며 앞으로의 실천 의지를 다질 수 있다.

■ 학생들이 만든 미니 북

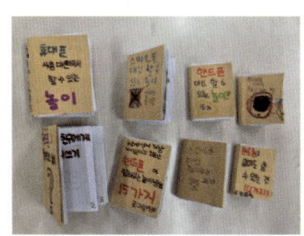 

글을 마무리하며

　이 수업은 학생들이 인터넷 중독은 단순한 습관이 아니라 감정, 생활, 관계와 연결된 문제라는 사실을 이해하고, 인터넷 중독으로부터 자신을 조절하려는 의지를 갖도록 하는 데 중점을 두었다.

　수업을 진행할 때는 학생들의 경험을 충분히 듣고 공감해 주는 분위기를 만드는 것이 중요하다. 스마트폰이나 게임을 많이 한다고 바로 지적하기보다는, 왜 그렇게 되는지를 함께 이야기하며 감정과 습관을 연결 지어 바라보는 시각을 키우도록 한다. 활동 중에는 소그룹 토의나 역할 나누기를 활용하면 참여도가 높고 민감한 주제도 좀 더 자연스럽게 다룰 수 있다.

　추가 활동으로는 '하루 미디어 사용 시간 기록하기', '나만의 디지털 사용 규칙 만들기', '가족과 함께하는 디지털 프리 데이' 등을 추천한다.

　이 수업을 통해 학생들이 단지 인터넷 사용을 줄이는 것이 아닌, 자신의 삶을 스스로 조절하고 건강하게 꾸려 나갈 수 있는 힘을 조금씩 키워 가기를 바란다.

마음 건강 - 마음 건강 문제의 인식과 관리
3. 자해

　한국형 사회정서교육에서 '자해' 문제는 마음 건강의 인식과 관리 측면에서 매우 민감하고도 중요한 주제이다. 자해는 단순한 일탈 행동이 아니라, 자신을 표현하거나 감정을 조절하기 어려운 상태에서 나타나는 심리적 고통의 신호이기 때문이다. 특히 초등 고학년 이상의 학생들은 우울, 불안, 자기혐오, 외로움 등 복합적인 감정을 적절히 표현하지 못하고, 그 감정을 해소하려는 방식으로 자해 행동을 보일 수 있다.

　자해는 신체적 상처를 동반하기 때문에 겉으로 드러나기도 하지만, 은밀하게 반복되는 경우가 많아 조기 인식이 어렵다. 또한 자해가 '죽고 싶어서'라기보다 '살기 위해', '감정을 느끼기 위해', '마음을 진정시키기 위해' 행해지는 경우도 있어, 단순한 처벌이나 금지보다는 이해와 공감의 접근이 필요하다. 자해를 반복할수록 자기 존중감이 낮아지고, 충동 조절의 어려움, 우울감, 대인 관계의 어려움으로 악화될 수 있어 조기 개입과 예방이 무엇보다 중요하다.

　따라서 사회정서교육에서는 학생들이 자해에 대한 잘못된 인식을 바로잡고, 건강하게 감정을 표현하는 방법과 위기를 극복하는 자원들을 스스로 탐색하고 강화할 수 있게 하는 교육이 이루어져야 한다. 감정을 말로 표현하고, 지지를 요청하며, 자신을 돌보는 다양한 방법을 익히는 것은 자해 예방의 핵심이다.

> **그림책 『삶』**
> 신시아 라일런트 글, 브렌던 웬젤 그림, 이순영 옮김, 북극곰, 2019
>
> 생명의 탄생부터 성장, 고난, 회복, 희망에 이르기까지 삶의 굴곡을 동물들의 이야기를 통해 자연스럽게 전달하는 그림책이다. 누구든 삶의 어두운 골짜기를 지난다는 사실도 알려 준다. 말보다 마음으로 위로가 필요한 순간, 책을 조용히 펼쳐보기만 해도 '내가 살아 있음' 그 자체가 충분히 가치 있다고 느끼게 된다.

『삶』은 신시아 라일런트의 간결하면서도 깊이 있는 문장과 브렌던 웬젤의 따뜻한 색채가 어우러진 작품으로, 삶의 다양한 순간과 감정, 그 안에 담긴 의미를 곱씹게 해 준다.

이 책에서 반복되는 '삶은 아름다워요.' 라는 말은, 삶이 언제나 쉽거나 즐겁다는 뜻이 아니다. 오히려 삶에는 외로운 날도, 길을 잃는 날도 있지만, 그런 날들조차도 결국은 우리를 살아가게 하는 '전체적인 삶의 일부' 라는 것을 알려 준다. 이는 불편한 감정을 억누르고 스스로를 해치는 행동으로 연결하기 쉬운 아이들에게 '지금의 고통도 내 삶의 일부이며, 그것은 지나간다.' 는 중요한 메시지를 전한다.

이야기 속에 등장하는 여우, 사막거북, 물소 등 다양한 동물들이 처한 환경은 제각각 다르지만, 모두 '자신의 삶' 을 살아간다. 학생들은 이 동물들을 통해 나만 힘든 것이 아니고 삶은 다양한 모습으로 흐른다는 사실을 깨달으며 자신의 감정을 돌아보고, 스스로를 비난하기보다는 인정하고 감싸 주는 태도를 배울 수 있다.

1. 그림책 읽고 이야기 나누기

준비물 : 감정 카드 또는 활동지

    그림책을 읽고, 학생들이 현재 자신의 감정을 돌아보며 말이나 글로 표현해 보는 활동이다. 『삶』에는 다양한 동물들이 등장하여 삶의 시작, 성장, 고난, 회복, 희망에 이르는 여정을 상징적으로 보여 준다. 학생들은 책의 내용을 따라가며 자연스럽게 자신의 삶과 감정을 투영해 볼 수 있다.

    책 읽기가 끝난 후, 교사는 학생들에게 "지금 나는 어떤 기분인가요?"라는 질문을 던진다. 학생들은 감정 카드나 활동지를 활용하여 자신의 현재 감정을 선택하고, 그 감정을 느끼는 이유를 자유롭게 글이나 말로 표현한다. 감정 카드는 기쁨, 슬픔, 화남, 지침, 불안, 괜찮음, 말로 표현하기 어려운 감정 등으로 구성한다.

    학생들은 위 감정 중에서 현재 기분에 가장 가까운 것을 고른 후, 그 감정을 느끼게 된 구체적인 이유를 떠올려 표현한다. 이때 말로 이야기하거나 활동지에 글로 써 보는 방식으로 진행한다.

    이 활동은 단순히 감정을 선택하는 것을 넘어, 학생들이 자신의 내면을 들여다보고 감정을 언어로 구체화하는 경험을 하게 한다. 더불어 감정을 표현하고 친구들과 공유하는 시간을 통해 '나만 이런 기분을 느끼는 게 아니구나.'라는 감정적 공감을 얻을 수 있다. 이는 정서적 연결감을 형성하는 데 중요한 기반이 되며, 자해 예방을 위한 정서적 안전망 형성에도 기여한다.

깊이 있는 활동을 위한 질문

1. 지금 나는 어떤 감정을 느끼고 있나? 그 감정은 언제부터 느꼈나?
2. 오늘의 감정을 색깔이나 날씨에 비유한다면 어떤 모습일까?
3. 내가 선택한 감정은 어떤 상황에서 자주 나타나나?
4. 그림책 속 동물 중 내 기분과 가장 비슷해 보이는 동물은 누구인가? 왜 그렇게 느꼈나?
5. '지금 나는 이런 기분이야.'라고 말하는 것이 왜 용기 있는 일일까?

2. 나만의 회복력 목록 만들기

준비물 : 체크리스트 활동지

나만의 회복력 목록 만들기는 내가 힘들 때 나를 다시 일으켜 주는 사람, 장소, 활동, 말 등을 떠올려 정리해 보는 활동이다. 이 활동은 단순히 감정을 떠올리고 정리하는 데 그치지 않고, 학생이 자신의 감정을 받아들이고 감정 다루기를 위한 구체적인 방법을 스스로 마련하는 과정이다.

회복력 목록 만들기 활동은 자해 예방을 위한 사회정서교육의 일환으로, 감정을 억누르기보다 표현하고 돌보는 힘을 기르는 데 중점을 둔다.

특히 초등 고학년 학생들에게 감정 조절과 자기 돌봄, 건강한 도움 요청 방법을 익히게 하는 것은 극단적인 감정 폭발을 예방하는 기초가 된다.

감정 인식 후에는 '나를 웃게 하거나 위로해 주는 것들'을 떠올려 정리해 보는 활동이 이어진다. 학생들에게 "힘들 때 나에게 기분 좋은 영향을 주는 것들은 무엇인가요?"라는 질문을 던지고 자유롭게 작성하도록 안내한다. 여기에는 일상 속의 활동(예: 좋아하는 놀이, 음악 듣기, 산책하기), 정서적 자원(예: 가족과의 시간, 친구의 한마디, 나만의 공간), 또는 추억과 기억(예: 할머니의 웃는 얼굴, 예전에 들었던 위로의 말) 등이 포함될 수 있다. 이를 통해 학생들은 자신을 회복시켜 주는 자원들이 이미 삶 속에 존재하고 있음을 발견하게 된다.

다음 단계에서는 '감정을 해소하는 방법'과 '도움이 필요할 때 사용할 수 있는 말'을 스스로 작성해 보는 시간을 가진다. 예를 들어 음악 듣기, 혼자 산책하기, 일기 쓰기, 누군가에게 이야기하기와 같은 감정 해소 전략을 목록화하고, "선생님, 오늘 좀 울적해요.", "친구야, 나랑 잠깐 이야기해 줄래?" 같은 도움 요청 문장을 만들어 보게 한다. 실제 상황에서 사용할 수 있는 언어를 사전에 연습하는 이 과정은 위기 상황에서 감정을 혼자 삼키지 않고 표현할 수 있는 가능성을 넓혀 준다.

활동이 마무리되면 학생들은 자신의 목록 중에서 한두 가지를 친구들과 나누거나, 교사에게 소개하는 시간을 가질 수 있다. 이 과정은 학생 개개인의 회복 자원에 대한 공감을 이끌어 내며, '나만 이런 감정을 느끼는 것이 아니구나.', '서로를 이해하고 지지할 수 있구나.' 하는 정서적 연결감을 형성한다.

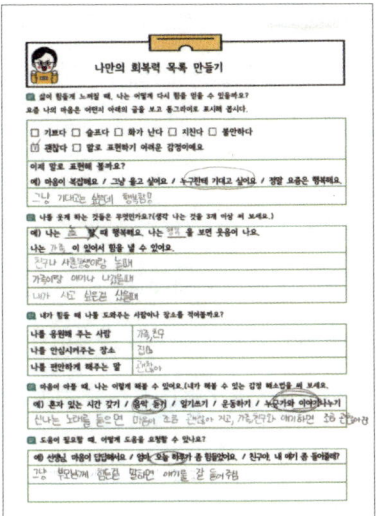 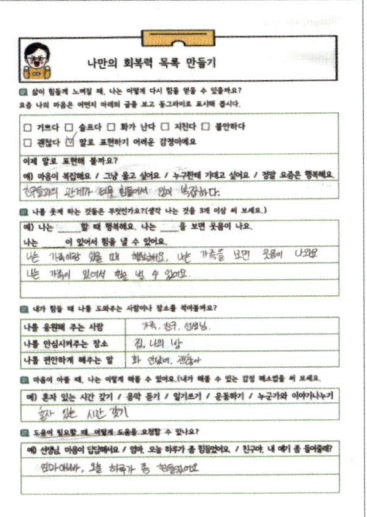

3. 마음 구조물 만들기

준비물 : 8절 도화지 또는 마음 구조물 만들기 활동지

    마음 구조물 만들기는 자해를 단순히 위험한 행동으로 보기보다, 표현되지 못한 고통의 결과로 이해하는 사회정서교육의 관점에 바탕을 둔 정서 강화 활동이다. 이 활동의 목적은 학생들이 자신의 정서적 지지 자원을 인식하고, 감정적으로 힘든 순간에 자신을 지탱해 주는 힘이 무엇인지 구체화하고 시각화할 수 있도록 돕는 데 있다.
    구조물 안에는 다양한 정서적 지지 자원이 담긴다. 예를 들어 가족, 친구, 반려동물처럼 나를 아껴주는 존재를 비롯하여, 좋아하는 활동이나 스스로의 강점, 위로가 되었던 말 한마디 등이 포함된다. 학생들은 이 자원들을 그림과 색으로 표현하고, 간단한 문장을 덧붙여 자신만의 구조물을 완성해 나간다. 어떤 학생은 '좋아하는 노래'를 음표 모양으로 그린 뒤 "이 노래를 들으면 마음이 풀려요."라고 적고, 또 어떤 학생은 '할머니의 손'을 따뜻한 색으로 그려 "조용히 잡아 주실 때 마음이 편안해져요."라고 설명을 덧붙인다.

활동이 마무리되면 학생들은 서로의 구조물을 짝이나 모둠, 또는 전체 앞에서 공유한다. 때로는 교실 한쪽에 구조물을 전시하고 함께 돌아보며 친구들이 어떤 자원을 통해 힘을 얻고 있는지 알아보는 시간을 갖기도 한다. 발표나 전시에 부담을 느끼는 학생에게는 이름만 적어 전시하거나 소그룹 내에서만 나누는 방식으로 선택권을 제공한다.

마음 구조물 만들기는 학생이 스스로 자신의 감정과 정서 자원을 인식하고, 그것을 눈에 보이는 형태로 표현해 보는 과정을 통해 감정의 무게를 덜고 자기 조절 능력을 기르는 데 의미가 있다. 특히 자해와 같이 감정이 격해졌을 때 충동적으로 이어질 수 있는 행동을 예방하기 위해,

자신을 지탱해 주는 힘이 있다는 인식을 형성하는 데 핵심적인 역할을 한다.

이 수업을 통해 학생들은 '나는 혼자가 아니고, 나를 지켜주는 것들이 내 안에 있다.'는 사실을 마음 깊이 체감하게 된다.

4. 상황극을 통한 도움 요청 역할극 해 보기

준비물 : 역할극 대본

도움 요청 역할극은 학생들이 감정적으로 힘들 때 적절한 언어와 태도로 도움을 요청하는 연습을 할 수 있도록 구성된 사회정서학습 활동이다. 특히 초등 고학년 학생들은 감정을 표현하거나 요청하는 데 어려움을 느끼는 경우가 많으며, 그로 인해 혼자 괴로움을 감추거나 외로움을 견디는 일이 발생하기도 한다. 이 활동은 학생들이 안전한 환경 안에서 감정을 말로 표현해 보고, 누군가에게 도움을 요청하는 대화를 실제로 구성해 보며, 정서적 연결감과 심리적 안전감을 경험할 수 있도록 돕는다.

모둠에서는 '도움을 요청하는 사람'과 '도움을 주는 사람' 역할을 정하고, 주제를 자유롭게 선택하게 한다. 예를 들어 친구에게 고민을 말하는 상황, 가족이나 선생님에게 도움을 요청하는 상황 등을 설정한다.

<역할극 대본 예시>

[상황] 친구에게 마음이 힘든 것을 털어놓고 도움을 요청하는 장면

[등장인물] 민지(도움을 요청하는 사람), 소윤(도움을 주는 사람)

민지: (작은 목소리로) 요즘 밤에 잠이 잘 안 와. 머릿속이 너무 복잡해서.
소윤: 그래? 무슨 일이 있는 거야? 나한테 말해도 돼.
민지: 별일 아닌 것 같은데도 계속 속상해져. 그냥 나 혼자만 이런 기분이 드는 것 같아.
소윤: 아니야. 나도 그런 적 있어. 혼자라고 느껴질 때 진짜 힘들잖아.
민지: 맞아… 그냥 아무 말이라도 해 보고 싶었어.
소윤: 얘기 나눠 줘서 고마워. 우리 같이 선생님께 이야기해 볼까? 괜찮다면 내가 같이 가 줄게.

역할극을 준비할 때는 먼저 상황을 구체화하고 그 안에서 오가는 대화를 자연스럽게 구성한다. 대사는 학생들이 평소 사용해 볼 수 있는 언어를 중심으로 자유롭게 만들고, 필요시 교사가 간단한 예시를 제공하여 참고하도록 한다. 대본이 완성되면 실제 대화처럼 연습해 발표 준비를 마친다.

역할극은 발표하는 것에 중점을 두기보다 말하는 사람과 듣는 사람이 서로의 감정에 귀 기울이고 지지하는 태도를 경험해 보는 활동이다. 활동이 끝난 후에는 발표를 들은 친구들이 "이 말이 따뜻했어요.", "저도 그런 기분이 든 적 있어요."와 같은 공감과 연결의 감정을 나눌 수 있도록 돕는다.

이 활동은 감정 표현 이후 구체적인 도움 요청 행동까지 연습하는 점에서 자해 예방 교육의 핵심 단계로 볼 수 있다. 학생들이 역할극을 통해 감정을 말로 표현하는 경험을 하고, 타인의 감정에 공감하며, 누군가에게 말을 건넬 수 있는 용기를 기르게 된다는 점에서 정서적 안전망 형성에 매우 효과적인 활동이다.

글을 마무리하며

　이번 수업은 그림책 『삶』을 중심으로 자해 예방을 위한 사회정서교육을 구성하여, 학생들이 자신의 감정을 인식하고 표현하며 회복력을 기르고, 필요할 때 도움을 요청하는 방법을 익히는 데 중점을 두었다. 감정은 억누르는 것이 아니라 돌보고 나눌 수 있다는 점을 학생들이 활동을 통해 자연스럽게 깨닫는 것이 수업의 핵심이다.

　감정 공유, 회복 자원 찾기, 마음 구조물 만들기, 역할극을 통해 학생들은 자신을 지탱해 주는 내면의 힘을 발견하고, 정서적 연결감과 안전망을 형성해 나갈 수 있다. 교사는 학생들이 감정을 솔직하게 표현하고 서로를 지지할 수 있도록, 신뢰와 따뜻함이 있는 교실 문화를 지속적으로 만들어 가야 한다.

　작은 활동 하나하나가 마음 건강을 지키는 토대가 되어, 학생들이 스스로를 아끼고 삶을 견뎌 내고 더 나아가 서로의 삶을 함께 지지할 수 있는 아이들로 성장해 나가기를 기대한다.

마음 건강 - 마음 건강 문제의 인식과 관리
4. 우울증 - 정신 질환을 대하는 적절한 태도

한국형 사회정서교육에서 우울증에 대한 이해는 학생들의 마음 건강을 지키는 핵심 요소이다. 우울증은 단순한 기분 저하가 아닌 지속적인 슬픔, 무기력감, 자기 비난 등 다양한 증상으로 나타나는 정신 건강 문제이며, 초등 고학년 시기에는 정서적 변화와 스트레스에 특히 민감하게 반응한다. 이 시기의 우울감은 또래 관계, 가족 문제, 학업 스트레스 등 다양한 원인으로 발생할 수 있으며, 많은 학생이 이를 숨기거나 부정적으로 인식한다. 이에 따라 조기 인식과 감정 표현이 매우 중요하다.

사회정서교육은 학생들이 감정을 다양한 방식으로 표현하고, 또래와의 공감 속에서 정서적 안정감을 느끼도록 돕는다. 자기 돌봄 활동, 감정 조절 활동, 도움 요청 연습 등은 우울증 예방에 효과적인 접근 방법이다.

결국, 사회정서교육은 감정을 없애려는 것이 아니라 감정과 함께 살아가는 힘을 기르는 과정이다. 학생들이 자신의 감정을 알고 돌보며 타인의 감정에도 공감할 수 있을 때, 학교는 진정으로 마음이 건강한 공간이 될 수 있다.

> **그림책 『이상해? 안 이상해!』**
> 장수정, 킨더랜드, 2024
>
> 다양한 감정과 생각, 행동을 가진 인물들을 등장시키며, 우리 사회에서 흔히 '이상하다.'고 여기는 것들에 관해 다시 생각하게 만든다. '말을 더듬는 친구', '친구들과 놀고 싶지만 어색한 아이', '생각이 많아 가끔 멍해지는 아이', '슬퍼 보이는 얼굴을 가진 아이' 등은 누구나 교실에서 혹은 거울 속에서 한번쯤 마주했을 법한 모습들을 보여 준다.

그림책 『이상해? 안 이상해!』는 '이상한 게 아니라 그냥 다른 거야.' 라는 메시지를 통해, 감정을 낙인찍지 않고 다양성을 존중하는 태도를 자연스럽게 전달한다. 이는 우울감을 겪는 아이들에게 '그렇게 느껴도 괜찮다.' 는 안도감을 주며, 감정을 숨기지 않고 표현할 수 있는 용기를 북돋아 준다.

책 속 인물들은 남들과 다른 모습으로 인해 스스로 불편함을 느끼지만, 책은 그것을 이상하다고 판단하지 않고, 다양한 감정과 존재를 있는 그대로 받아들이는 연습을 돕는다.

이 책을 사회정서교육에 활용하면 학생들은 우울한 감정도 자신의 일부로 자연스럽게 받아들이는 태도를 익힐 수 있다. 감정 카드나 감정 상자 만들기 같은 활동을 통해 감정을 다양한 방식으로 표현하고, 친구의 감정에도 공감하는 문화를 경험할 수 있다. 『이상해? 안 이상해!』는 감정을 병이나 이상함이 아닌 삶의 일부로 이해하게 해 주며, 우울증에 대한 건강한 인식을 키우는 출발점이 되어 준다.

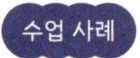

1. 그림책 읽고 이야기 나누기

『이상해? 안 이상해!』를 활용한 수업은 학생들이 다양한 감정을 이해하고 공감하는 힘을 기를 수 있도록 구성된다. 교사가 책을 읽는 동안, 인물의 행동이 드러나는 장면에서 "왜 이런 행동을 했을까?", "어떤 감정을 느꼈을까?" 같은 질문을 던져 학생들이 감정을 상상하고 몰입하도록 돕는다. 책을 다 읽은 후에는 기억에 남는 인물과 그 인물이 느꼈을 감정을 이야기 나누며, 서로의 생각을 비교하고 공감의 폭을 넓히는 시간을 갖는다.

깊이 있는 활동을 위한 질문

1. 책 속 주인공 중 가장 마음이 가는 인물은 누구였나? 왜 그랬나?
2. 여러분이 최근에 느낀 감정 중 하나를 색으로 표현한다면 어떤 색일까? 그 이유는?
3. '이상하다.'고 느꼈던 사람의 행동이 사실은 감정의 표현일 수도 있다는 걸 느낀 적 있나?
4. '다른 것'이 왜 '이상한 것'만은 아닐까? 나도 그런 감정을 느낀 적이 있나?
5. 오늘 만든 감정 색깔 카드 중 친구들과 나누고 싶은 감정은 무엇인가?

2. 감정 색깔 카드 만들기

감정 색깔 카드 만들기는 학생들이 자신의 감정을 색으로 표현해 보며 감정을 인식하고 자유롭게 드러내는 연습을 하는 활동이다. 말로 표현하기 어려운 감정도 색이라는 시각적 도구를 활용하면 보다 쉽게 드러낼 수 있으며, 감정의 다양성과 개별성을 이해하는 데 도움이 된다.

학생들은 자신이 느낀 감정을 하나 선택해 작은 도화지나 색지에 색으로 표현하고, 감정 이름과 그 이유를 짧게 적는다. 예를 들어, '파란색 - 쓸쓸함 : 친구가 나를 혼자 두었을 때'처럼 작성한다. 활동이 끝나면 친구와 짝을 지어 카드를 보여 주며 왜 이 색을 선택했는지, 그때 어떤 일이 있었는지를 이야기하고 서로의 감정을 나눈다.

이러한 활동을 통해 학생들은 '우울하거나 외로운 감정도 감정의 일부이며, 색깔처럼 다양하고 괜찮은 것'이라는 메시지를 자연스럽게 받아들이게 된다. 또한 친구들과 카드를 나누며 감정 표현 방식이 얼마나 다채로운지 체험하고, 서로의 감정을 존중하는 태도를 기르게 된다.

3. 감정 얼굴 그리기

준비물 : 활동지

감정 얼굴 그리기는 학생들이 자신의 감정을 말이 아닌 얼굴 표정으로 시각화해 보는 활동으로, 감정의 내면을 외면으로 끌어내고 감정 인식과 자기 이해를 돕는 데 목적이 있다. 특히 우울감이나 슬픔처럼 말로 표현하기 어려운 감정을 그림으로 나타내는 과정은 감정을 자연스럽게 드러내고 조절하는 데 효과적이다.

먼저, 학생들에게 최근 느꼈던 감정 하나를 떠올려 보게 한다. 필요하다면 거울을 보거나, 마음이 강하게 움직였던 순간을 떠올릴 수 있도록 교사가 질문을 던져 준다. 이어서 "그 감정이 얼굴로 표현된다면 어떤 모습일까요?"라고 묻고, 눈썹 모양, 눈동자 위치, 입꼬리 방향 등을 구체적으로 묘사해 보도록 안내한다.

학생들은 활동지에 그려진 얼굴 틀에 자신의 감정을 담은 표정을 그린다. 표정을 그린 뒤에는 얼굴 옆에 말풍선을 그리고, 그 안에 지금 하고 싶은 말이나 속으로만 했던 말을 짧게 적는다. 예를 들어, 눈물이 고인 눈을 그린 학생은 '누군가 나를 좀 안아 줬으면 좋겠어요.' 라고 쓰고, 굳은 표정을 그린 학생은 '나 요즘 너무 예민해요.' 라고 표현한다.

이 활동은 학생들이 감정을 억누르지 않고 표현하는 연습을 통해, 감정은 숨겨야 할 것이 아니라 돌보고 나눌 수 있는 것임을 자연스럽게 이해하는 데 큰 도움이 된다.

4. 감정 상자(비공개 공유) 글쓰기

준비물 : 편지지 또는 종이

    감정 상자 글쓰기는 학생들이 말하지 못한 속마음을 솔직하게 글로 적어 보고, 그것을 비공개로 감정 상자에 담아 보는 자기 돌봄 활동이다. 슬픔, 외로움, 불안 등 말로 표현하기 어려운 감정을 글이라는 안전한 방식으로 꺼내 보며, 감정을 억누르기보다 받아들이고 정리하는 연습을 하도록 돕는다. 이 활동은 자해나 우울감을 예방하기 위한 정서 교육의 출발점이 될 수 있다.

    활동은 조용하고 편안한 분위기에서 시작된다. 교사는 먼저 "지금 내 안에 어떤 감정이 있나요? 누군가에게 말하지 못한 마음이 있다면, 그것을 글로 써 보는 시간을 가져 볼 거예요."라고 안내하고, 글의 형식은 자유롭게 선택할 수 있게 한다. 예를 들어 지금의 기분을 쓰거나, 자신에게 보내는 편지, 속마음 고백, 누군가에게 전하고 싶은 말 등을 적을 수 있다.

학생들은 준비된 편지지나 종이에 자신의 글을 쓰고, 글을 다 쓴 후에는 편지지를 접어 '감정 상자'라고 이름 붙인 작은 상자나 봉투에 넣는다. 이 상자는 바로 공개하지 않으며, 본인이 원할 경우에만 나중에 친구들과 나눌 수 있다. 교사는 "이 글은 누구에게도 보여 주지 않아도 괜찮아요. 이건 오직 여러분 자신만을 위한 글이에요."라고 안내하며 심리적 안전감을 제공한다.

글쓰기가 완성된 뒤에는 교사가 따뜻한 말과 함께 학생 이름이 보이지 않도록 모아 보관하거나, 학생이 직접 가방이나 책상 서랍에 넣을 수 있게 한다. 마무리에서는 "힘들 때는 언제든 이 상자를 열어 봐도 좋고, 선생님에게 와도 괜찮아요."라고 말하며 정서적 연결 통로를 열어 준다.

감정 상자와 글쓰기 예시

요즘 나는 그냥 웃고 있지만, 마음은 자주 울고 있어.
친구들 앞에서는 괜찮은 척하는데, 집에 오면 괜히 눈물이 날 때가 있어.
말하면 이상하게 보일까 봐, 그냥 혼자 참게 돼.
사실은 누군가 나한테 "요즘 어때?"라고 진심으로 물어봐 줬으면 좋겠어.
그냥, 나도 누군가에게 기대고 싶은 날이 있어.

이 활동은 감정을 숨기기보다 받아들이는 연습을 통해 학생들에게 '내 감정도 괜찮다.'는 인식과 감정 표현의 용기를 기르는 소중한 경험이 된다.

5. 포스트잇으로 친구의 어려움을 도울 방법 훈련하기

준비물 : 활동지, 포스트잇

수업은 "요즘 마음이 힘들어 보이는 친구가 있다면, 어떤 말을 해 주고 싶나요?", "그 친구를 위해 어떤 행동을 해 줄 수 있을까요?" 같은 질문으로 시작한다. 학생들은 이 질문을 바탕으로, 알록달록한 포스트잇에 친구에게 전하고 싶은 말을 한 문장씩 적는다. 문장 표현은 자유롭게 하되, 상대의 감정을 배려하는 따뜻한 말이 될 수 있도록 안내한다.

학생들이 적은 말에는 '힘들 땐 같이 있어 줄게.', '괜찮아질 거야. 지금처럼만 해도 충분해.', '내가 네 편이 되어 줄게.' 등 공감과 지지를 담은 문장이 담겨 있다. 완성된 포스트잇은 교실 한쪽 벽에 붙이고 그 공간을 '위로의 벽', '마음 나무', '감정 우체통' 등으로 꾸며 감정이 자유롭게 오가는 따뜻한 장소로 만든다. 학생들은 서로의 글을 읽으며 공감하

고, 어떤 글은 익명으로 친구에게 직접 전달하기도 하며 정서적 연결을 경험하게 된다.

교사는 활동을 마무리하며 "여러분의 말 한마디가 누군가에게 큰 위로가 될 수 있어요."라고 이야기하며, 따뜻한 말의 힘과 친구를 지지하는 언어의 중요성을 강조한다.

이 활동은 학생들에게 감정 공감의 언어를 직접 써 보는 실천의 시간이자, 자기 안에 있는 따뜻함을 발견하고 누군가에게 전할 수 있다는 자신감을 심어 주는 의미 있는 정서 교육 활동이 된다.

글을 마무리하며

이번 수업은 그림책 『이상해? 안 이상해!』를 바탕으로, 학생들이 자신의 감정을 인식하고 표현하며, 타인의 감정에도 공감하는 정서적 소통의 시간이었다. 감정을 색과 표정, 글, 말로 표현하는 다양한 활동을 통해 학생들은 '내 감정은 이상한 것이 아니며, 지금의 나일 뿐'이라는 깨달음을 얻었다.

우울감은 단순한 기분 문제가 아니라 표현되지 못한 감정이 쌓인 결과일 수 있다. 이번 수업은 학생들이 자신의 감정을 말해도 괜찮고, 자신이 누군가를 위로할 수 있는 존재라는 경험을 하는 데 초점을 두었다.

무엇보다 감정은 틀린 것이 아니라 다를 수 있으며 표현과 공감은 연습을 통해 배울 수 있음을 함께 나누었다. 앞으로도 학생들이 자신의 감정을 존중하고, 친구의 마음에도 따뜻하게 귀 기울일 수 있기를 바란다. 또한 교실이 그런 감정 나눔이 가능한 안전한 공간이 되기를 기대한다.

마음 건강 - 마음 건강 문제의 인식과 관리
5. 자살 예방

한국형 사회정서교육에서 '자살 예방'은 선택이 아닌 필수다. 자살은 단순한 충동이 아니라, 표현되지 못한 감정과 단절, 무너진 자존감이 누적된 고통의 결과이며, 아동·청소년에게는 더욱 조용히 다가온다. 그렇기에 학생들이 감정을 인식하고 표현하며, 도움을 요청할 수 있도록 돕는 교육이 필요하다.

많은 학생이 감정을 어떻게 설명해야 할지 몰라 막연하게 "그냥 힘들어요."라고 말하며 무력감 속에 머문다. 사회정서교육은 감정에 이름을 붙이고 말, 글, 그림 등 다양한 방식으로 감정을 표현하게 함으로써 고통을 풀어낼 길을 마련한다.

또한 감정 조절력과 회복 탄력성을 키우는 것이 중요하다. 자신을 지탱하는 사람, 활동, 문장을 떠올려 보는 활동은 '조금만 더 견뎌 보자.'는 마음으로 연결될 수 있다. 그리고 "나 좀 힘들어." 같은 말을 평소에 연습해 보는 것만으로도 위기의 순간에 도움을 요청할 수 있는 힘이 생긴다.

자살 예방은 단순한 지식 전달이 아니라, 살아갈 이유를 찾게 하는 교육이다. 감정을 존중받고 서로 연결된다는 감각이 살아 있는 교실이야

말로 학생들의 생명을 지키는 시작점이다.

> **그림책 『여름의 잠수』**
> 사라 스트리츠베리 글, 사라 룬드베리 그림, 이유진 옮김, 위고, 2020
>
> 정신적인 아픔을 가진 아빠를 바라보는 딸의 시선을 따라가며, 한 가족이 겪는 조용하고 깊은 감정의 흐름을 담담하게 풀어낸 작품이다. 겉으로는 평범해 보이는 일상의 여름이지만, 그 속에는 '아빠가 깊은 물속으로 가라앉은 것 같은 느낌'이, '일상이라는 옷을 입고도 감춰지지 않는 슬픔과 불안'이 흐르고 있다. 이 그림책은 자살을 직접적으로 다루지 않지만, 자살을 둘러싼 감정의 전조와 배경 그리고 무엇보다 사랑하는 사람의 고통을 지켜보는 또 다른 사람의 마음을 섬세하게 보여 준다.

『여름의 잠수』는 정서적 고통과 단절을 상징적으로 담아낸 그림책으로, 자살 예방을 위한 사회정서교육에 적합하다. "왜 여름의 잠수라고 표현했을까?", "그 말을 들은 나는 어떻게 반응해야 할까?" 같은 질문을 통해 학생들은 타인의 고통에 공감하고 정서적 연결의 중요성을 이해하게 된다.

이 책을 활용한 수업에서는 감정을 색이나 비유로 표현하기, 속마음 글쓰기, '나를 떠오르게 하는 것들' 그리기 등 다양한 활동으로 확장할 수 있다. 『여름의 잠수』는 감정을 표현하고 연결되어 있다는 감각을 갖게 하는 데 도움을 주며, 자살 예방 교육의 의미 있는 출발점이 될 수 있다.

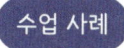
수업 사례

1. 그림책 읽고 이야기 나누기

그림책을 함께 읽을 때 중요한 장면에서는 잠시 멈추어 그림에 담긴 인물의 표정, 자세, 배경, 색감 등을 학생들과 함께 관찰한다. 감정을 직접 표현하지 않는 인물들의 행동과 분위기를 중심으로 "이 장면의 주인공은 어떤 상태일까?", "표정과 자세가 어떤 기분을 말해 주는 것 같아?" 등 질문을 던지며 감정의 실루엣을 떠올려 보게 한다.

책 속 인물들이 겪는 감정을 함께 읽어 내며 그 감정이 어떻게 표현되었는지, 어떤 장면이 마음에 남았는지 이야기 나눈다. 학생들은 장면 속 인물의 감정을 상상하고 그 감정에 말풍선을 달아 보며 그 속에 담긴 마음을 언어로 풀어 보는 경험을 한다. 또한 자신이 느껴 본 비슷한 감정을 떠올리며 감정에 공감하고 그것을 나누는 대화를 통해 정서적 연결감을 키워 갈 수 있다.

깊이 있는 활동을 위한 질문

1. 이 장면 속 주인공은 어떤 감정을 느끼고 있을까? 그 이유는 무엇이라고 생각하나?
2. 만약 내가 주인공이라면 지금 말풍선 안에 어떤 말을 쓰고 싶을까? 왜 그런가?
3. 이 말풍선을 읽는 친구가 있다면 어떤 말이나 행동이 위로가 되었나?
4. 나도 이런 기분을 느낀 적이 있는가? 그때 어떤 말이 나를 도와주었나?
5. 지금 내 마음에도 말풍선을 단다면 어떤 말을 담고 싶은가? 이유는 무엇인가?

2. 감정 말풍선 채우기

준비물 : 활동지

　감정 말풍선 채우기는 그림책 속 인물의 표정, 행동, 분위기를 통해 말로 표현되지 않은 감정을 상상하고, 그것을 짧은 문장으로 언어화해 보는 활동이다. 이 활동은 학생들이 감정을 억누르거나 외면하지 않고, 살펴보고 표현할 수 있다는 감정 인식의 기본 태도를 기르는 데 목적이 있다. 특히 직접적인 표현이 어려운 학생에게는 타인의 감정을 빌려 자기 감정을 투사해 보는 안전한 감정 연습이 될 수 있다.

　첫째, 교사는 그림책을 천천히 읽어 주며 감정이 복삽하게 담긴 장면을 함께 살펴본다. 예를 들어 아빠가 멀리 보이는 장면, 주인공이 창밖을 응시하는 장면, 여름의 끝에서 아빠를 맞이하는 장면 등을 선정하여, 등장인물의 표정, 몸짓, 눈빛, 배경 분위기 등을 관찰하게 한다.

　이때 교사는 "이 아이는 지금 어떤 기분일까?", "이 장면에서 말하지 않고 있는 감정은 무엇일까?" 같은 질문을 던지며 학생들이 장면 속 감정을 상상해 보도록 유도한다.

　둘째, 학생들은 선택한 장면 속 인물의 얼굴 옆에 말풍선을 그려 넣고 그 인물이 속으로 하고 있을 법한 말을 짧은 문장으로 적는다. 단순히 떠오르는 말이 아닌, 그 인물이 느꼈을 감정을 되짚어 가며 진심 어린 문장을 작성할 수 있도록 안내한다.

　이 활동은 학생들이 자신의 감정을 문장으로 바꾸는 과정을 경험하며 감정 이해와 공감 능력을 기르도록 돕는다. 감정은 복잡하고 무거울 수 있지만, 작은 말풍선 안에 담아 보는 연습을 통해 더 이상 혼자 감당해야 할 것이 아니라 함께 나눌 수 있는 언어가 된다는 것을 자연스럽게 배우게 된다.

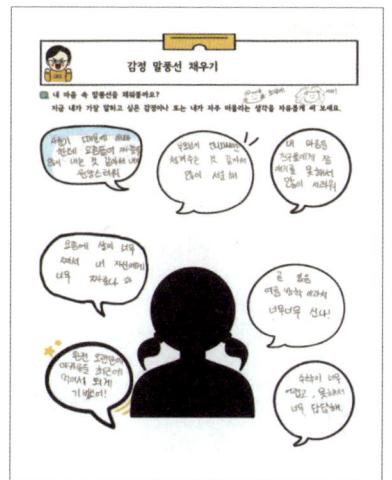 

3. 희망 엽서 쓰기

준비물 : 엽서 또는 활동지

학생들이 자신이나 다른 누군가에게 위로와 응원의 메시지를 글로 전해 보는 활동으로, 감정의 흐름을 희망으로 연결하는 정서적 마무리 활동이다. 이 활동은 특히 감정이 가라앉는 시기에 '어떤 말이 나를 숨 쉬게 만들었는지', '어떤 말이 나를 다시 일어서게 했는지'를 떠올려 보며, 표현할 수 있는 감정은 스스로와 타인 모두에게 힘이 될 수 있다는 경험을 제공하는 데 목적이 있다.

학생들은 엽서 크기의 종이나 활동지를 받고, 글쓰기 대상과 메시지를 자유롭게 정한다. 글의 형식은 정해져 있지 않으며, 짧은 한 문장으로도 충분하다. 주제는 예를 들어 '힘들었던 나에게 해 주고 싶은 말', '지금 외로운 친구에게 건네고 싶은 위로', '누군가 내게 해 줬던 말 중 기억에 남는 말', '앞으로의 나에게 보내는 다짐'으로 할 수 있다.

  엽서를 다 쓴 뒤에는 간단한 그림을 그리거나 색을 칠해 마음이 머무를 수 있는 따뜻한 분위기를 더한다. 완성된 엽서는 교실 뒤 게시판에 전시하거나, '마음 보관함'이라는 이름의 상자에 넣어 보관한다. 교사는 "이 엽서는 마음을 지지하고 응원해 줄 겁니다. 여러분들의 마음이 힘들거나 흔들릴 때 꺼내어 읽어 봅시다."라고 안내한다.

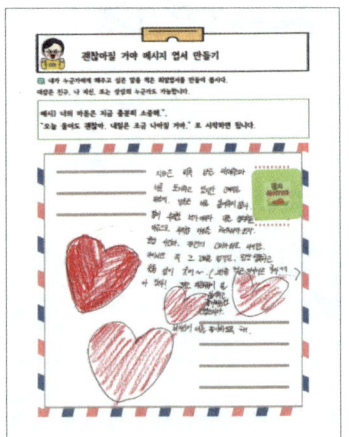 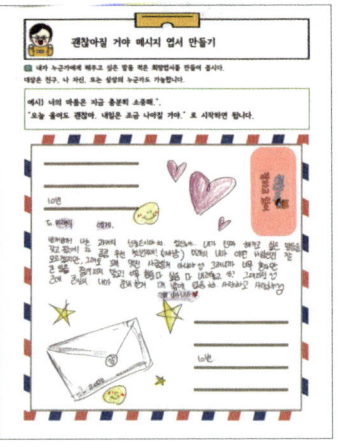

  이 활동은 학생들에게 감정은 표현할 수 있으며, 그 표현이 누군가에게 도움이 될 수 있다는 정서적 자각과 연결의 경험을 제공한다. 작은 문장 하나가 누군가에게 다시 떠오를 수 있는 손짓이 될 수 있다는 것을 배우며, 사회정서교육의 핵심인 '서로를 지지하는 감정의 힘'을 느끼게 해 준다.

4. 책상 대면 연극 만들기

준비물 : 활동지, 책상, 의자

책상 대면 연극 만들기는 감정이 무너질 때의 상황을 짧은 연극으로 구성하고, 그 속에서 도움을 요청하고 응답하는 대화를 직접 만들어 연기해 보는 활동이다.

학생들은 '마음이 힘든 사람'과 '그 곁에 있는 사람' 역할을 맡아, 책상을 사이에 두고 마주 앉아 대화를 나누는 형식으로 감정의 흐름을 집중적으로 표현한다. 2~3인 1조로 구성하여 대사를 직접 만들고, 말보다는 표정과 눈빛, 침묵 속에 담긴 감정까지 표현해 보도록 안내한다. 예를 들어, 마음이 힘든 사람 역할을 맡은 학생이 "요즘 아무것도 하기 싫고… 내가 왜 이런지도 모르겠어."라는 대사를 쓰고, 곁에 있는 사람 역할을 맡은 학생이 "그럴 때 있어. 그냥 네 옆에 있을게."라고 쓴다.

대사를 완성하면 학생들이 실제로 마주 앉아 연기를 해 본다. 감정을 표현하는 학생은 말로 하기 어려운 감정을 캐릭터를 빌려 드러내 보고, 듣는 학생은 어떻게 반응하고 공감해 줄지 고민하며 실천해 본다. 교사는 중간중간 "지금 어떤 감정이 느껴졌나요?", "어떤 말이 위로가 되었나요?" 같은 질문을 던지며 감정 표현과 수용을 함께 되짚어 본다.

이 활동은 단지 연극을 해 보는 것이 아니라, 실제 삶에서 마주하게 될 감정의 장면을 미리 연습해 보는 교육적 과정이다. 말로 하지 않아도 되는 침묵, 짧지만 진심이 담긴 대화, 서로를 바라보는 시선이 모두 감정을 나누는 표현이 된다는 것을 경험하는 시간이다.

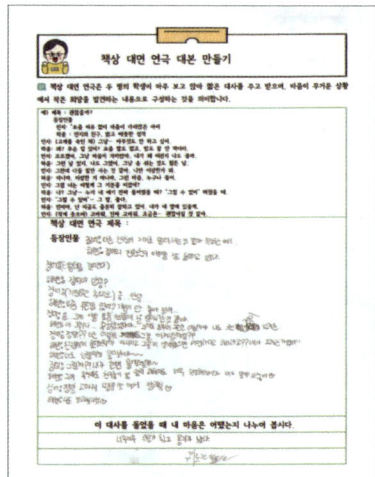 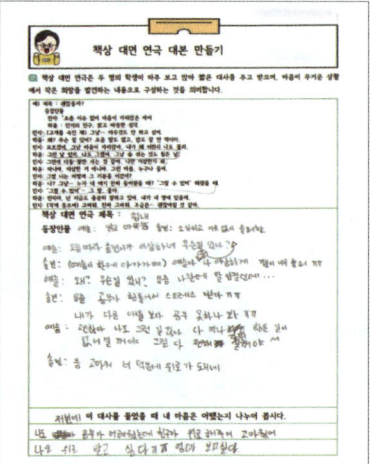

책상 대면 연극은 교실이라는 안전한 공간에서 감정을 말해 보는 연습을 가능하게 하며, 학생들에게 '도움을 요청해도 괜찮다.', '누군가의 곁이 되어 줄 수 있다.'는 정서적 연결감을 심어 주는 의미 있는 활동이다.

글을 마무리하며

이번 수업은 그림책 『여름의 잠수』를 중심으로, 학생들이 자신의 감정을 인식하고 표현하며 타인의 마음에도 귀 기울여 보는 정서적 소통의 시간이 되었다. 감정 말풍선 채우기, 희망 엽서 쓰기, 책상 대면 연극 만들기 등 다양한 활동을 통해 학생들은 '감정을 말해도 괜찮다.', '나도 친구도 혼자가 아니다.'라는 감정적 연결을 경험했다.

자살은 갑작스러운 사건이 아니라 표현되지 못한 감정의 축적에서 비롯된다. 따라서 자살 예방 교육은 단순한 지식 전달 교육이 아니라, 감정을 말하고 돌볼 수 있는 힘을 기르는 정서적 준비를 하는 것이며, 사회정서교육은 그 기반이 된다.

"너의 감정은 괜찮아.", "말해 줘서 고마워.", "내가 네 곁에 있어 줄게." 같은 말이 오가는 교실이 바로 자살을 예방하는 안전망이 된다.

그림책 속 주인공처럼 우리 아이들도 마음속 깊이 잠길 수 있다. 그러나 그 곁에 누군가 있어 준다면 다시 떠오를 수 있음을 아이들이 느낄 수 있도록, 교실은 언제든 기다려 주고 들어주는 따뜻한 공간이 되어야 한다. 이 경험으로 아이들은 평생 자신을 지켜 낼 수 있는 내면의 힘을 가지게 될 것이다.

참고 자료

- 『그림책 공동체 놀이』 그림책사랑교사모임, 학토재(2025)
- 『나를 위한 감정의 심리학』 최기홍, 국수(2022)
- 『나를 찾는 마음여행(초등학생을 위한 마음 여행 일지) 초등 교사 가이드』 유니세프 (2024)
- 『재난심리회복지원 통합 리플릿』 행정안전부·대한적십자사(2024)
- 『중학생 감정 조절 프로그램 지도서 '마음 나누기 행복 채우기'』 대구광역시교육청 (2019)
- 『초등학교용 정신건강 리터러시 교사용 지도서』 교육부·한국교육환경보호원·학생정신 건강지원센터(2023)
- 『한국형 사회정서교육 교사용 지도서 총론』 교육부·한국교육환경보호원(2024)
- 『한국형 사회정서교육 프로그램(초등 저학년용) 교사용 지도서』 교육부·한국교육환경 보호원(2024)
- 『한국형 사회정서교육 프로그램(중학생용) 교사용 지도서』 교육부·한국교육환경보호원 (2024)
- 『한국형 사회정서교육 이슈 페이퍼』 한국교육환경보호원(2024)
- 『I Said No!: Refusal Skills』 Burstein, John. Crabtree Publishing Co.(2009)
- 「사회정서교육 가이드라인 개발 및 효과성 검증 체계 마련을 위한 정책 연구」 교육부 (2025)
- 「제19차(2023년) 청소년건강행태조사 통계」 교육부·질병관리청(2024)
- 「한국형 사회정서 성장 지원 모델 마련 연구」 서완석 외, 한국교육환경보호원(2024)
- 유튜브 동영상 '마음 회복은 "재난심리회복지원센터"를 찾아 주세요'_행정안전부 채널
- 유튜브 동영상 '별반짝 호흡'_'심리상담사의 마음처치' 채널
- 유튜브 동영상 '교실 신체놀이/손 엇갈려 잡고 풀기'_'열정기백쌤' 채널
- 기사 '다문화학생 비율 증가, 대한민국 저출산 개선'_〈에듀인사이드〉

• 그림책사랑교사모임 도서 •

에듀테크 & AI 수업
그림책사랑교사모임 지음

에듀테크와 AI 교육이 결합한 그림책 활용 수업은 2022 개정 교육과정의 핵심 가치인 '학생 중심 교육'과 '미래 역량 함양'을 실현하는 데 효과적인 방법이다. 창의적이고 비판적인 사고를 키우는 그림책 활용 수업을 담았다.

초등 1, 2학년 그림책 한글 놀이
그림책사랑교사모임 지음

그림책 전문가인 현직 초등학교 교사들이 2022 개정 교육과정의 학년별, 단원별 성취기준에 맞춰 그림책을 활용한 한글 놀이 수업의 구체적인 사례와 방법을 제시한다.

그림책 감성놀이
그림책사랑교사모임 지음

주제에 따라 잘 가려 뽑은 그림책으로 재미있는 놀이를 하며, 아이들은 생각하는 힘을 키우고 감정을 조절하며 마음을 나누는 연습을 할 수 있다.

초등 그림책 학급운영
그림책사랑교사모임 지음

한 해의 학급운영을 고민하는 교사들에게 아이들과 행복한 1년을 보낼 수 있는 방법으로 '그림책'을 소개한다. 그림책으로 학급의 하루를 열고, 학급의 일 년을 계획하며, 생활의 나침반이 될 인성 교육을 하는 주제별 그림책 활동 사례 25개를 담았다.

나는 교사다 그러므로 생각한다
그림책사랑교사모임 지음

교육의 본질, 교사라는 직업, 교육 현장으로서의 교실과 학교에서 일어나는 43개 물음을 앞에 두고, 55개의 철학 사상과 그림책을 소환해 해답을 향해 한 걸음씩 다가간다.

하늘빛 마음
김준호 글, 김윤이 그림

왜 친구를 괴롭히면 안 되는 걸까요? 그건 순수한 내 마음에 어긋나는 행동이기 때문입니다. "넌 원래 맑은 아이야. 원래 모습으로 돌아왔으면 좋겠어. 언제나 네 곁에 있고 싶어. 너를 지켜 주고 싶어."